CEDU 쎄듀는 A **C**omprehensive **E**nglish e**DU**cation(종합적 영어교육)의 약자입니다.

본 교재의 독창적인 내용에 대한 일체의 무단 전재 · 모방은 법률로 금지되어 있습니다. 파본은 교환해 드립니다.

펴낸이	김기훈 · 김진희
펴낸곳	(주)쎄듀 / 서울시 강남구 논현로 305 (역삼동)
발행일	2023년 5월 31일 초판 1쇄
내용문의	www.cedubook.com
구입문의	콘텐츠 마케팅 사업본부
	Tel. 02-6241-2007
	Fax. 02-2058-0209
등록번호	제22-2472호
ISBN	978-89-6806-279-7

First Published Copyright ⓒ 2023 by CEDU Inc.

All rights reserved. No part of this publication may be reproduced, stored in a retrieval system, or transmitted in any form or by any means, electronic, mechanical, photocopying, recording, or otherwise, without the prior permission of the copyright owner.

본 교재의 독창적인 내용에 대한 일체의 무단 전재 · 모방은 법률로 금지되어 있습니다. 파본은 교환해 드립니다.

수능실감 感

독해 모의고사 6회

저자

김기훈

現 ㈜ 쎄듀 대표이사
現 메가스터디 영어영역 대표강사
前 서울특별시 교육청 외국어 교육정책자문위원회 위원

저서   천일문 / 천일문 Training Book / 천일문 GRAMMAR
      첫단추 BASIC / 쎄듀 본영어 / 어휘끝 / 어법끝 / 문법의 골든룰 101
      절대평가 PLAN A / 리딩 플랫폼 / ALL씀 서술형 시리즈
      Reading Relay / The 리딩플레이어 / 빈칸백서 / 오답백서
      첫단추 / 파워업 / 수능영어 절대유형 / 수능실감 등

쎄듀 영어교육연구센터
쎄듀 영어교육센터는 영어 콘텐츠에 대한 전문지식과 경험을 바탕으로
최고의 교육 콘텐츠를 만들고자 최선의 노력을 다하는 전문가 집단입니다.

오혜정 센터장 **장정문** 선임연구원 **김진경** 전임연구원 **손아영** 연구원

마케팅   콘텐츠 마케팅 사업본부
제작   정승호
영업   문병구
인디자인 편집   올댓에디팅
디자인   윤혜영
영문교열   James Clayton Sharp

PREFACE

⟨2024 수능실감 시리즈⟩는 최신 수능 출제 경향을 반영하여 총 3종이 출간됩니다.

교재명	특징
시리즈❶ 실감하다 300제	– 하루 다섯 문항 영어 독해 실전 문제 풀이 – 고득점을 위한 고난도 유형 수록
시리즈❷ 최우수 문항 500제	– 역대 수능실감 고품질 독해 문항 모음 – 간접연계 · 비연계 중점 대비
시리즈❸ 독해 모의고사 6회	– 최신 수능 출제 경향 완벽 반영 – 실전을 위한 최종 점검 모의고사

본 교재 ⟨2024 수능실감 독해 모의고사 6회⟩는 실전과 같은 문제 구성과 난도로 본인의 학습 성과를 점검하는 동시에 실전 감각도 익힐 수 있습니다.

⟨2024 수능실감 독해 모의고사 6회⟩의 특장점을 소개합니다.

1 실제 수능 맞춤형
- 총 168문항(회당 28문항)으로 구성된 실전 독해 모의고사 6회
- 2023학년도 대학수학능력시험 완벽 반영

2 다양한 소재의 지문과 자료 활용
- 출제 가능성이 높은 소재를 엄선하여 실력을 점검할 수 있도록 함
- 출제 가능성이 낮은 소재나 짜임새 없는 지문, 내용 완결성이 없는 지문은 철저히 배제

3 자세한 해설과 무료 부가 서비스
- 문제에 대한 자세한 해설과 구문 해설
- 무료 부가 자료: 어휘리스트와 어휘테스트 (www.cedubook.com)

이번 2024학년도 수능 영어 영역 학습을 위하여 수험생 여러분에게 ⟨2024 수능실감 시리즈⟩가 최고의 문제집이 되리라 자부합니다. 수험생 여러분의 앞날에 합격의 영광이 있기를 진심으로 기원합니다.

저자

CONTENTS

2023학년도 대학수학능력시험 영어 영역 분석

1. 대체로 평이한 난이도의 수능

2023학년도 수능이 지난해 11월 17일에 실시되었다. 평이한 난도의 문항들이 상당수 출제되었으나, 일부 문항들은 내용에 대한 정확한 이해를 요하는 지문으로 구성되었다.

2023학년도 수능 영어의 1등급 비율은 7.83%로, 같은 해 6월 모의평가(5.74%)와 2022학년도 수능 영어(6.25%)보다는 높았고, 같은 해 9월 모의평가(15.97%)보다는 떨어졌다.

유형 면에서는 변화 없이 전년도 출제 경향을 유지했고 올해 2024학년도 수능에서도 이 추세는 유지될 것으로 보인다.

2. 2023학년도 수능 개요

항목	2022 수능	시사점
출제 범위	영어 Ⅰ · 영어 Ⅱ	출제 범위에 속하는 '영어'과 '영어Ⅱ' 과목을 바탕으로 하여 다양한 소재의 지문과 자료를 활용하여 출제되었다.
배점	총 100점 (문항별 배점: 2점 또는 3점)	2점 35문항, 3점 10문항으로 구성되었다. (듣기 17문항 중 2점 14문항, 3점 3문항 / 독해 28문항 중 2점 21문항, 3점 7문항)
문항 수	45문항 (듣기 17문항, 독해 28문항)	독해 문항당 1분 30초 내외가 배정되었다. 독해 지문의 총 단어 수는 4,182개로서, 2022학년도 수능(4,048개)과 거의 비슷했다. 문항당 평균 단어 수는 149.35개이다.
풀이 시간	총 70분 (듣기 약 25분, 독해 약 45분)	
EBS 교재 연계율	51.1% (독해: 39.2%, 28문항 중 11문항, 듣기: 70.5%, 17문항 중 12문항)	독해에 11문항이 간접 연계로 출제되었다.
유형 특징	전년도 수능과 동일	밑줄 의미, 장문 유형 내 밑줄 어휘 문항 유형이 유지되었다.
대의 파악	7문항 [목적 / 심경 · 분위기 / 수상 / 밑줄 의미 / 요지 / 주제 / 제목]	목적/심경 변화/수상/밑줄 의미/요지/주제/제목이 각 1문항씩 출제되었다(장문 유형 제외).
어법 · 어휘	2문항 [어법(밑줄형) / 어휘(밑줄형)]	밑줄형 어법과 밑줄형 어휘가 각 1문항씩 출제되었다.

세부 사항	4문항 [도표 이해/내용 불일치/안내문 불일치/안내문 일치]	도표 이해 1문항, 내용 불일치 1문항, 안내문 불일치/안내문 일치가 각각 1문항씩 출제되었다.
빈칸 추론	4문항 [단어/구/절]	단어와 구와 절 단위의 빈칸 추론이 총 4문항 출제되었다.
간접 쓰기	6문항 [무관 문장/글의 순서/문장 넣기/요약문 완성]	유형별 비중이 변함없이 유지되고 있다. 무관 문장 1문항, 글의 순서와 문장 넣기 각 2문항, 요약문 완성 1문항이 출제되었다.
복합	5문항 [1지문 2문항 / 1지문 3문항]	전년도 수능과 동일하게 1지문 2문항은 제목, 밑줄 어휘 /1지문 3문항은 글의 순서, 지칭 추론, 내용 불일치의 세부 구성을 보였다.

3. EBS 연계 방식 (독해)

◆2023 수능 영어와 EBS 문항 연계표

2023 수능 영어			EBS 교재의 연계 방식	
번호	유형			
18	글의 목적	간접연계	조류 관찰하기(watching birds)를 소재로 간접 연계	
19	심경 변화	간접연계	칭찬(praise)의 긍정적 효과를 소재로 간접 연계	
20	필자 주장	비연계		
21	밑줄 의미	비연계		
22	글의 요지	비연계		
23	글의 주제	비연계		
24	글의 제목	간접연계	뇌 보상(brain compensation) 현상을 소재로 간접 연계	
25	도표 이해	간접 연계	선호하는 주거지 유형(preferred type of place to live)을 소재로 간접 연계	
26	내용 불일치	간접 연계	Niklas Luhmann을 소재로 간접 연계	
27	안내문 불일치	간접 연계	보수 공사하기(renovating)를 소재로 간접 연계	
28	안내문 일치	간접 연계	포스터 대회(poster contest)를 소재로 간접 연계	
29	밑줄 어법	비연계		
30	밑줄 어휘	비연계		
31	빈칸(단어)	비연계		
32	빈칸(구)	비연계		
33	빈칸(구)	간접 연계	꿀벌 군락(a honeybee colony)을 소재로 간접 연계	
34	빈칸(절)	비연계		
35	무관 문장	비연계		

36	글의 순서	비연계	
37	글의 순서	비연계	
38	문장 넣기	비연계	
39	문장 넣기	비연계	
40	요약문 완성	비연계	
41	[장문] 제목	비연계	
42	[장문] 밑줄 어휘		
43	[장문] 글의 순서	간접 연계	색맹(color blindness)을 소재로 간접 연계
44	[장문] 지칭 추론		
45	[장문] 내용 불일치		

(1) 총 28문제 중 11문제가 연계되어 독해 문제의 연계율은 39.2%, EBS 비연계 출제율은 60.8%이다.

(2) 평이한 난도의 문항들이 상당수 출제되었으나, 변별력 확보를 위해 난도 있는 문항도 일부 출제되어 체감 난이도는 높았을 것이다.

(3) 최고 오답률 7위는 빈칸 추론 3문항, 밑줄 어법, 글의 순서, 문장 넣기, 제목으로 나타났으며 2024학년도 수능 역시 이들 유형이 오답률 상위를 차지할 가능성이 매우 크다.

2024학년도 대학수학능력시험 영어 영역 대책

전 영역/과목이 2015 개정 교육 과정에 맞춰 개편된 2024학년도 대학수학능력시험은 11월 16일에 치러진다.

1. EBS 연계 교재

2023년 3월에 발표된 한국교육과정평가원의 '2024학년도 대학수학능력시험 시행 기본계획'에 따르면 2024학년도 수능에서는 문항 수 기준으로 50% 수준이 EBS 연계 교재를 활용하여 간접 연계로 출제될 방침이다.

1. 〈수능특강〉 영어
2. 〈수능특강〉 영어 듣기
3. 〈수능특강〉 영어독해연습
4. 〈수능완성〉 영어

2. 절대평가

2018~2023학년도와 마찬가지로 수능 영어 영역 시험은 절대평가로 시행된다.

다른 수험생의 성적과 비교하여 등급이 결정되는 상대평가와 달리, 절대평가에서는 본인의 성취 점수에 따라 등급이 결정된다. 기존 수능과 출제 방향, 출제 범위, 영역별 문항 수, 배점, 시험 시간, 문항 유형은 동일하지만, 점수와 등급에서는 차이가 있다. 다음 표를 참고해 보자.

성취 등급	1	2	3	4	5	6	7	8	9
원점수	100~90	89~80	79~70	69~60	59~50	49~40	39~30	29~20	19~0

수능 영어영역 절대평가는 원점수나 표준점수 등의 정보는 제공하지 않고 원점수에 따른 등급만을 제공한다. 예를 들어, 90~100점 사이의 점수를 받는 학생은 1등급, 80~89점 사이의 점수를 받는 학생은 2등급을 받게 된다.

2023학년도 수능의 1등급 비율은 7.83%로, 이는 1등급 비율이 6.25였던 2022학년도 수능과 비슷한 수준이다.

3. 학습 방향 및 대책

2024 수능 영어에서는 EBS 교재에 나온 지문이 그대로 출제되는 직접 연계 없이 간접 연계와 비연계 문제가 출제된다.

간접 연계 지문은 EBS 연계 교재의 지문과 소재가 비슷한 지문을 EBS 연계 교재가 아닌 다른 곳에서 발췌해 출제하기 때문에 EBS 교재를 모두 학습했어도 체감되는 내용 연계의 정도는 매우 낮을 수밖에 없다. 그러므로 EBS 교재를 내용 위주로 반복 학습하는 것은 바람직하지 못하다. 이러한 상황에서 다음과 같은 학습 방향을 권한다.

◆ 간접 연계 및 비연계 문제 풀기

EBS 지문을 반복 학습하는 것보다 이를 간접 연계한 새로운 문제와 비연계 문제의 학습 비중을 늘리는 것이 좋다. 가급적 많이 풀어보고 낯선 내용에 대한 실전 적응력을 길러야 한다. 문제를 푸는 것 이상으로, 지문을 대의와 뒷받침 내용으로 분리하여 구조적으로 분석하는 후속 학습도 중요하다. 수능 출제진들은 학생들이 지문의 일부만 읽어도 답을 할 수 있게 하려는 것이 아니라, 지문의 전체 흐름 속에서 어구와 문장을 이해한 뒤에 답할 수 있도록 출제하려는 경향이 강해지고 있다. 그러므로 대의에 해당하는 것과 이를 뒷받침하는 내용을 구분해 나가면서 논리적 흐름에 입각하여 어구와 문장을 이해하는 학습을 해야 한다.

◆ 매력적인 오답 피하기

지문을 어느 정도 이해했더라도 선택지 매력도가 높거나 해석이 어려워 오답을 선택하는 경우가 늘어나고 있다. 변별도를 높이기 위해 이러한 추세는 계속될 것으로 예상되므로 구문 분석을 통해 지문을 정확하게 해석하고 추론 근거에 바탕을 둔 논리적인 풀이로 선택지를 판별하는 연습을 하는 것이 중요하다. 정답뿐만 아니라 오답 선지가 정답이 될 수 없는 이유를 판단해보는 것 또한 도움이 될 수 있다.

◆ 높은 난이도의 추상적 지문은 탄탄한 어휘 추론력으로 대비

오답율이 특히 높은 문항의 공통점은 바로 그 지문의 추상성이 높다는 것이다. 추상성이 높은 지문의 특성은 모르는 어휘나 구문이 없는 것 같은데도 무슨 말을 하고 있는 것인지 감을 잡을 수 없다는 것인데, 수능에 등장하는 추상성 높은 지문은 어휘나 어구의 난이도 자체가 상당히 높은 것들이 많다. 많은 어휘는 구체적이고 물리적인 1차적 의미에서 파생하여 추상적인 의미로 발전하는데, 추상성이 높은 지문에는 이렇게 추상적 의미로 발전한 어휘들이 많이 쓰인다. 그러므로 어렵고 추상적인 지문에 쓰인 어휘는 1차적 의미에 머물지 말고 추상적 의미로 추론해 나가는 학습이 필요하다.

○ 답안지의 해당란에 성명과 수험번호를 쓰고, 또 수험번호와 답을 정확히 표시하시오.

○ 문항에 따라 배점이 다르니, 각 물음의 끝에 표시된 배점을 참고하시오. 3점 문항에만 점수가 표시되어 있습니다. 점수 표시가 없는 문항은 모두 2점씩입니다.

18. 다음 글의 목적으로 가장 적절한 것은?

To all staff members,

Do you want to make great memories with your spouse and kids at our workplace? On Friday, May 18, beginning at 4 P.M., we're opening the doors to Consolidated Intergalactic for our annual Family Day. You're welcome to invite your spouse, children, and other members of your immediate family to come to our headquarters. We'll be offering escorted tours of the manufacturing line, and you're welcome to show your family around your own department. Also, at 5 P.M., we'll gather in the south parking lot for a catered barbecue, with an exciting entertainment act. We are really looking forward to meeting everyone.

Best regards,
Sarah Johnson

① 가족의 날 행사 일정을 문의하려고
② 가족 초청 행사에 대해 안내하려고
③ 가족의 날 행사 일정의 변경을 공지하려고
④ 가족의 날 행사를 위한 준비물을 알려 주려고
⑤ 직원 가족을 위한 초청 행사를 제안하려고

19. 다음 글에 드러난 'I'의 심경 변화로 가장 적절한 것은?

One afternoon, I received a voicemail from a colleague informing me that he was considering using a concept of mine as the title for his forthcoming book. He mentioned that he hoped I wouldn't mind, but he didn't ask for permission. Although I was initially taken aback, as I had planned on using the concept myself, I realized the importance of maintaining a level of professionalism and not reacting emotionally. I decided to call my best friend Emma to discuss the situation and seek her advice. However, she was unavailable as she was preparing for a business meeting scheduled for the next day. I tried to understand her situation, but I couldn't help feeling unsupported and alone in my difficult time.

① regretful → sorrowful
② discouraged → fearful
③ indifferent → depressed
④ upset → disappointed
⑤ bored → relieved

20. 다음 글에서 필자가 주장하는 바로 가장 적절한 것은?

One of the most common mistakes parents make is using food as a tool for controlling their child's behavior or emotions. This can include using food as a reward for good behavior or taking away dessert as punishment for bad behavior. Parents often resort to this approach because it seems like a quick and easy way to get their child to comply. However, it can lead to an unhealthy relationship with food and create negative associations that can persist into adulthood. Food is fuel. It is not meant to be, nor should it be, associated with either positive or negative consequences. Food as a reward encourages overeating, since it's usually candy that is offered. It also leads to unnecessary weight gain. Similarly, using food as a punishment only breeds resentment and rebellion. Exerting control with food encourages an association with food that may have long-term consequences.

① 음식을 상벌의 수단으로 사용하지 말아야 한다.
② 건강한 식습관 형성을 위해 부모가 모범을 보여야 한다.
③ 즐거운 식사 시간을 위해 긍정적인 화법을 사용해야 한다.
④ 식사를 잘 마친 아이에게 적절한 보상을 주어야 한다.
⑤ 아이에게 음식을 선택할 결정권을 주어야 한다.

21. 밑줄 친 substitute a spike for a nail이 다음 글에서 의미하는 바로 가장 적절한 것은?

Many new writers give up too soon because an editor or publisher rejected their work. They think they are terrible writers because of the rejection. The thing is, rejection is a part of the process of their profession. No writer will ever avoid being rejected by someone during their career. When a well-known American author Stephen King got rejected the first time, he used it as a way to keep trying and to move forward. He nailed the rejection slip to the wall right in front of his desk so he would always see it. Eventually, he had so many rejection slips from different publishers that he had to use a spike. But he didn't give up and look where he is now! Rather than giving up after a few rejections, successful writers keep pushing forward as the rejections pile up. They learn to use them as motivation to improve. If you strive for greatness, you need to substitute a spike for a nail.

*rejection slip: (출판사가 채택하지 않은 원고에 붙여 보내는) 거절 쪽지

**spike: 대못

① develop your skills on your own
② embrace your numerous setbacks
③ share your experience with the readers
④ switch to a different type of career
⑤ take a cynical view on your work

22. 다음 글의 요지로 가장 적절한 것은?

Social movements drive powerful changes in the world by changing mindsets, enacting laws, and shifting policies. A key component of social movements is the process of social contagion, where people unconsciously imitate the actions of others in close proximity. By using online networks, today's social movements can mobilize voters and incite political protests. However, although the electronic transmission of images and invitations can draw participation and attention in various forms, the success of the social movements still depends on direct interactions. Social media, digital photos, and messages can ignite passions and encourage people to participate, but social movement activities that only take place virtually are weaker. Being physically present makes people more likely to follow, mirror others' emotions and take action.

① 사회 운동은 온라인으로 보다 폭넓은 연대를 이끌어 내야 한다.
② 사회 운동이 성공하려면 대중들로부터 공감을 얻어야 한다.
③ 사회 운동은 사람들이 현장에서 함께 진행해야 효과적이다.
④ 기존의 사회 운동은 온라인 사회 운동으로 전환되어야 한다.
⑤ 적극적인 사회 운동으로 시민들이 정치적 영향력을 행사해야 한다.

23. 다음 글의 주제로 가장 적절한 것은?

A social break is a pause or intermission, from work or other activities, to spend time with others in a social setting. This is often an intentional break, such as having lunch with colleagues. For some introverts, this can be a terrifying situation because they're not interested in socializing. If you're an introvert, spending time away from the bustle of friends and peers can be appealing. It can even be refreshing. Nevertheless, research points towards the power of others in making our break time as effective as possible. A study found social breaks — when taken with friends — to be effective at reducing stress and improving mood. Results showed these impacts to be absent from solitary breaks. So, like it or not, taking breaks with others is beneficial.

① ways of socializing in the workplace for introverts
② benefits of taking social breaks even for introverts
③ challenges in balancing work and personal life
④ factors that influence attitudes towards work breaks
⑤ importance of maintaining good relationships with colleagues

24. 다음 글의 제목으로 가장 적절한 것은? [3점]

From our closest friends to our most distant social media contacts, the connections that make up our social capital provide the bedrock of our social and professional lives and have the potential to shape our health and happiness in dramatic ways. But our broad networks can sometimes be overwhelming, and we may feel like we are being spread too thin, juggling emails and social media exchanges in addition to keeping up with work and family relationships. It can be hard to manage expectations and avoid leaving others feeling neglected — or feeling neglected ourselves. One's social capital is a fluid and ever-shifting network of relationships that requires continuous nurturing. If we become too fixated on building our social capital at the expense of our personal well-being, we may end up putting the cart before the horse, losing sight of what truly matters. Striking a balance between building social capital and preserving our well-being is a goal we should continually strive to achieve.

*bedrock: 튼튼한 기반

① Balancing Your Social and Professional Lives
② Diversity: The Key to Successful Social Networking
③ The Secret to Happiness: Cutting Social Media Ties
④ How to Manage Your Social Media Presence
⑤ Avoid Overextending Social Capital

25. 다음 도표의 내용과 일치하지 <u>않는</u> 것은?

Estimated share of the population that purchased an e-book/a printed book in 2021

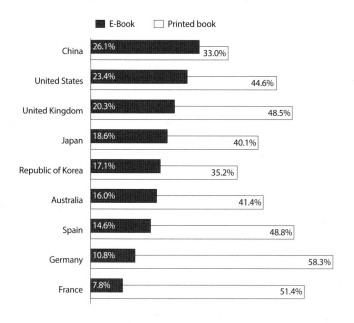

The graph above shows the percentage of people who purchased e-books and printed books in 2021 for each of the nine selected countries. ① For each country, the percentage of people purchasing printed books was higher than that of e-books. ② China had the highest rate of purchasing e-books among the nine countries, but the lowest rate of buying printed books. ③ In Japan, the percentage of people who purchased printed books was more than twice the percentage of e-book purchasers. ④ The combined rate of e-book purchasers in Spain, Germany, and France was greater than that of China, with the three countries having a total e-book purchase rate of 33.2%. ⑤ Among the nine countries, the percentage gap between e-book and printed book purchase rates was smallest in China, and largest in Australia.

26. Ernest Shackleton에 관한 다음 글의 내용과 일치하지 <u>않는</u> 것은?

Ernest Shackleton was a British polar explorer who led multiple expeditions to the Antarctic. In 1901, Shackleton joined Robert Scott's Antarctic expedition, but he suffered from a severe illness on the way home from this first trip. As the leader of the Nimrod expedition in 1908, Shackleton came within 97 miles of the South Pole before he had to turn back. In 1914, Shackleton set out on the ship Endurance to lead a new expedition aiming to cross Antarctica via the South Pole. During the voyage, the ship became ice-locked. Shackleton and his men abandoned the ship, which was later crushed, and lived on the ice for several months. When the ice finally began melting in the spring, Shackleton set off to find help with five crew members in a small lifeboat. After 16 days of struggle, he was finally able to find help, and brought the entire crew to a safe return by September 1916.

① 첫 번째 탐험에서 돌아오면서 병으로 고생했다.
② 남극 대륙 횡단을 목표로 하는 탐험대를 이끌었다.
③ 그의 탐험선 Endurance는 빙하에 갇혀 난파되었다.
④ 구조를 요청하기 위해 대원 5명을 선발해서 보냈다.
⑤ 1916년에 그의 모든 대원은 안전히 구조되었다.

27. Basic Bicycle Maintenance Workshop에 관한 다음 안내문의 내용과 일치하지 <u>않는</u> 것은?

Basic Bicycle Maintenance Workshop

Join our Basic Bicycle Maintenance Workshop and learn how to take care of your bike and perform basic maintenance!

Time & Place
- Time: 1 p.m. to 3 p.m., on the last Saturday of every month.
- Place: Philips Cyclingworld

Registration
- Fee: $20 for adults, $10 for teens
- Register online at www.philipscyclingworld.com.

Details
- All tools and workstands will be provided. Tools are also available for purchase at the end of the course.
- The workshop requires a minimum of 3 participants, with a maximum of 8.
- It is best to bring your own bike to work on, as we have a limited number of spare bikes for use.

---

① 매월 마지막 주에 개설된다.
② 청소년의 등록비는 어른의 반값이다.
③ 연장과 작업대는 모두 제공된다.
④ 최대 참여 인원은 8명이다.
⑤ 여분의 자전거는 준비되어 있지 않다.

28. Family Science Night에 관한 다음 안내문의 내용과 일치하는 것은?

FAMILY SCIENCE NIGHT

The Science Center invites you to our annual family science night. Explore science, technology, engineering, and math with hands-on activities!

Who: students and their families
Dates and Times
- Group A (students aged 5-11): Wednesday, April 25 (6:00 p.m. – 8:00 p.m.)
- Group B (students aged 12 and above): Thursday, April 26 (6:00 p.m. – 8:00 p.m.)
Students must be accompanied by their parents.

Place: Jacksonville High School Gym

Tickets
- Adults: $10 per day
- Students: $8 per day

Notes
- Entry for the event will begin at 5:40 p.m.
- To register, visit our website at www.childrensci. org before April 18, 2023. If you miss online registration, tickets will be available for purchase on-site for an additional fee of $5.

---

① 2년마다 열리는 행사이다.
② 학생의 나이는 12세까지로 제한된다.
③ 학생은 부모 동반 없이 참가할 수 있다.
④ 입장은 행사 시작 30분 전부터 가능하다.
⑤ 현장 등록 시 5달러의 추가 비용이 든다.

29. 다음 글의 밑줄 친 부분 중, 어법상 틀린 것은? [3점]

Hunter-gatherers settling down where they could grow grain gave birth to village life about ten thousand years ago, thus ① providing a foundation for the development of the sophisticated civilizations we know today. So prevalent are in-groups and out-groups in human societies that experiencing the pain of social isolation at some point in our lives ② is nearly unavoidable. Even if we've only experienced it in small doses, social isolation provokes a unique type of anxiety that distorts our ability to think clearly and ③ to see events with any optimism. Indeed, the roots of this social pain are biological. Our ancestors wouldn't have survived predators or deprivation for very long if they hadn't belonged to an inclusive group. Living in a community is so essential to survival that an early warning system evolved ④ what rings biochemical alarm bells when we're excluded from the group. We experience these warnings as acute anxiety, ⑤ which — like other metabolic warnings such as extreme hunger, thirst, or pain — essentially communicates the following message: fix this or you're finished.

30. 다음 글의 밑줄 친 부분 중, 문맥상 낱말의 쓰임이 적절하지 않은 것은?

The economist Thomas Schelling was the first to recognize the importance of diplomacy in a case where you cannot be sure of the values of your counterparts. That's to say, if you are not sure of how your boss or colleagues will perceive your new idea, you need to be ① cautious. Let's pretend you want to present a new idea to your boss and colleagues. If you were to use direct speech, "I have a new idea, and I want you all to support it," you would ② force them to make a decision based on incomplete information. However, if you use indirect phrases, such as "I was thinking that perhaps we could explore a new approach that might bring some benefits," you can ③ maximize the potential for negative outcomes. This diplomatic language can help you avoid potential conflicts or misunderstandings, and find ④ common ground with your audience. In situations where there is uncertainty or differing perspectives, it is essential to use ⑤ strategic communication to increase the chances of success.

[31~34] 다음 빈칸에 들어갈 말로 가장 적절한 것을 고르시오.

31. A group of Stanford and Harvard researchers surveyed registered voters during the week of an election. They asked one group: "How important is it to you to vote?" For the other, demographically identical group, they phrased the question slightly differently: "How important is it to you to be a voter in the upcoming election?" They later analyzed voting records to see who had actually shown up at the polls. They found that the people who had been asked about being a voter were 11 percent more likely to have voted than those who were simply asked about the act of voting. While people in both groups may have intended to vote, the people who were nudged to think of themselves as voters were more likely to follow through on their plan. They considered themselves voters, not just people who vote. Once that _____ was reinforced, they were more likely to show up and vote.

① incentive　　② limitation
③ justice　　④ identity
⑤ interest

32. To develop a culture in the sense of art galleries, fine dining, fashion trends, and so on, you need to generate an economic surplus. Societies overwhelmed by extreme poverty have only language, kinship, ceremonies, traditions and the like. People who need to invest most of their energy in the business of staying alive have neither the time nor the resources to throw champagne parties or dash off epic poems. A professional class of artists and intellectuals can only emerge when not everyone needs to labour for most of the time. Only then can society establish a full-scale division of labour, as a number of privileged individuals are freed from the need to toil, to pursue roles as artists, musicians, philosophers, writers, and so on. Culture, then, _____.
In the end, a society's cultural expressions are largely affected by the level of economic resources it possesses.

① has its material conditions
② emerges only from traditions
③ is created by social intervention
④ must be shared with other societies
⑤ is determined by individual creativity

33. In business, it's overwhelmingly clear that standards of performance will continue to rise more relentlessly than they have in the past, making great performance even more valuable. The most important reason is that information technology has given customers unprecedented power, and with that power they're demanding more. We're all aware of this because we have all made online purchases. As buyers, we receive more information than we could ever see before. For example, we are now able to find out how much a car dealer paid for a car. We know that a college textbook costing $135 in the campus bookstore can be ordered for $70 from England. And what we know and save as consumers is nothing compared with what corporate buyers know about their suppliers, and the cost savings that can be squeezed out of suppliers through exploitation. As the strategy consultant Gary Hamel likes to say, if _____, you're in trouble. [3점]

① you don't manage your finances carefully
② rigorous market research is not conducted
③ customer ignorance is a profit center for you
④ online services are unsatisfactory for your customers
⑤ your investment is made based on wrong information

34. For Ferdinand de Saussure, a Swiss linguist, what makes each element of a language what it is, what gives it its identity, are _____ _____. According to Saussure, concepts are defined not by their positive content but negatively by their relations with the other terms of a system. For example, if something isn't "hot" or "cold", it may be "warm." From this, Saussure goes on to explain that context is all-important in comprehending the meaning of a word. A word is defined not only by the context in which it is used but also by the context of all other possible words, both similar and dissimilar, that are not used. "Warm" is defined in opposition to "cool", but it is also defined by the fact that it is not exactly "hot" and not exactly "lukewarm." Saussure's perspective on linguistic signs is that their most precise characteristic is in being what others are not.

[3점]

① the contrasts between it and other elements within the system
② the media to express our ideas and thoughts
③ the historical development it has undergone
④ the group of linguistic elements used in a particular language
⑤ the links between a concept of words and their sound patterns

35. 다음 글에서 전체 흐름과 관계 없는 문장은?

Consider a narrow, deep river valley below a high dam, such that if the dam burst, the resulting flood of water would drown people residing far downstream. ① When people downstream of the dam are asked how concerned they are about the dam bursting, it's not surprising that fear of a dam burst is lowest far downstream, and rises among residents closer to the dam. ② Surprisingly, though, when one gets within a few miles of the dam, fear of the dam breaking is highest; as you then get closer to the dam, the concern diminishes! ③ That is, the people living immediately under the dam, who are certain to be drowned in a dam burst, profess unconcern. ④ Some of them asked for an evacuation plan to be put in place, showing a proactive approach to their safety. ⑤ That is because of psychological denial: The only way of preserving one's sanity while living immediately under the high dam is to deny the finite possibility that it could burst.

[36~37] 주어진 글 다음에 이어질 글의 순서로 가장 적절한 것을 고르시오.

36.

One might assume that with the recent advancements in genomic research, determining what is innate and what is not should no longer be ambiguous.

(A) Since genetic changes require thousands of years to occur, these rapid improvements point towards an intricate interplay between genetics and other environmental factors, with talent being the result of this complex combination.

(B) Yet, scientists haven't figured out what each of our twenty-thousand-plus genes does. As of now, the connection between specific genes and individual talents is yet to be fully established.

(C) It's possible that it will be, but finding the key talent genes may be a long shot for genomic research, as we have seen extreme increases in top levels of performance in a wide range of fields, such as sports, music, and academics, in just the past century.

① (A) – (C) – (B)   ② (B) – (A) – (C)
③ (B) – (C) – (A)   ④ (C) – (A) – (B)
⑤ (C) – (B) – (A)

37.

Dozens of medical schools around the world encourage reading fiction, or even require it, as part of their education. Focusing on literary fiction can help to develop and nurture skills that are essential for human medical care.

(A) Research shows that reading literary fiction generally improves the empathy of doctors towards their patients and vice versa, an effect which cannot be expected from reading memoirs and biographies.

(B) This is because while they can offer valuable insights into individual experiences, they are not as effective for building social interaction skills as reading literary fiction with complex characters and intricate plots that delve into their inner lives.

(C) According to the medical humanities program at NYU Medical School, skills of observation, analysis, empathy, and self-reflection can be developed among students through attention to literary fiction. Of course, the benefits are not exclusive to medical students. [3점]

① (A) – (C) – (B)   ② (B) – (A) – (C)
③ (B) – (C) – (A)   ④ (C) – (A) – (B)
⑤ (C) – (B) – (A)

[38~39] 글의 흐름으로 보아, 주어진 문장이 들어가기에 가장 적절한 곳을 고르시오.

38.

Likewise, information that challenges familiar and therefore "coherent" views can feel dangerous and disorienting.

Coherence — like familiarity and accessibility — is a concept that our brains use as a rough approximation of "safety," even when the desire for coherence leads us to go against our own best interests. (①) Psychology studies have shown that we find coherent patterns more comforting than random ones. (②) It's the comfort we take in the coherent that often leads us to continue seeing ourselves based on how we saw ourselves as children. (③) How we were treated as children is used by us as adults to predict how we deserve to be treated, even when it's negative and self-limiting. (④) It can feel like a threat to our identity and stability, even if it is ultimately beneficial. (⑤) In the end, while the desire for coherence can provide a sense of comfort, it is crucial to balance the comfort with the benefits of cognitive flexibility.

39.

> To do so may be taken as an indication of hostile intent or even interpreted as a "hate stare" which prompts division and prejudice.

Civil inattention is not the same as merely ignoring another person. Each individual indicates recognition of the other person's presence but avoids any gesture that might be taken as too intrusive. (①) Civil inattention to others is something we engage in unconsciously, but it is of fundamental importance to the existence of social life. (②) Strangers or chance acquaintances, whether encountered on the street, at work, or at a party, virtually never hold the gaze of another. (③) Even friends engaged in close conversation need to be careful about how they look at one another. (④) Each individual demonstrates attention and involvement in the conversation by maintaining a comfortable level of eye contact. (⑤) To look too intently might be taken as a sign of mistrust about, or failure to understand, what the other is saying. [3점]

40. 다음 글의 내용을 한 문장으로 요약하고자 한다. 빈칸 (A), (B)에 들어갈 말로 가장 적절한 것은?

Consider the difference between a poem and a manual for assembling a table lamp. The manual makes sense only in a specific, practical situation. We do not generally turn to it in order to reflect on the mystery of birth or the frailty of humankind. A literary work, by contrast, can still be meaningful outside its original context and may alter its meaning as it moves from one time or place to another. For example, Jane Austen's novels spring from the world of the English nobility in the eighteenth century, while John Milton's *Paradise Lost* is against the backdrop of the English Civil War and its aftermath. Yet though these works emerge from such contexts, their interpretation is not confined to them. All literary works are orphaned at birth, in the sense that once they are created, they exist independently of their author's intentions and circumstances. While a work may be influenced by the historical, cultural, and personal factors that surrounded its creation, it ultimately takes on a life of its own, subject to the varied interpretations of readers across time and space.

↓

> The _____(A)_____ of literary works from their original context allows them to _____(B)_____ their time and place of creation.

	(A)		(B)
①	foundation	······	distort
②	foundation	······	influence
③	detachment	······	idealize
④	detachment	······	transcend
⑤	legacy	······	enrich

[41~42] 다음 글을 읽고, 물음에 답하시오.

People with high happiness levels sometimes exhibit behavior that is actually more rigid. That's because mood affects the way our brain processes information. When we feel great and life is good, we may be less motivated to question our positive outlook on life, which can lead to less willingness to consider alternative perspectives or solutions. This, in turn, can result in highly positive people being less creative than those with a more (a) moderate level of emotion.

When we're in an "everything is awesome!" mood, we're also far more likely to jump to conclusions and resort to stereotypes. The happy more often place disproportionate (b) emphasis on early information and minimize later details. This often takes the form of the "halo effect", in which, for example, we automatically assume that the guy we've just met is kind just because he is well-dressed and tells funny jokes. But our so-called negative emotions (c) encourage slower, more systematic cognitive processing. They make us rely less on (d) thorough conclusions and pay more attention to subtle details that are significant. It is notable that renowned fictional detectives are known to be particularly moody. In fact, negative moods summon a more (e) attentive, accommodating thinking style that leads you to really examine facts in a fresh and inventive way.

41. 윗글의 제목으로 가장 적절한 것은?

① Why It Pays to Think Differently
② How to Avoid Getting Carried Away by Emotions
③ Negative Thinking: The Secret to Flexible Thinking
④ Balance Your Thoughts, Balance Your Life
⑤ What Makes Happiness So Burdensome?

42. 밑줄 친 (a)~(e) 중에서 문맥상 낱말의 쓰임이 적절하지 <u>않은</u> 것은? [3점]

① (a)　　② (b)　　③ (c)　　④ (d)　　⑤ (e)

[43~45] 다음 글을 읽고, 물음에 답하시오.

(A)

Emma Corry, a bestselling author, blogger, and work-at-home mother, had an hour to eat before she presented to dozens of souls willing to come out to a bookstore event in the freezing cold. Three blocks away, she finished dinner at a restaurant and pulled on a calf-length wool coat. More snow flurries had begun. She pushed the door open and the chill slapped her face. As she turned, she noticed a homeless woman sitting on a square piece of cardboard.

(B)

Emma buttoned the coat, and adjusted the collar. Emma then patted her shoulders and said, "Can you find someplace warm tonight?" She nodded that she could, and spoke with a faint smile, "Thank you so much." Walking away in the falling snow, Emma felt a warmth within her — fueled by the inextinguishable flame of an unexpected, practical kindness. When she arrived at the bookstore she was surprised that (a) she didn't feel the chill of the storm at all.

(C)

Her pale skin showed above her tennis shoes and ankle socks. She was wearing a short, thin jacket. Emma checked her watch. Ten minutes to (b) her start time. As she walked on, she couldn't help but think about the presentation she was giving today based on her book *Live Boldly*. She recalled the life philosophies outlined in her book. With her steps gradually slowing, Emma became filled with whispers of objections, all telling her that (c) she couldn't go back to the woman and that she didn't have time to care for her.

(D)

Then she thought of the many coats in her closet at home. She stopped walking abruptly, turned around, and came back toward the woman. The woman was startled by (d) her quick approach. "Do I have to move?" she asked, feeling scared of Emma. "I need you to stand up," Emma said. She complied. Emma took her own coat off and helped (e) her put it on. She was quite small, so it easily wrapped around her windbreaker. Tears of relief slid down the slopes of her cheeks.

43. 주어진 글 (A)에 이어질 내용을 순서에 맞게 배열한 것으로 가장 적절한 것은?

① (B) – (D) – (C)　　② (C) – (B) – (D)
③ (C) – (D) – (B)　　④ (D) – (B) – (C)
⑤ (D) – (C) – (B)

44. 밑줄 친 (a)~(e) 중에서 가리키는 대상이 나머지 넷과 다른 것은?

① (a)　② (b)　③ (c)　④ (d)　⑤ (e)

45. 윗글에 관한 내용으로 적절하지 않은 것은?

① Emma는 강연을 앞두고 식당에서 식사를 했다.
② 노숙자는 희미한 미소를 지으며 감사를 표했다.
③ Emma는 노숙자를 보고 처음에는 지나치려 했다.
④ 노숙자는 Emma가 다가오자 곧바로 자리에서 일어났다.
⑤ Emma는 노숙자가 외투를 입는 것을 도왔다.

* 확인 사항
o 답안지의 해당란에 필요한 내용을 정확히 기입(표기)했는지 확인하시오.

○ 답안지의 해당란에 성명과 수험번호를 쓰고, 또 수험번호와 답을 정확히 표시하시오.

○ 문항에 따라 배점이 다르니, 각 물음의 끝에 표시된 배점을 참고하시오. 3점 문항에만 점수가 표시되어 있습니다. 점수 표시가 없는 문항은 모두 2점씩입니다.

18. 다음 글의 목적으로 가장 적절한 것은?

To all employees,

We are preparing for the gala celebration of Jubilee Foods' twenty-fifth anniversary in May. We have our own vast collection of test models and original products from the company, but we would be thrilled to receive old photographs, marketing materials, and other tokens that may have escaped our notice. If you have any of this sort of material, please contact us at extension 2453. We will arrange pick-up of the items for scanning or duplication and organize an exhibit to celebrate the anniversary. Any employee (or family member) who loans items will be credited in the exhibit and invited to a special reception to mark its opening.

Sincerely,
Victoria Van Dyke

① 물품을 제공해 줄 것을 요청하려고
② 새로운 상품 출시를 홍보하려고
③ 행사 일정의 변경을 공지하려고
④ 회사 창립 기념일에 초대하려고
⑤ 행사 기념품 제작을 의뢰하려고

19. 다음 글에 드러난 'I'의 심경 변화로 가장 적절한 것은?

While riding the bus to work one day, I noticed a small boy — no more than six or seven — board the bus. To my disbelief, no adult accompanied him. With an oversized bag on his back, it was obvious he was on his way to school, and he asked the driver to inform him when they arrived at his stop. He sat so calmly at the front of the bus. I watched as his small legs dangled off the seat, unable to reach the floor. That made my heart sink. I thought to myself, "Oh, no! Can he get to school safely?" Then, the bus driver called out his stop and waited patiently while the boy attempted to cross the busy street. Cars continued to rush by, which made me hold my breath. Then the bus driver put on the emergency brake, stepped off the bus, and took the boy's hand to lead him across the street. My heart was filled with emotion. As I was leaving, I got the driver's name to thank him for his kindness.

① grateful   → sorrowful
② annoyed   → calm
③ frustrated   → encouraged
④ worried   → touched
⑤ hopeful   → disappointed

20. 다음 글에서 필자가 주장하는 바로 가장 적절한 것은?

The increasing negative effects of our wasteful use of energy mean that it is important and necessary to create a new global economy. We must adopt a new way of doing business and using technology, or else we will become extinct. To begin this process, we should recognize and embrace the incredible efficiency of nature. From nature's perspective, there has never been, nor will there ever be, an energy shortage — the universe and everything in it is composed of energy. A species in nature only survives by making the best use of energy. If we study and faithfully copy nature's strategies for energy use, we can prevent the developing world's energy crisis from intensifying, which has already affected two-thirds of the planet's population. After life's 3.8 billion years of trial and error, it is now time for us to turn to nature's vast library of elegant, efficient methodologies.

① 자연과 인간이 공존하려면 에너지를 절약해야 한다.
② 자연이 스스로 회복하도록 인간의 개입을 최소화해야 한다.
③ 에너지 위기를 해결하기 위해 자연에서 방법을 찾아야 한다.
④ 다양한 자원의 개발을 통해 에너지 안정성을 확보해야 한다.
⑤ 환경 문제를 해결하기 위해 재생 에너지에 적극적으로 투자해야 한다.

21. 밑줄 친 putting armor where there are bullet holes가 다음 글에서 의미하는 바로 가장 적절한 것은? [3점]

The American military in World War II wanted to add armor to the planes to protect the pilots. But in order to minimize the weight of the planes, they had to add the armor only where it would do the most good. The officers in charge inspected the planes that returned from air battles, examined the location of the bullet holes, and recommended that the armor be placed there since these were the most frequently targeted areas. However, it's important to note that those were the areas which the planes could withstand damage to and return successfully. The areas which actually posed the greatest risk to the pilot and prevented safe return weren't identified. In a similar vein, when you try to fix problems, putting armor where there are bullet holes won't be enough.

① setting measurable goals to achieve
② prioritizing what you want to work on
③ creating a routine to practice regularly
④ seeking advice from experts in the field
⑤ drawing conclusions based on observable data

22. 다음 글의 요지로 가장 적절한 것은?

In the past, imaginative play has been thought to be evidence of children's cognitive limitations rather than evidence of their cognitive powers. Early psychologists claimed that make-believe was a sign that young children are unable to discriminate between fiction and truth, pretense and reality, or fantasy and fact. More recently, cognitive scientists have carefully explored what children, ages 2-3, know about imagination and pretense. One of the most distinctive things about even the earliest pretend play is the fact that it's accompanied by giggles. It's the giggles, the knowing look, and the dramatic exaggeration, which signal that this is not to be taken seriously. In fact, there turns out to be a consistent set of signals that indicate when actions are "just pretend." After all, even the youngest children don't actually try to eat the pretend cookies.

① 인지 능력은 어린아이 때 더 급격하게 발달한다.
② 아이들은 가상 놀이에서 상상과 현실을 구별할 줄 안다.
③ 상상과 현실을 구별하는 능력은 나이가 들면서 정교해진다.
④ 아이들은 가상 놀이를 통해 감정을 표현하는 법을 배운다.
⑤ 가상 놀이는 아이의 상상력 발달에 큰 효과가 있다.

23. 다음 글의 주제로 가장 적절한 것은? [3점]

There is a widespread notion that dwelling on the past and feeling stuck in nostalgia can hinder our progress towards our present and future goals. Constantly thinking about past events and longing for things to go back to the way they were can impede our ability to move forward. Nevertheless, research has shown that reminiscing about positive memories and the people we care about can be a valuable source of insight into our values, passions, and strengths. This self-awareness provides inspiration and motivation as we work towards our goals. By revisiting significant moments and experiences, we can rekindle our passion and find renewed energy to pursue our aspirations. In fact, a sense of connection to our past serves as a powerful tool for many individuals in overcoming obstacles and gaining greater clarity and purpose in their pursuits.

① difficulties of letting go of our past experiences
② impact of experiences on shaping beliefs and values
③ contribution of memory reconstruction to emotional resilience
④ significance of reflecting on the past in achieving goals
⑤ disadvantages of comparing oneself to past successes

24. 다음 글의 제목으로 가장 적절한 것은?

The act of eating together as a family has been shown to provide a variety of benefits, both physical and emotional. It is more than just nourishment for the body. Children in particular can gain even more from family meals. During meals, children engage in conversation with family members and practice conversation skills such as turn-taking and active listening. Through these conversations, children have the opportunity to learn new words and expressions and are encouraged to use a wider range of vocabulary to effectively convey their message while taking turns. By actively listening to others, they improve their understanding of the meaning and context of words and learn how to use them effectively in their own speech. In this way, table talk cultivates a rich and stimulating verbal atmosphere where children can develop a more extensive range of words in a natural and enjoyable manner.

① Building Vocabulary Through Active Listening
② The Meaningful Connection of Shared Meals
③ How to Teach Children Table Manners
④ Family Meals: A Linguistic Boost for Children
⑤ The Physical and Emotional Benefits of Eating Together

25. 다음 도표의 내용과 일치하지 <u>않는</u> 것은?

Top10 Countries, Ranked Retail E-commerce sales, 2021 & 2022

Bilions and % change

		2021	2022	% change
1	China	$2,453.36	$2,784.74	11.9%
2	US	$895.82	$1,065.19	15.9%
3	UK	$234.03	$245.83	4.8%
4	Japan	$164.15	$168.70	2.7%
5	Republic of Korea	$124.34	$142.92	13.0%
6	Germany	$109.01	$117.85	7.5%
7	France	$86.40	$94.43	8.5%
8	Canada	$71.50	$79.80	10.4%
9	India	$62.39	$83.75	25.5%
10	Indonesia	$44.66	$58.00	23.0%

The table above shows the retail e-commerce sales and percentage change of the top ten countries in 2021 and 2022. ① China maintained its top position in both 2021 and 2022, surpassing the US by more than double in both years. ② While the UK, Japan, Republic of Korea, and Germany experienced differing percentage changes between 2021 and 2022, their ranking remained unchanged in 2022. ③ Canada had greater retail e-commerce sales than India in 2021, but India exceeded Canada's retail e-commerce sales in 2022. ④ India showed the largest percentage change in retail e-commerce sales from 2021 to 2022 among the top ten countries, whereas France showed the least percentage change among the top ten countries. ⑤ Indonesia showed less than $60 billion in retail e-commerce sales in both 2021 and 2022, but it showed the second largest percentage change in retail e-commerce sales among the top ten countries, with a growth rate of 23 percent.

26. Hedy Lamarr에 관한 다음 글의 내용과 일치하지 <u>않는</u> 것은?

Hedy Lamarr was born in Vienna, Austria, in 1914 and was interested in acting from a young age. At 16, she enrolled in a drama school in Berlin, Germany, and made her film debut after a year. Later, she emigrated to the U.S. and played leading roles in numerous American movies throughout the 1930s and 1940s. Lamarr was not only a talented actress but also made notable contributions to the field of invention. During World War II, she collaborated with her friend George Antheil and patented an electronic device that minimized the jamming of radio signals. This invention formed the basis of today's communication systems, such as Bluetooth and Wi-Fi. Although her groundbreaking invention was not immediately recognized, Hedy Lamarr received due credit for it in 1997 and received awards for her work in technology.

① 연극 학교에 다니다가 17세에 영화에 처음 출연했다.
② 미국으로 이주해 여러 영화에 주연 배우로 출연했다.
③ 전쟁 기간 중 친구와 함께 전자 기기를 발명해 특허를 냈다.
④ 그녀의 발명품은 오늘날 통신 기술의 기초가 되었다.
⑤ 발명 직후에 업적을 인정받아 여러 상을 받았다.

27. Bookmark Design Contest에 관한 다음 안내문의 내용과 일치하지 <u>않는</u> 것은?

Bookmark Design Contest

Join our 43rd annual Bookmark Design Contest!

Deadline: October 27, 2023
Participants: Olive County residents only

Details
- This year's theme is "Nature and Wildlife."
- Participants must use original artwork.
- Submissions are limited to one entry per person.
- Designs should be submitted in PDF or JPG format via email to bkcodesign@bkco.com.

Awards
- 1st place: $100 • 2nd place: $50 • 3rd place: $25
  (All participants will receive a complimentary bookmark featuring the winning design.)

Please visit www.bkco.com for more information.

① Olive County 주민들만 참가할 수 있다.
② 출품작은 한 사람당 두 개까지 제출할 수 있다.
③ 디자인은 이메일로 제출해야 한다.
④ 1등 상금은 2등 상금의 두 배이다.
⑤ 참가자 전원이 북마크를 받을 것이다.

28. Fall Festival at Sunny Lake Park에 관한 다음 안내문의 내용과 일치하는 것은?

Fall Festival at Sunny Lake Park

Get ready for the ultimate fall experience! Our Fall Festival at Sunny Lake Park is the perfect way to welcome the season with family and friends. Join us for a day of festive fun with a variety of activities, games, and delicious food to enjoy.

When: Saturday, October 15, 10 a.m. – 4 p.m.
Who: All ages are welcome!

Ticket Prices: Adults: $15, Children: $10 (Ages 2 and under: Free)
*The ticket price includes access to all activities, and one food voucher.

Activities
- Pumpkin patch: Pick your own pumpkin and decorate it.
- Face painting: Get your face painted with a festive design of your choice.
- Live music: Enjoy live performances by local musicians.

Note
- Parking is free but limited.
- Outside food and drinks are not allowed.

Visit our website at www.sunnyfestival.com for more information.

① 이틀 동안 진행된다.
② 음식 교환권은 별도로 구매해야 한다.
③ 악기 연주를 배울 수 있다.
④ 주차 요금은 무료이다.
⑤ 외부 음식과 음료는 허용된다.

29. 다음 글의 밑줄 친 부분 중, 어법상 틀린 것은? [3점]

One of the most important skills writers must learn, perhaps even more important than the craft itself, ① is to deal with old, negative friends who show up uninvited. These negative friends — loneliness, rejection, heartbreak, and anxiety — can drain a writer's energy and creativity, leaving them feeling overwhelmed and disheartened. No matter how ② diligent we try to avoid them, they refuse to leave whether we like it or not. As writers, our best bet is to accept ahead of time ③ that they will show up on the doorstep as uninvited guests. We might as well welcome them, give them party hats, and let them ④ take part in the event. By acknowledging their presence and incorporating them into our creative process, we can transform these negative emotions into valuable fuel for our writing journey. In the end, perfecting not only your craft but also your ability to accept and handle negative thoughts or feelings is important in writing ⑤ because the craft alone won't carry you through the writing hurdles.

30. 다음 글의 밑줄 친 부분 중, 문맥상 낱말의 쓰임이 적절하지 않은 것은?

Jared Diamond's book *Collapse* tells the fascinating story of Norwegian Vikings who immigrated to Iceland and Greenland. Leaving aside many of the details, we can say that the Norse people were inflexible in two important ways. First, the Norse brought their farming traditions with them. As they doggedly applied what had worked in their homelands to their adopted land, they quickly ① depleted the few environmental resources that Greenland had to offer. They cut down too many trees, ② removed turf to build homes, and allowed overgrazing. In retrospect, this damage to the region's resources makes no sense, but it was ③ inconsistent with the Norse's past experience. Second, the Norse people did not appear to learn from the native Inuit. The Norwegian Vikings looked down on the Inuit and had a mostly ④ hostile relationship with them. Even though the Inuit developed clever means to find food in Greenland's harsh environment, the Norse did not ⑤ imitate them. They failed to fish, go whaling, and hunt ringed seals as the Inuit did.

[31~34] 다음 빈칸에 들어갈 말로 가장 적절한 것을 고르시오.

31. A feature of digital memory that leads to a redistribution of information power is _____. Before digital memory, most information, even government classified data, was forgotten relatively quickly. Special efforts were necessary to ensure remembering, which proved costly and was employed only in special cases. In the Soviet Union, for example, the KGB stamped a unique identifier on the dossiers of its political prisoners. The Communist state, the message was, would never forget the identity, beliefs, actions, and words of those that had opposed it, even if that would require extensive effort and investment. In the digital age, information can be stored and retrieved with ease and accuracy for extended periods of time. This has made it possible for individuals and organizations to access and utilize vast amounts of data.

*KGB: (구소련의) 국가 보안 위원회

**dossier: (어떤 사람·사건에 관한) 서류 일체

① immediacy　　　　② durability
③ reliability　　　　④ applicability
⑤ comprehensiveness

32. Upon examining school records, it has come to light that a significant correlation exists between engaging in computer games and the academic performance of students. To be precise, those who play games generally exhibit lower grades. Without further investigation, one might hastily draw the inference that playing the game is the reason behind the pupils' subpar academic performance. Drawing from these findings, one may even speculate that the game is detrimental to cognitive aptitude or problem-solving skills. Nevertheless, in reality, this correlation may be present because low-achieving students have more leisure time and are inclined to indulge in the game more frequently. Thus, the correlation linking game participation and lower grades may stem from a third variable that is causative, such as study habits or intelligence. It is imperative to note that statistical correlation between two variables does not signify that one variable is provoking the other. This illustration serves as a reminder that _____ _____.

① correlation is highly dependent on the time-scale
② correlation does not necessarily imply causation
③ correlation is interchangeable with consistency
④ correlation is confirmed by observational data
⑤ correlation does not generate new data

33. When trying to solve perceived problems, irrational failures frequently arise due to _____ _____. Many companies make short-sighted decisions, such as prioritizing immediate profits over investing in research and development. Although they are aware that this strategy might bring negative consequences, they often feel they have no choice at the moment. Eventually, this often leads to a decline in innovation and market share in the future. Governments, too, feel overwhelmed by imminent disasters, and pay attention only to those problems on the verge of explosion. Some government leaders have what is termed a "ninety-day focus." They tend to talk about only those problems with the potential to cause a disaster within the next ninety days. This narrowed focus can result in a lack of foresight. Pressing matters that require systemic changes are often neglected, allowing them to escalate into crises down the line. Economists rationally justify these irrational focuses on profits at hand by "discounting" future profits.

① reluctance to embrace innovative solutions
② inefficient communication and coordination
③ cognitive biases that shape our decision-making
④ inconsistent application of procedures
⑤ pressure to meet short-term targets

34. In the interest of your emotional agility, here's my advice: _____.
Remember that phrase from your school days? Teleport yourself back to school for a moment. There you are, taking a test, with your two sharpened pencils and a head full of facts. You're working through the questions, completely confident because you've studied all week. And then you inadvertently glance across the aisle and notice the super-smart boy to your left, the one who always raises his hand in class, has a completely different answer to one of the questions than you do. That gets you worrying: Is he right? Am I wrong? I was sure the answer was 'Magna Carta,' but he knows everything. Maybe the answer is 'Bhagavad Gita.' And then guess what happens? You change your answer and get it wrong. It turns out that boy isn't any smarter or better informed than you are.

① keep your eyes on your own work
② find the courage to believe in yourself
③ focus on learning in more than one way
④ have the exposure to updated information
⑤ expand your knowledge by integrating new insights

35. 다음 글에서 전체 흐름과 관계 <u>없는</u> 문장은? [3점]

We all encounter problems throughout life, and we learn to solve these problems with greater ease. ① In fact, the ability to solve problems is not only a fundamental requirement for real life, but it also holds great significance in the realm of storytelling. ② A good story usually begins with a problem or challenge faced by the main character, whose task is to find the means to reach an appropriate resolution. ③ Becoming engaged with the character or problem of the tale, the listener also becomes involved in the process of how to resolve the problem or how to develop appropriate problem-solving skills that may not have existed before. ④ So to determine the most effective personal problem-solving story, it's important to first identify the specific problem that needs to be addressed. ⑤ For example, a story about a character who learns to manage their time effectively could inspire the listener to develop better time-management skills, which they could then apply to various aspects of their own life.

[36~37] 주어진 글 다음에 이어질 글의 순서로 가장 적절한 것을 고르시오.

36.

Heuristics, which means mental shortcuts, comes into play in the moment we meet someone and determine whether to get to know them or steer clear. And as it turns out, we are instinctively good at sizing up people.

(A) Thousands of years ago, being able to size up strangers on the spot helped humans form bonds of trust that reached beyond blood relatives. It also played a crucial role in early human survival by enabling individuals to assess potential threats and alliances in unfamiliar environments.

(B) That, in turn, led to the development of villages, towns, and societies, i.e. civilization. If we lacked this predictive ability of heuristics ('warm handshake, nice smile — seems like a good guy') and needed to consciously process every facial expression, conversation, and piece of information anew, we wouldn't have time for actual civilized living.

(C) The evaluations we make in these scant few seconds, based on very little evidence, are usually pretty accurate, and studies have shown that a subject's first impressions of an unknown person often prove consistent with personality assessments made by the person's friends and family. This intrinsic ability appears to be a product of the evolutionary process.

① (A) – (C) – (B)   ② (B) – (A) – (C)
③ (B) – (C) – (A)   ④ (C) – (A) – (B)
⑤ (C) – (B) – (A)

37.

Some people argue that if twins self-identify as being identical, then they will strive to become more similar. Hence, they would resemble each other for social rather than genetic reasons.

(A) A simple genetic test can reveal whether a pair of twins truly share identical DNA, regardless of whether they mistakenly believe they are identical or not. If the social environment is really what makes identical twins more similar, then these misidentified identical twins should be just as similar as real identical twins.

(B) For example, if identical twins dress alike, eat the same foods, and enjoy the same movies, it might be because of their beliefs and social environment. This claim has been researched in ingenious ways.

(C) Yet, when scientists tested a variety of characteristics (intelligence, personality, attitudes, and so on), they found that these misidentified twins are only as similar as fraternal twins, who only share 50% of their genetic traits. That means that it is the genetic state of being identical rather than the self-perception of being identical that drives similarity. [3점]

① (A) – (C) – (B)   ② (B) – (A) – (C)
③ (B) – (C) – (A)   ④ (C) – (A) – (B)
⑤ (C) – (B) – (A)

[38~39] 글의 흐름으로 보아, 주어진 문장이 들어가기에 가장 적절한 곳을 고르시오.

38.

Advertisers commonly exploit this effect to forge links between a range of sensory experiences and their products.

We often say that tastes are hard to describe, but we can use different vocabulary to talk about taste in a similar fashion to how we describe musical notes. (①) Sour flavors may be described as high, while bitter ones can be referred to as low. (②) Smells can also have low and high notes, and so do our feelings (we can feel low or incredibly high). (③) The switching of vocabularies allows us to utilize well-understood sensory modalities to better appreciate different sensory experiences. (④) They often create associations between abstract shapes and specific goods, as well as between sounds and visuals. (⑤) For example, a car featuring a smooth and streamlined figure may be perceived as faster than a car with a boxy, bulky frame. By tapping into the different senses, they can create a multi-dimensional experience that appeals to consumers on multiple levels. [3점]

39.

> Additionally, it may imply that those who are unable to "beat" their illness are weak or didn't try hard enough.

Many of us believe that we have some control over our diseases, but we may unwittingly adopt metaphors that work against us. (①) Instead of giving in to disease, we encourage ourselves to try to "fight" it. (②) Although this word choice can convey a sense of intensity and determination, it can also imply a battle where the disease is perceived as a formidable adversary. (③) This assigns the disease the status of a worthy opponent, inadvertently validating its strength. (④) By exacerbating feelings of guilt, shame, and inadequacy, this attitude creates additional emotional and psychological burdens on top of the physical challenges they already face. (⑤) We may well be better off with another metaphor, such as "mastering" our condition, which implies learning everything we can about it in order to control it over the long haul.

40. 다음 글의 내용을 한 문장으로 요약하고자 한다. 빈칸 (A), (B)에 들어갈 말로 가장 적절한 것은?

Read the following list of words and then look away and see which of them you remember: generous, helpful, authoritative, rigid, dependent, serious, funny, tender, weak, and smart. Apart from the words at the beginning and end of the list, which we tend to remember because of their placement, the words we recall effortlessly are likely to be the ones that speak to our self-image. Similarly, imagine that you are trying to lose weight but love eating greasy hamburgers. If someone tells you that one of those tempting burgers contains 2,000 calories, your entire day's ration, you are likely to remember that number without having to repeat it over and over again to yourself. Many psychologists view the self as a complex, organized structure involving a variety of attributes or pieces of information about the person. When information in a person's environment is relevant to any of these attributes, it is more likely to be remembered. For example, when we read a book with a character who has a similar personality to our own, we tend to remember that character's actions and decisions more easily because we can connect to them on a personal level.

↓

> When people encounter information that is ___(A)___ to their self-image in some way, they are more likely to ___(B)___ it.

	(A)		(B)
①	relevant	......	reject
②	unfavorable	......	store
③	compatible	......	neglect
④	relevant	......	retain
⑤	unfavorable	......	doubt

[41~42] 다음 글을 읽고, 물음에 답하시오.

While watching the evening news may leave you feeling more connected to reality, the truth is that it can distort your view of the world. The news tends to (a) generalize people into groups, such as politicians, elites, racists, and refugees. Even worse, the news often focuses on the few bad apples within those groups, highlighting their negative actions. Similarly, social media can aggravate this problem. The activities of a small group of individuals who engage in online harassment and hate speech can quickly (b) dominate our social media feeds. This is because negative events tend to grab our attention, which (c) prompts digital platforms to use algorithms that prioritize that content to generate more clicks and advertising revenue.

To avoid falling into these traps, it's better to read a physical newspaper instead of digital news. This helps in (d) increasing the exposure to sensationalized headlines and click-bait articles. Additionally, diversifying your news sources by seeking out multiple perspectives and different types of media outlets can encourage a broader understanding of current events. It's particularly crucial in today's fast-paced and interconnected world to gain a well-rounded view of the events shaping our society. As we humans are prone to emotional reactions, which can sometimes steer us more than hard facts, we should be (e) mindful of the news information we consume.

41. 윗글의 제목으로 가장 적절한 것은?

① Social Media: Amplifying Online Harassment and Hate Speech
② News Awareness: Cultivating a Discerning Eye
③ The Light and Dark Sides of Digital News
④ How to Recognize Negative Thought Patterns
⑤ Understanding the Gap Between Reality and the Internet

42. 밑줄 친 (a)~(e) 중에서 문맥상 낱말의 쓰임이 적절하지 않은 것은? [3점]

① (a)　　② (b)　　③ (c)　　④ (d)　　⑤ (e)

[43~45] 다음 글을 읽고, 물음에 답하시오.

(A)

One day Kevin, a senior in high school, was walking home from school and noticed an elderly couple standing at the base of a very tall pine tree. They were looking up and yelling and they were obviously very upset. Kevin thought that maybe their cat had gotten stuck in the tree, and since he had spent many of his best times as a young boy climbing trees, Kevin went to see if he could help. At the top of the tree was a young boy. He couldn't have been more than three or four years old.

(B)

When Kevin got within a few feet of the boy, he waved at Kevin and pointed to something in the distance. The boy was not at all scared; in fact (a) he looked as much at ease as a monkey on its home branch. Curious about what the boy was trying to show him, Kevin followed the direction of the boy's pointing finger and saw a small bird's nest in the branches of the tree.

(C)

Apparently (b) he was staying with his grandparents and, when they weren't looking, had scrambled up the tree. Kevin felt like he should at least climb up just in case the boy started to fall. He wanted to reach a height where he might be able to catch (c) him. He hauled himself up onto the first branch with his bare hands and started climbing the pine tree. From there, he carefully made his way further up the tree.

(D)

It was a home to a bird and a few chicks. The boy seemed fascinated by the birds and was giggling and clapping his hands in excitement. Kevin couldn't help but smile at the little boy's innocence and joy. They talked about how great it is to see everything from the tree. Then the boy said, "We'd better go down now," and, as they climbed down the tree, the boy moved as though (d) he could scramble up and down that tree a million times and never come close to slipping. As Kevin walked home, he realized that was the first time (e) he had crawled out onto the limb of a tree in many, many years.

43. 주어진 글 (A)에 이어질 내용을 순서에 맞게 배열한 것으로 가장 적절한 것은?

① (B) – (D) – (C)　　　② (C) – (B) – (D)
③ (C) – (D) – (B)　　　④ (D) – (B) – (C)
⑤ (D) – (C) – (B)

44. 밑줄 친 (a)~(e) 중에서 가리키는 대상이 나머지 넷과 다른 것은?

① (a)　② (b)　③ (c)　④ (d)　⑤ (e)

45. 윗글에 관한 내용으로 적절하지 <u>않은</u> 것은?

① Kevin은 하굣길에 노부부를 보았다.
② 소년은 Kevin에게 손을 흔들었다.
③ Kevin은 맨손으로 나무를 올랐다.
④ 새를 보고 소년은 웃으며 손뼉을 쳤다.
⑤ Kevin은 나무에서 내려가자고 소년을 설득했다.

* 확인 사항
○ 답안지의 해당란에 필요한 내용을 정확히 기입(표기)했는지 확인하시오.

○ 답안지의 해당란에 성명과 수험번호를 쓰고, 또 수험번호와 답을 정확히 표시하시오.
○ 문항에 따라 배점이 다르니, 각 물음의 끝에 표시된 배점을 참고하시오. 3점 문항에만 점수가 표시되어 있습니다. 점수 표시가 없는 문항은 모두 2점씩입니다.

18. 다음 글의 목적으로 가장 적절한 것은?

Dear Mr. Jones,

I appreciate the amazing article that you published in the *Gourmet Guide* magazine about my bakery. Thanks to your article, we not only have a lot of customers coming to our store, but also got the opportunity to share our passion for baking with the world. However, I would like to bring to your attention that there was a small error in the article regarding our business hours. While the article is titled "Enjoy Freshly Baked Desserts 365 Days A Year at Doughlicious Bakery!", we don't open on Sundays. So I kindly request that this be corrected in any future print or online versions of the magazine. I would be grateful for your prompt attention to this matter. I look forward to hearing from you soon.

Sincerely,
Rebecca Pottenger

① 기삿거리를 제보하려고
② 가게 오픈 행사를 홍보하려고
③ 신속한 업무 처리에 감사하려고
④ 가게 운영 시간 변경을 안내하려고
⑤ 기사 내용에 대한 정정을 부탁하려고

19. 다음 글에 드러난 Olivia의 심경 변화로 가장 적절한 것은?

It was Olivia's 14th birthday and she was looking forward to seeing her friends. They were meeting at La Ciccia, her favorite Italian restaurant, for a special dinner. Olivia suspected that her friends had planned a surprise birthday party for her there. Olivia got to the restaurant at exactly 7 o'clock, the time they had arranged to meet. She imagined that when she opened the door, countless friends would shout "Surprise!" and then she would make a surprised face as if she didn't know anything. She finally opened the door, heart pounding with anticipation. There was a "Surprise!" But only four friends were at the door to welcome her. Olivia did smile at them, but she couldn't help thinking that there should have been more people. She kept thinking that something must have gone wrong and couldn't shake off that annoying feeling.

① surprised → grateful
② indifferent → depressed
③ doubtful → envious
④ excited → disappointed
⑤ bored → sorrowful

20. 다음 글에서 필자가 주장하는 바로 가장 적절한 것은?

Motivation is a difficult concept for most leaders. Many assume that money, prizes, or special vacations are high-grade motivators. In reality, what motivates one person may not motivate another. Suppose a leader has two excellent workers. The leader would like to reward one with a raise in pay, but money, it turns out, is not a primary motivator for him since he is more motivated by increased responsibility, which would create career-growth opportunities. Meanwhile, the leader would like to reward the second person with more responsibility, but she desires a material reward, like money, for her hard work. For this person, money is a key motivator. How do you know which type of motivation works with different people? Ask! Try something like, "If you perform well, what kind of reward or recognition could you receive that would make you want to continue to perform at a high level?" It pays to ask these kinds of questions.

① 지도자는 구성원이 스스로 생각하도록 질문해야 한다.
② 성과에 대한 즉각적인 보상이 동기 부여에 필수적이다.
③ 지도자는 구성원에게 적성에 맞는 업무를 부여해야 한다.
④ 심리적인 보상과 물질적인 보상은 함께 제공되어야 한다.
⑤ 지도자는 구성원이 원하는 보상을 조사하여 파악해야 한다.

21. 밑줄 친 fix the coal mine이 다음 글에서 의미하는 바로 가장 적절한 것은? [3점]

The World Health Organization defines burnout as "chronic workplace stress that has not been successfully managed" and as being characterized by three dimensions: feelings of exhaustion, a cynical and negative attitude, and reduced professional efficacy. Aside from its negative impact on individual employees, burnout can also hurt the company as a whole. Too much stress costs employers $300 billion a year, according to The American Institute of Stress, as burnout increases the risk of employee turnover, reduces motivation, and leads to dips in productivity. A 2018 Gallup study found that burned-out employees are 63 percent more likely to take a sick day and 2.6 times as likely to look for another job. Burnout is a red flag for an organization. Still, many companies tend to view burnout solely as an individual's problem, which can lead them to overlook the impact of workplace factors. However, when a canary dies in a coal mine, it's a signal of poisonous gas. It's rational to fix the coal mine, not blame the canary.

① have employees make their work more fulfilling
② encourage open and honest communication
③ create comprehensive safety guidelines
④ inspire individual employees to make better choices
⑤ optimize the environment to deal with the root causes

22. 다음 글의 요지로 가장 적절한 것은?

Great poems and novels are those that transcend their age and say something meaningful to us all. They address the permanent, imperishable features of human existence — in joy, suffering, grief, and death, rather than in the local and incidental. A literary classic, however, is not so much a work whose value is changeless as one that is able to generate new meanings over time. It is like a slow-burning fire, gathering new interpretations and insights as it evolves and as new readers engage with it. Just as business enterprises can close down and start up again, works may pass in and out of favour according to changing historical circumstances. For example, some eighteenth-century critics were far less enraptured by the dramas of William Shakespeare than we are today. Quite a few of them would not have counted drama as literature at all, not even bad literature. They would probably have had similar reservations about the vulgar, upstart form known as the novel.

① 보편적인 가치를 지닌 작품이 시대를 초월하여 보존된다.
② 오늘날의 문학은 점점 대중과 거리가 멀어지고 있다.
③ 작가는 시대의 흐름을 벗어나려는 자세가 필요하다.
④ 문학 작품은 출간 시기의 대중의 기호를 반영한다.
⑤ 문학 작품은 시대에 따라 평가가 달라질 수 있다.

23. 다음 글의 주제로 가장 적절한 것은? [3점]

Imagine you have just moved to a new city, one that has extensive urban sprawl and lacks good mass transit. Getting around requires a car. Being in a car hinders easy face-to-face interaction and chance-upon conversation; every sight of another human being is mediated through glass. By contrast, living in a walkable place that allows for activity built into each day helps people get together more frequently. In a walkable neighborhood, where people randomly intersect easily at corners, cafés, and local shops, people can build a social network quicker and easier. Walking to school promotes interpersonal interaction among children. In a walkable environment, an intensified use of public spaces raises the frequency of information interactions between citizens, building ties among neighbors. These social interactions are likely to lead to an increased sense of belonging and enhanced safety.

*sprawl: 스프롤 ((무질서하게 뻗어 나간 도시 외곽 지역))

① social benefits of living in a walkable neighborhood
② difficulties of building a social network in a busy city
③ factors that promote social interaction in a walkable place
④ necessity of fostering frequent collaborative interactions
⑤ ways to build a sense of community in a walkable place

24. 다음 글의 제목으로 가장 적절한 것은?

In a series of studies, psychological researchers at Carleton University in Canada tested how people perceived time in nature compared with urban settings. In experiments that included both virtual and actual environments, participants experienced walking through either natural surroundings such as a forest trail or bustling urban locations such as New York City. They estimated the duration of the experiences in minutes and seconds. The first three experiments involved imagery, and researchers found no significant difference in estimates of actual time duration between natural and urban conditions. But in all three studies, the participants in the nature conditions reported feeling a slower passage of time compared with those in the urban conditions. And when the researchers actually took participants for walks in either natural or urban settings, those in the nature reported longer objective and subjective perceptions of elapsed time.

① Psychological and Health Benefits of Walking in Nature
② Nature's Calm vs. a City's Hustle: An Impact on Our Mood
③ Advantages of Choosing Slow Nature over a Fast-Paced City
④ Time's Illusion: The Intricate Rhythms of the Natural World
⑤ Natural vs. Urban Settings: Nature Slows Time Perception

25. 다음 도표의 내용과 일치하지 <u>않는</u> 것은?

How US Teleworkers View Their Jobs

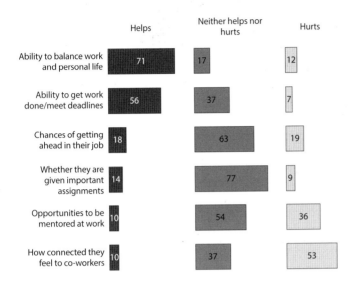

The above graph shows the percentages of U.S. teleworkers' responses to a survey which asked about the impact of their teleworkable job. ① More than seven out of ten respondents said working from home helps the ability to balance their work and personal lives. ② In addition, more than half of the respondents said that working from home helps the ability to get their work done and meet their deadlines. ③ Only 7% of the respondents said working from home hurts their ability to get work done and meet deadlines, and more than one-third said it neither helps nor hurts. ④ The percentage of the respondents who reported that working from home hurts their opportunities to be mentored at work was twice as high as that of opportunities of getting ahead in their job. ⑤ When it comes to how connected they feel to co-workers, less than 40% of the respondents said working from home neither helps nor hurts.

26. nurse shark에 관한 다음 글의 내용과 일치하지 <u>않는</u> 것은?

Nurse sharks are distinguished by their flattened bodies and a broad heads. They have two rounded, spineless fins; the first dorsal fin is larger than the second one. Nurse sharks have the unique ability to breathe without moving, unlike most other shark species, which require continuous swimming to breathe. While they typically rest on ocean floor in groups of up to 40 individuals during daylight hours, nurse sharks usually hunt alone at night. When nurse sharks reproduce, they give birth to 20 to 40 babies with black spots that disappear as they age. Nurse sharks feed on a wide range of prey, including fish, crabs, and octopuses, using their strong jaws to crush them.

① 납작한 몸통과 넓은 머리를 가지고 있다.
② 두 개의 지느러미는 크기가 각각 다르다.
③ 호흡하기 위해 계속 헤엄치지 않아도 된다.
④ 주로 밤에 집단으로 모여 사냥을 한다.
⑤ 새끼의 검은 반점은 성장하면서 없어진다.

27. The Wilmer Center's Spring Break Camp for Kids에 관한 다음 안내문의 내용과 일치하지 <u>않는</u> 것은?

The Wilmer Center's Spring Break Camp for Kids

Create a masterpiece with professional art supplies, have fun, and express yourself. Each day is a new adventure and will include activities like painting, drawing, printmaking, and sculpting.

Dates and Times
- Week 1: March 20–24 / Week 2: March 27–31 (Monday to Friday)
- 8:00 AM – 3:00 PM

Participation Fees
- $225 for members / $275 for non-members
- 10% sibling discount for each additional child

Details
- The camp is for children ages 6 to 12.
- Each participant will need to bring lunch, a water bottle, and comfortable clothing.
- No refunds will be given for cancellations.

① 월요일부터 금요일까지 진행된다.
② 비회원의 참가비는 50달러 더 비싸다.
③ 형제나 자매는 10% 할인을 받는다.
④ 점심 식사가 제공된다.
⑤ 취소 시 환불은 불가능하다.

28. Butler High School Parent Coffee Hour에 관한 다음 안내문의 내용과 일치하는 것은?

Butler High School Parent Coffee Hour

All Butler High School parents are cordially invited to a fun and informative coffee hour hosted by the School Council. At the event, you can learn how to build healthy relationships with your children. Ms. Sandra Land, the school counselor, will lead the group in discussing various everyday situations that parents encounter with their children and provide tips for addressing the challenges.

- **Date**: Friday, March 24
- **Time**: 9 a.m. – 11 a.m.
- **Location**: Tower Lounge in the student center
- **Details**
  - Free coffee, tea, and cookies will be served.
  - Participants should register their names before March 22 at the School Council Office or by email to registration@hsbutler.edu.

We hope to see you there!

① 구청 상담 센터에서 주최한다.
② 토론 주제는 학습 프로그램에 관한 것이다.
③ 금요일 오후에 진행된다.
④ 간식이 무료로 제공된다.
⑤ 신청은 하루 전까지 해야 한다.

29. 다음 글의 밑줄 친 부분 중, 어법상 틀린 것은?

Philosophy tries to get to the bottom of things by asking questions and proposing answers. At the bottom of science, for example, ① are questions like, "What is a scientific law?", "What is time?", and so on. Scientists generally don't stop to consider "at-the-bottom" questions like these since they are too busy dedicating their time and energy towards working on science ② itself. That is, thinking about these questions is left to the philosophers. Philosophy started with the great Greek philosophers and ③ has evolved as a kind of conversation through the ages. For example, the question "What is knowledge?" was asked by the Greeks and their answers were discussed by medieval philosophers, ④ which answers were much debated by the 17th and 18th century philosophers. A contemporary philosopher who addresses this question will have one eye on this history and another on ⑤ what his contemporaries are saying. In the course of this ongoing conversation many problems and paradoxes have been produced.

30. 다음 글의 밑줄 친 부분 중, 문맥상 낱말의 쓰임이 적절 하지 않은 것은? [3점]

As an essayist, Nassim Nicholas Taleb observed our emotional apparatus is designed for linear causality. For instance, you study every day and learn something in ① proportion to your studies. If you do not feel that you are going anywhere, your emotions will cause you to become demoralized. But reality has ② little interest in providing you with a linear experience: You may study for a year and learn nothing, then, unless you are disheartened by the empty results and give up, something will come to you in a flash. Imagine yourself practicing the piano every day for a long time, barely being able to perform the simple "Chopsticks," then suddenly finding yourself ③ capable of playing more complex pieces of Beethoven. Owing to these nonlinear dynamics, people ④ magnify their potential while they are experiencing slow progress. However, in reality, progress rarely follows a ⑤ straight line.

[31~34] 다음 빈칸에 들어갈 말로 가장 적절한 것을 고르시오.

31. Alia Crum, a professor of psychology, conducted a study of eighty-four female hotel cleaners. The hard-working women Crum recruited were overweight or markedly obese even though they were all satisfying the official daily exercise requirements without knowing it, just by doing their jobs. Crum then divided them into two groups. While both groups received descriptions of the benefits of exercise, only those in one group were informed of the hidden truth. Realizing that they were already meeting the official daily exercise requirements helped them to feel more confident and motivated about their ability to improve their health. Four weeks later, with no other changes in the women's lives, those in the 'aware' group had lowered their blood pressure significantly more than those in the 'unaware' group. They'd also lost several pounds and improved their body fat and waist to hip ratios. The tiny tweak in _____ had made a huge difference.

*tweak: 변경, 수정

① mindset   ② behavior
③ exposure   ④ reasoning
⑤ environment

32. Researchers frequently use the example of the QWERTY keyboard to illustrate how frequently the final outcome is actually undeserved. The arrangement of the letters on a typewriter is an example of the success of the least deserving method. Our typewriters have the order of the letters on their keyboard arranged in a nonoptimal manner, which actually slows down the typing rather than making it easier. This arrangement was initially implemented as early typewriters used ribbons, which were prone to jamming if adjacent letters were struck in quick succession. Therefore, as we started building better typewriters and computerized word processors, several attempts were made to rationalize the computer keyboard. However, people had already become accustomed to the QWERTY keyboard, making it challenging for them to adapt to a new layout. Forcing rational dynamics on the process would _____. This is called a path dependent outcome, and has hindered many mathematical attempts to modify or innovate established systems or technologies.

① fail to consider the bigger picture
② provide no tangible improvements
③ miss opportunities for career growth
④ ignore the importance of trial and error
⑤ promote a need to think outside of the box

33. The inconsistency between the logic of probability and people's assessments of uncertain events caught the attention of the psychologists Kahneman and Tversky. They were intrigued because this inconsistency can lead to unfair or mistaken judgements in real-life situations, making it a worthwhile area of study. Which is more likely: that a defendant, after discovering the body, left the scene of the crime, or that a defendant, after discovering the body, left the scene of the crime due to a fear of being falsely accused of the murder? Although the latter explanation is less probable, it may sound more plausible because of the fear of false accusation. Is it more probable that the president will increase federal aid to education or that he or she will increase federal aid to education with funding freed by cutting other aid to the states? The latter scenario is a specific way of increasing federal aid to education, making it less probable than the general case of simply increasing aid to education. In each case, even though the latter options are less probable than the former ones (as they are subsets of the former), they may sound more likely due to the appeal of a compelling story. As Kahneman and Tversky put it, a compelling story is _____. [3점]

① always crucial to capture and retain attention
② fully based on accurate information and logic
③ hardly a primary source of unpredictability
④ often less probable but a more satisfactory explanation
⑤ less dramatic due to low probability in real-life situations

34. Imagine an exceptionally bright, hard-working student who achieves fantastic exam results and heads off to one of the best-of-the-best universities everyone wants to get into. Upon arrival, she finds that everyone around her is just as smart and dedicated as she is. In fact, some of her new classmates are even more accomplished. Focusing too narrowly on her academic achievements and intelligence, as she always has, could make it difficult for her to adjust to the highly competitive environment of her new university. As she struggles to keep up with all the elite students surrounding her, she'll need a healthy dose of emotional agility _____ _____. To do that, she'll need to have compassion for her struggles as a small fish who suddenly finds herself in a bigger and more competitive pond. Then she'll have to swim with the currents of change in order to adapt to reality. If she doesn't update her self-perception, she will risk becoming a stagnant fish in a pond that has outgrown her.

① to manage her emotions in the face of criticism
② to redefine herself in a broader and more fluid way
③ to celebrate her old accomplishments and successes
④ to balance her own goals with the expectations of others
⑤ to connect with others and build supportive relationships

35. 다음 글에서 전체 흐름과 관계 <u>없는</u> 문장은?

The surface of the earth is much warmer than it should be, considering the distance of the earth from the sun, due to the greenhouse effect. ① Visible light from the sun, known as short-wave radiation, passes through the atmosphere and is absorbed by the land and the sea, causing them to warm. ② The earth's warm surface emits this heat, known as long-wave radiation, which is then absorbed by carbon dioxide, methane, water vapor, and other greenhouse gases in the atmosphere. ③ Agricultural producers are greatly affected by changes in temperature and precipitation patterns caused by the greenhouse effect. ④ The heat is reradiated both upwards and downwards, creating a balance in the atmosphere to regulate the planet's temperature. ⑤ However, when excessive amounts of greenhouse gases disrupt the natural equilibrium by trapping more heat in the atmosphere than the planet can handle, this leads to global warming.

*reradiate: (열 · 에너지를) 재방출하다 **equilibrium: 평형 상태

[36~37] 주어진 글 다음에 이어질 글의 순서로 가장 적절한 것을 고르시오.

36.

> When individuals converse face-to-face, their brain exhibit a similar pattern of activity, enhancing their collaborative abilities. This phenomenon is known as neural synchrony.

(A) In digital interactions, the connection is even weaker due to an even lower amount of nonverbal cues. With the increasing reliance on digital communication, it's essential to understand how to compensate for the lack of nonverbal cues and foster neural synchrony in these contexts.

(B) However, if two people converse with their backs to each other, this synchronization weakens. This is because they miss out on visual cues that come with face-to-face communication.

(C) Brain imaging studies have shown that the same areas light up simultaneously while talking in person. The sensation of being "in sync" with someone else is more than just a figure of speech.

① (A) – (C) – (B)　　② (B) – (A) – (C)
③ (B) – (C) – (A)　　④ (C) – (A) – (B)
⑤ (C) – (B) – (A)

37.

> Without doubt, information cascades, often resulting from people embracing the choices or views of others rather than solely depending on their own insights, can be a force for good. They helped spur the civil rights movement, and have brought environmental awareness into the mainstream.

(A) If so, remember, safety in numbers does not apply here. Taking a step back and analyzing the situation objectively is key to avoiding the madness of crowds and the mindlessness of those swept up in them.

(B) But too often they are disruptive and damaging. Then how should we respond when faced with a surge of popular opinion? The key is to figure out whether those who are already caught up in the emotion of the moment really have sufficient knowledge and understanding of the situation at hand.

(C) Are they using knowledge that they already possess, or that they accessed independently? In this case, they could be worth listening to. Or are they simply going with the emotional flow and following the herd without thinking for themselves? [3점]

*cascade: 잇따른 대량 발생

① (A) – (C) – (B)　　② (B) – (A) – (C)
③ (B) – (C) – (A)　　④ (C) – (A) – (B)
⑤ (C) – (B) – (A)

[38~39] 글의 흐름으로 보아, 주어진 문장이 들어가기에 가장 적절한 곳을 고르시오.

38.

> In light of this, a person's integrity is influenced by the delicate equilibrium of elements in any given situation.

The common practice of using reputation as a substitute for integrity is not without its flaws. (①) Despite the commonly held belief that integrity is a fixed trait, it is important to note that a person's past behavior is not always indicative of future actions. (②) In order to understand this, we must abandon the notion that individuals struggle with moral impulses of "good" and "evil." (③) Instead, with the exception of serious psychopathology, the mind primarily focuses on achieving short-term and long-term gains. (④) When an individual is faced with a moral dilemma, their decision is often influenced by a complex interplay of factors that affect their perception of what's beneficial in that particular situation. (⑤) This means that integrity is a dynamic aspect of a person's character, which can change over time and under different circumstances. [3점]

39.

> They observed the opponent's body movements, including their hips, shoulders, and arms, to anticipate where the ball would land.

Researchers showed tennis players films of opponents serving at them and used sophisticated equipment to track precisely their eye movements. Average players focused on the ball. (①) But in the brief moment between the start of the serving motion and the point at which the racket hits the ball, high performing players weren't looking at the ball. (②) The researchers then stopped the film at the moment of contact between the ball and racket and asked the subjects where the serve was going to go. (③) The average players, being focused totally on the ball, had no idea. (④) But the best players' observations were right, as expected. (⑤) They could start positioning themselves to return the serve even before the serve was hit.

40. 다음 글의 내용을 한 문장으로 요약하고자 한다. 빈칸 (A), (B)에 들어갈 말로 가장 적절한 것은?

We use anchors when we don't need to. This tendency was shown in a simple experiment by a group of college professors. One day in a lecture, they placed a bottle of wine on the table. They asked their students to write down the last two digits of their Social Security numbers and then decide if they would be willing to spend that amount on the wine. In the auction that followed, students with higher numbers bid nearly twice as much as students with lower numbers. In this case, the Social Security digits worked as an anchor — though in a hidden way. There are also other examples of these anchors. Researchers Russo and Shoemaker asked students the last few digits of their telephone numbers. After that, the students were asked in what year Attila the Hun, the ruler of the Huns, suffered his crushing defeat in Europe. Just like the experiment with Social Security numbers, the participants were anchored. People with higher numbers chose later years and vice versa.

↓

> Individuals tend to place significant reliance on   (A)   cues they receive, leading to   (B)   judgments.

	(A)		(B)
①	updated	······	accurate
②	random	······	hasty
③	initial	······	rational
④	previous	······	biased
⑤	neutral	······	objective

[41~42] 다음 글을 읽고, 물음에 답하시오.

Evolution hasn't built us to learn true things as a goal in itself, but to serve the goals of survival and reproduction. And so we have no natural access to truths that are beyond our immediate sensory experience, such as the distant past and the distant future, or the very small (such as subatomic particles) and the very large (such as galaxies). We are (a) unprepared to cope with certain philosophical questions about free will, causality, or the nature of consciousness. Such knowledge is, from the standpoint of our genes, useless. We are also subject to bias. When truth and utility clash, truth comes in (b) second, which is why we often have irrational fears that are not based on empirical evidence. We are similarly limited in the realm of morality. Our brains are naturally inclined to prioritize the well-being of children in our own country over that of unfamiliar children living thousands of miles away. This (c) impartiality in our moral thinking is what our minds have evolved for — it has adaptive value.

But somehow humans — and only humans — have done something astonishing. We can (d) transcend our limitations. For instance, we have developed science, technology, philosophy, literature, art, and law. We have come up with the Universal Declaration of Human Rights; we've been to the moon. We give some of our resources to strangers, overcoming our biological drive to favor our family and friends. Our minds, which evolved to feel kindly toward kin, could arrive at moral principles that (e) motivate us to engage in charity for those far away.

41. 윗글의 제목으로 가장 적절한 것은?

① The Evolutionary Roots of Human Error
② Why We are Superior to All Other Species
③ Tracing the Evolutionary Path of Humanity
④ Human Capacity: Breaking the Evolutionary Mold
⑤ How Ignorance Shapes Our Perceptions of Adaptation

42. 밑줄 친 (a)~(e) 중에서 문맥상 낱말의 쓰임이 적절하지 않은 것은? [3점]

① (a)　　② (b)　　③ (c)　　④ (d)　　⑤ (e)

[43~45] 다음 글을 읽고, 물음에 답하시오.

(A)

Adrian needed to have a new water heater installed. An old man showed up to do the installation, giving short, abrupt answers to every question Adrian asked. Adrian thought (a) he was simply a sour and blunt old man, but then he realized the man strongly resembled his late father, a pale, narrow face, slender arms, and long legs. When the old man finished the work, he said he had to wait for the water to heat up to ensure everything was functioning properly.

(B)

Adrian explained how it used solar power to alternately flash the time and the date. The man nodded slowly, studying the clock intently. As Adrian watched, (b) he wasn't just interested in the clock itself, but in the technology behind it. He started asking Adrian questions about how it worked. Adrian went on to describe how they had carefully soldered the electronic components together, following his father's guidance.

(C)

He reminisced about the sense of accomplishment he'd felt when they had finally completed the project. Then, the sound of the water heater caught their attention, and the man said, "It's time to check it." The hot water flowed smoothly from the tap. As (c) he finished his work, he started packing up his tools. Adrian quickly went to his workshop and returned with one handmade clock. "It's a clock I made recently on my own. I want you to have this," he said. The man looked surprised. "Thank you," he said, with (d) his voice cracking with emotion. The man left, and Adrian was grateful for the unexpected encounter that had allowed him to share his passion and memories.

(D)

Adrian invited him to sit in the kitchen and offered him some coffee. He said "No," and just sat down at the table with his legs and arms crossed. Adrian couldn't help feeling disappointed, but joined him at the table. They sat in silence. Then after a few moments the man asked what was flashing on Adrian's dining room table. It was a computer-shaped table clock. Adrian handed it over to the man so he could get a closer look. It was the first clock (e) he made with his father, who had passed away a few years ago.

43. 주어진 글 (A)에 이어질 내용을 순서에 맞게 배열한 것으로 가장 적절한 것은?

① (B) – (D) – (C)　　② (C) – (B) – (D)
③ (C) – (D) – (B)　　④ (D) – (B) – (C)
⑤ (D) – (C) – (B)

44. 밑줄 친 (a)~(e) 중에서 가리키는 대상이 나머지 넷과 다른 것은?

① (a)　② (b)　③ (c)　④ (d)　⑤ (e)

45. 윗글에 관한 내용으로 적절하지 않은 것은?

① Adrian은 노인이 아버지와 닮았다고 생각했다.
② 노인은 시계의 작동 원리에 관해 질문했다.
③ Adrian은 노인에게 자신이 직접 만든 시계를 줬다.
④ 노인은 Adrian에게 감사 인사를 했다.
⑤ Adrian은 노인과 함께 커피를 마셨다.

* 확인 사항
○ 답안지의 해당란에 필요한 내용을 정확히 기입(표기)했는지 확인하시오.

○ 답안지의 해당란에 성명과 수험번호를 쓰고, 또 수험번호와 답을 정확히 표시하시오.

○ 문항에 따라 배점이 다르니, 각 물음의 끝에 표시된 배점을 참고하시오. 3점 문항에만 점수가 표시되어 있습니다. 점수 표시가 없는 문항은 모두 2점씩입니다.

18. 다음 글의 목적으로 가장 적절한 것은?

Dear staff,

For many years, we have been providing a dinner buffet in the employee break room as a way to show our appreciation for the hard work of those who put in overtime hours during the holiday season. However, we have received feedback from several of our employees that most workers do not have enough time to have a proper dinner. Therefore, we are pleased to announce that we will be extending our dinnertime by one hour this upcoming holiday season. We believe this will allow you to fully recharge and properly enjoy your meal. It is our hope that this will contribute to your overall well-being in this busy season. Please let us know if you have any questions or concerns.

Sincerely,
Patrick Curtis, HR Manager

① 저녁 행사 참여를 독려하려고
② 회사의 새로운 복지를 홍보하려고
③ 저녁 제공 시간 변경을 공지하려고
④ 음식물 낭비의 심각성을 알리려고
⑤ 근무 환경 개선을 제안하려고

19. 다음 글에 드러난 'I'의 심경 변화로 가장 적절한 것은?

My son had outgrown his bicycle, which still had good wheels on it. Then I remembered, when I was a kid, how I made a go-cart out of bike wheels. I noticed some boys on the playground in front of our apartment building, and they looked like the right age to play with go-carts. I felt good inside, believing that I would make a difference for the boys. My heart even raced with excitement at the thought of it. I was about to go over and ask them if they wanted it, but then I noticed that one of the boys was using a fancy, brand-new go-cart. I realized that my homemade go-cart would be no match for the high-end toy. I felt so small, and retreated back into our apartment.

① proud → ashamed
② pleased → bored
③ relaxed → annoyed
④ nervous → fearful
⑤ grateful → sorrowful

20. 다음 글에서 필자가 주장하는 바로 가장 적절한 것은?

Ernest Hemingway published fifteen books in his lifetime — no minor accomplishment in itself. But considered alongside a Nobel prize in Literature and a Pulitzer prize for fiction, it becomes even clearer that Hemingway was highly productive. One of Hemingway's famed productivity techniques is a simple one: he often ended writing sessions right in the middle of a sentence, not at the end of the page or paragraph. Hemingway thrived off this intentional incompletion. One reason this worked is that it takes advantage of the Zeigarnik effect: our human tendency to remember unfinished tasks better, and with more frequency than complete ones. That sense of incompletion stirred Hemingway's mind throughout the day, fueling him with ideas and inspiration for when he next sat down to write. When you're stuck in the middle of a writing project, try leaving a task unfinished. It will keep your mind engaged and help you generate new ideas.

① 좋은 글을 쓰려면 글의 중간 부분부터 써야 한다.
② 마무리되지 않은 상태로 글쓰기를 중단하는 것이 좋다.
③ 글을 한 번에 끝내지 말고 여러 차례 수정하고 보완해야 한다.
④ 영감이 떠오를 때까지 기다리지 말고 일단 글을 써야 한다.
⑤ 글을 쓰기 전에 현실적인 계획을 세우는 것이 필수적이다.

21. 밑줄 친 letting any winds steer us off course가 다음 글에서 의미하는 바로 가장 적절한 것은? [3점]

Comparison and jealousy often play a role in purchasing decisions. Whether it is an assessment of one's financial standing or a decision to buy a car, it will be interfered by the attitudes of people around you. For instance, if your neighbor recently bought a new car, it could greatly affect your decision of whether to buy a new one. In a classic experiment investigating this phenomenon, most people reported that they would rather work at a company where their salary was $33,000 but everyone else earned $30,000 than at another company where their salary was $35,000 but everyone else earned $38,000. This shows that we measure ourselves against the people around us, losing sight of the bigger picture of our own journey, which may lead to unwise decisions. As we navigate through the choppy waters of life, we should try to avoid <u>letting any winds steer us off course</u>.

① ignoring potential investment risks
② allowing others' biases to cloud our judgement
③ prioritizing comparison over personal standards
④ seeking information that supports our desired outcomes
⑤ rushing into conclusions without considering all perspectives

22. 다음 글의 요지로 가장 적절한 것은?

Imagine that you are walking by a lake and see a young child struggling in shallow water. If you can easily wade into the water and save her, you should do it. It would be wrong to keep walking. What motivates this good act? It is possible that you might imagine what it feels like to be drowning, or anticipate what it would be like to be the child's mother or father hearing that she drowned. Such empathic feelings could then motivate you to act. But that is hardly necessary. You don't need empathy to realize that it's wrong to let a child drown. Any normal person would just wade in and scoop up the child, without bothering with any of this empathic fuss. More generally, we are capable of all sorts of moral judgments that aren't grounded in empathy. We disapprove of people who shoplift or cheat on their taxes, throw garbage out of their car windows, or cut in line — even if there is no specific person who appreciably suffers because of their actions. In these examples, there is nobody to empathize with.

① 공감은 종종 도덕적 판단을 왜곡하고 편견을 갖게 한다.
② 공감 능력이 높다고 도덕적인 사람인 것은 아니다.
③ 공감 없이도 올바른 도덕적 판단을 내릴 수 있다.
④ 도덕적 의사 결정에는 감정보다 이성이 더 중요하다.
⑤ 공감은 부정적인 면도 있지만 긍정적인 면이 더 많다.

23. 다음 글의 주제로 가장 적절한 것은?

If you are driving through the countryside on an open road, a three-hour journey may feel like it passes in no time at all. On the other hand, a three-hour journey on a jammed motorway will almost certainly feel much longer. Our perception of time passing does not have the consistency of a clock — our psychological units of time are not the same as chronological units of time. In this case, pleasure affects perception. Certainly, a walk undertaken at the height of the noonday sun while you are thirsty, tired, and hungry will feel more onerous and longer than a walk in cool conditions when you are rested, fed, and hydrated. Our environment can also affect our perception of time. For instance, when we are in a novel or stimulating environment, time can seem to slow down as our brains take in and process more information. Overall, our perception of time is not solely based on the actual amount of time that has passed.

*onerous: 성가신

① roles of physical activity in shaping our experience of time
② differences in our perception of time in unpredictable settings
③ the subjective nature of our perception of time
④ the relationship between memory and time perception
⑤ problems of time perception in high-pressure situations

24. 다음 글의 제목으로 가장 적절한 것은? [3점]

In the past few decades, researchers have popularized the idea of "neuroplasticity", which holds that the brain isn't fixed throughout adulthood but instead continues to produce new cells. The more subtle discovery, however, is that most of those replenished cells die off. What prevents this cell death — and in fact connects the neurons into synapses and integrates them into the brain's architecture and potential — are effortful learning experiences. Our brains don't grow if we simply spend 10,000 hours playing popular songs on the guitar or memorizing a set of mathematical formulas without applying them to real-world problems. Simply repeating the same actions or information without actively engaging with them doesn't promote neuroplasticity. Effortful learning means conscious engagement that continues to expand the boundaries and increase the sophistication of our knowledge and experience.

① Why Hard Learning is a Waste of Time
② Consistency Unlocks The Brain's Full Potential
③ Beyond Repetition: Active Engagement Fuels Neuroplasticity
④ What Makes Neuroplasticity Critical for Lifelong Learning
⑤ How Purposeful Actions Boost Brain Growth

25. 다음 도표의 내용과 일치하지 <u>않는</u> 것은?

The impact of Social Media on U.S. Adults' Lives: A Survey of User Responses (2021)

% of U.S. adult social media users who say that their use of it has _____ each of the following

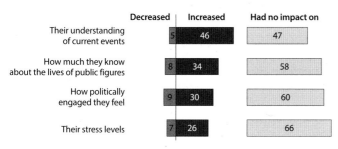

*Note: Percentages may not add up to exactly 100% due to rounding.

The graph above shows the responses of U.S. adult social media users regarding the impact of the social media on four areas in 2021. ① Among the respondents who reported an increased impact, the largest group was for their understanding of current events, with only a 1 percent difference from those who reported it to have had no impact. ② 34 percent of users said social media increased their knowledge of the lives of public figures, while more than half answered that it had no impact. ③ Compared to those who reported an increase in political engagement, twice as many respondents reported it having no impact on their political engagement. ④ Both the responses for "increased" regarding political engagement and stress levels were less than 30%. ⑤ The percentage of respondents who reported social media having had no impact on their stress levels was higher than the combined percentage of those who reported an increase in knowledge about the lives of public figures and feeling more politically engaged.

26. Charles Willson Peale에 관한 다음 글의 내용과 일치하지 <u>않는</u> 것은?

Charles Willson Peale, an influential figure in American art and natural history, was born in Maryland in 1741. As a young man, Peale was apprenticed to a saddlemaker, but he discovered a passion for art. In 1767, Peale went to London for formal training and studied under Benjamin West, a renowned painter at the time, for two years. Soon, Peale became a prolific artist, painting portraits of many prominent figures from the Revolutionary War era, such as George Washington, Alexander Hamilton, and John Paul Jones. He also actively pursued natural history and went on to establish the Philadelphia Museum of Natural History in the 1780s. Peale further varied his vocations by devoting himself to mechanics and invention, patenting an innovative bridge design, fireplace improvements, and a letter-copying machine called a polygraph. Peale was a leading figure in the development of American art and culture in the late 18th and early 19th centuries.

*Revolutionary War: (미국) 독립 전쟁

① 젊은 시절에 안장 제작자의 견습공이었다.
② Benjamin West와 함께 그림 교육을 받았다.
③ 독립 전쟁 시대 유명 인사들의 초상화를 그렸다.
④ 자연사 박물관을 설립했다.
⑤ 다리 설계에 관한 특허를 받았다.

27. 2023 Troy High School Benefit Concert에 관한 다음 안내문의 내용과 일치하지 <u>않는</u> 것은?

2023 Troy High School Benefit Concert

The Troy High School students will participate in a variety of performances for charity. All the funds raised from the concert will be donated to the local homeless shelter.

Date & Time: Thursday, September 14, at 6 p.m.
Place: Troy High School Auditorium

Events:
• vocal, instrumental, and dance performances
• short video presentations featuring interviews with student performers

Tickets:
• $10 for adults / $5 for students
• available for purchase in advance online (www.troyhigh.org) and at the door if seats are available.

Note:
• the concert will run for approximately 2 hours with a brief intermission.
• using public transportation is recommended (parking will not be available on school grounds).

① 수익금 전액은 지역 노숙자 보호 시설에 기부될 것이다.
② 학생들의 인터뷰 영상이 있다.
③ 티켓은 온라인으로 사전에 구매할 수 있다.
④ 중간 휴식 시간이 있다.
⑤ 학교 구내에 주차가 가능하다.

28. Victoria High School Mascot Design Contest에 관한 다음 안내문의 내용과 일치하는 것은?

Victoria High School Mascot Design Contest

Victoria High School invites all students to participate in the Victoria High School Mascot Design Contest. Our goal is to bring our school spirit to life with a unique and dynamic mascot.

Submission Guidelines:
• Only submissions uploaded on our official School Mascot Design Contest website will be accepted.
• The design must incorporate the school colors of blue and white.
• A description of the design of 250 words or less must be included.
• Submissions must be received by February 26th.

The Selection Process:
Step 1: A committee of staff, alumni, and community members will determine the top three finalists prior to Spring Break.
Step 2: After Spring Break, an online voting of students will take place to determine the top design.

Note:
Multiple submissions are allowed, but each design must be submitted individually.

① 출품작은 직접 방문하여 제출해야 한다.
② 두 가지 색상만 사용해야 한다.
③ 250자 이상의 설명이 함께 제출되어야 한다.
④ 학생들이 투표로 1등을 결정할 것이다.
⑤ 한 사람당 출품작 한 개만 제출할 수 있다.

29. 다음 글의 밑줄 친 부분 중, 어법상 틀린 것은? [3점]

Visual learning styles involve using visual aids such as pictures, diagrams, and videos. People with this learning style generally have the ability to visualize ① whatever they are learning directly. ② Compared to students with other learning styles, these learners tend to process and remember information more effectively when it is presented visually. Seeing something with your eyes helps ③ to reinforce it in your brain. Even if reading or listening is your only option, you can replace words with pictures, use bold colors to highlight areas of importance, and make your notes and outlines ④ easily to visually comprehend. Suppose that you are trying to learn the history of Spain. Studying nautical maps, graphics, charts, movies, and any other visual media can be very helpful in supplementing your learning. Turn your lecture notes into diagrams that ⑤ contain a lot of information. By doing this, you can digest the information at a single glance, rather than having to spend a lot of time reading it.

30. 다음 글의 밑줄 친 부분 중, 문맥상 낱말의 쓰임이 적절하지 않은 것은? [3점]

In English, saying "I will be going to a seminar" marks the event as taking place in the future. But in Mandarin Chinese, it is natural to ① omit any explicit marker of future time and simply say "I go listen seminar". The difference in ② tense between languages can shape our perception of time and affect how we talk about the future. UCLA economist M. Keith Chen conducted a study to investigate whether speakers of strong-future and weak-future languages behave differently, controlling for factors such as income, education, and age. The findings revealed that individuals who spoke weak-future languages, which do not mark ③ obvious differences between present and future, were more likely to save for retirement and less likely to smoke than those who spoke strong-future languages. Speakers of weak-future languages feel the future is ④ closely connected to the present and their current selves. Thus, they tend to have a more future-oriented perspective and ⑤ diminish long-term planning.

[31~34] 다음 빈칸에 들어갈 말로 가장 적절한 것을 고르시오.

31. In his book *Good to Great*, Jim Collins says that 'Good is the enemy of great.' I beg to differ. I think that _____ is the enemy of great. It's certainly the enemy of the growth and change that leads to flourishing. When we say, 'I don't want to fail', 'I don't want to embarrass myself', and 'I don't want to get hurt', we're expressing what I call "dead people's goals." That's because the only people who never feel discomfort for having made fools of themselves are, you guessed it, dead. As far as I know, the only people who never feel hurt, vulnerable, mad, anxious, depressed, stressed, or any of the other uncomfortable emotions that come with taking on challenges are those who are no longer with us. The dead have no choice but to stay away from challenges of life and opportunities for growth and development that come with them. Do you really want to follow in the footsteps of the dead and miss all the opportunities life throws at you?

① selfishness   ② avoidance
③ arrogance   ④ idleness
⑤ unpredictability

32. The Wintu people are Native Americans who live in what is now Northern California. They don't use the words *left* and *right* to describe their own bodies but instead use the cardinal directions — north, south, east, west. As an American anthropologist Dorothy Lee wrote, "When the Wintu goes up the river, the hills are to the west, the river to the east; and a mosquito bites him on the west arm. When he returns, the hills are still to the west, but, when he scratches his mosquito bite, he scratches his east arm." In that language, the self is never lost the way so many contemporary people who get lost in the wild are lost, without knowing directions, without tracking their relationship not just to the trail but to the horizon and the light and the stars, but such a speaker would be lost without a world to connect to, lost in the modern maze of subways and department stores. In Wintu, the world is stable, and the self _____. [3점]

① is determined by obstacles faced
② detaches itself from its surroundings
③ has an unstable connection to the world
④ exists in reference to the rest of the world
⑤ cannot separate from the written language

33. Because of associated emotions, our thoughts, even the mildest "slice of life" scenarios projected in our heads, become triggers that can evoke an autopilot response of high anxiety, dread, and the feeling of immediate threat. An emotional punch is just one of the many "special effects" that give such enormous power to the mental scripts we write to make sense of our lives, even when the plot is pure fiction. The poet John Milton made note of it in the seventeenth century: "The mind is its own place, and in itself can make a heaven of hell, a hell of heaven." While it is true that the mind creates its own universe, we must acknowledge that affirmations and positive thinking alone are not sufficient to tackle all the challenges we face. In fact, _____ can make them worse. Ultimately, we can choose how we respond to our thoughts, and mindfulness practices can help us avoid getting caught in them. So the question for us now is, who's in charge — the thinker or the thought? [3점]

① stuffing our emotions into a tight-fitting jar
② pushing our problems further under the carpet
③ simply putting smiley face stickers over our problems
④ merely taking the driver's seat without clear strategies
⑤ leaning on our ability to distinguish reality from fiction

[43~45] 다음 글을 읽고, 물음에 답하시오.

(A)

As a member of the sales department, Jessica knew window seats were at a premium. They were awarded to project managers whose longevity entitled them to move out of the cubicles and into an environment with an actual view. Having a window was the crowning bonus. However, Jessica made no secret of her dissatisfaction with having a cubicle in the center of the large room. She complained, loudly and frequently, that (a) she felt like a mouse in a maze.

(B)

She decided to talk to Jessica privately and express (b) her concerns. She explained that while she sympathized with Jessica's desire for a window seat, it was important to respect the office hierarchy and the rules that had been put in place. Marge suggested that Jessica continue to work hard and demonstrate (c) her value to the company, and that when the time came, she would be considered for a window seat.

(C)

Jessica initially reacted negatively to the suggestion, but over time, Marge's words began to sink in. Jessica began to focus on her work. Eventually, her hard work paid off, and (d) she was promoted to project manager. With her new title came a spacious window seat. Jessica was grateful for the opportunity to have earned it through her own merit.

(D)

While Jessica's complaints were heard by her colleagues, it was generally understood that the window seats were reserved for those who had put in their time and demonstrated their value to the company. (e) Her coworkers, including Marge, began to feel tired of Jessica's complaints as time went on. Marge knew that if Jessica were to be granted a window seat before her time, it would set a precedent that could disrupt the order and harmony of the office.

43. 주어진 글 (A)에 이어질 내용을 순서에 맞게 배열한 것으로 가장 적절한 것은?

① (B) – (D) – (C)　　② (C) – (B) – (D)
③ (C) – (D) – (B)　　④ (D) – (B) – (C)
⑤ (D) – (C) – (B)

44. 밑줄 친 (a)~(e) 중에서 가리키는 대상이 나머지 넷과 다른 것은?

① (a)　② (b)　③ (c)　④ (d)　⑤ (e)

45. 윗글에 관한 내용으로 적절하지 <u>않은</u> 것은?

① 창가 자리는 장기 근속한 프로젝트 매니저들에게 주어졌다.
② Marge는 사무실의 규칙을 따르는 것이 중요하다고 했다.
③ Jessica는 Marge의 제안에 바로 수긍했다.
④ 결국 Jessica는 프로젝트 매니저로 진급했다.
⑤ Jessica의 불평에 동료들은 지치기 시작했다.

* 확인 사항
○ 답안지의 해당란에 필요한 내용을 정확히 기입(표기)했는지 확인하시오.

○ 답안지의 해당란에 성명과 수험번호를 쓰고, 또 수험번호와 답을 정확히 표시하시오.

○ 문항에 따라 배점이 다르니, 각 물음의 끝에 표시된 배점을 참고하시오. 3점 문항에만 점수가 표시되어 있습니다. 점수 표시가 없는 문항은 모두 2점씩입니다.

18. 다음 글의 목적으로 가장 적절한 것은?

Dear Mayor Olden,

For the past four years, I have brought my eighty-five-year-old mother to the Rolling Meadow Elder Daycare Center every morning. As she is unable to drive and has difficulty walking on her own, the center has been a lifesaver for our family. It has provided her with the opportunity to get out and spend the day with others, and we are both very grateful for the services it has offered. However, I recently heard that the city government is planning to close the facility. Despite these difficult financial times, I urge you to reconsider this decision. Not only would the closure of the center be devastating for our family, but it would also be a huge loss for the entire community. I would be more than happy to participate in any fundraising efforts or advocacy campaigns to support the center. Thank you for your time, and I hope that you will take my concerns into serious consideration.

Sincerely,
Elliot Newman

① 노인 돌봄 센터의 시설 개선을 건의하려고
② 노인 돌봄 센터의 이용 방법을 문의하려고
③ 노인 돌봄 센터의 재정적 어려움을 호소하려고
④ 노인 돌봄 센터의 효율적 운영에 대해 감사하려고
⑤ 노인 돌봄 시설의 폐지를 재고해 줄 것을 촉구하려고

19. 다음 글에 드러난 'I'의 심경 변화로 가장 적절한 것은?

One night, my baby, Noah, was crying constantly. He had a high temperature. I knew having a high fever was extremely dangerous, but I didn't know what to do. So I took him to the emergency room. The moment the first needle touched him, Noah started screaming. It was all over in ten seconds, but he kept crying. I wanted to comfort him, so I gently wiped away his sweat using a cold sponge to bring his fever down. But then the nurse told me that I shouldn't use cold water because it could make him shiver and eventually raise his temperature. As the nurse spoke, I felt devastated. I had acted with a desire to help, but it seemed like I had only made things worse.

① nervous   → indifferent
② discouraged → confident
③ worried   → regretful
④ annoyed   → calm
⑤ scared   → relieved

20. 다음 글에서 필자가 주장하는 바로 가장 적절한 것은?

At the start of a project, our natural drive is enhanced by the novelty of our new endeavor. This also holds true for the final stage, where enthusiasm and excitement are often experienced. However, at the midpoint, there may be a lack of this innate motivation. One solution to address this problem is to inform others of what your targets are. This increases the likelihood of accomplishing your goal, as someone is holding you accountable. Usually, this would be a family member or friend, but if preferred, you can broaden your reach by sharing your goal on social media. Studies have shown that publicly committing to a weight-loss goal positively impacts goal attainment, as it adds external accountability and pressure to help you stay motivated and on track. This external pressure serves as a suitable alternative when intrinsic motivation weakens, allowing you to overcome more obstacles.

① 공동의 목표를 달성할 때에는 타인과 협동해야 한다.
② 스트레스가 심할 때는 타인에게 도움을 요청해야 한다.
③ 일을 시도하지 않고 결과를 미리 단정 짓지 말아야 한다.
④ 남의 시선을 의식하지 않고 자신만의 기준을 세워야 한다.
⑤ 내적 동기가 중간에 약화되면 외부 압력으로 극복해야 한다.

21. 밑줄 친 having one hammer to nail everything이 다음 글에서 의미하는 바로 가장 적절한 것은? [3점]

Imagine you're a client who thinks your employer has mistreated you. You have the option to choose between two lawyers. One has done nothing but litigation for twenty years. The other has experience in litigation as well as other methods of resolving disputes, such as negotiation and mediation. The first lawyer is likely to see the case only in terms of whether or not to sue, because she's spent twenty years seeing everything through that frame. On the other hand, the second lawyer has a broader perspective and will be able to choose a strategy that fits your case best. It's obvious that the second lawyer would be the better choice for you. After all, having a diverse set of tools in your toolbox is always better than having one hammer to nail everything.

*litigation: 소송

① repeating the same mistakes
② delaying action until it's too late
③ showing a lack of empathy for others
④ allowing others to take advantage of you
⑤ failing to consider alternative approaches

22. 다음 글의 요지로 가장 적절한 것은?

Think back to your junior high or high school experiences as a reader. Can you remember a story, a novel or a play that you loved or hated, yet when you read it again a few years later — after you learn about literature — your reaction had significantly changed? The interpretations of literature before you study critical theory may seem completely personal or natural, but you will also find, once you've become better acquainted with critical theory, that it increases rather than decreases your appreciation of literature. So as you grow your capacity to understand theory and to think more broadly and more deeply about human experience and the world of ideas, you will be more capable of appreciating the rich meanings and different interpretations present in literary works. It's possible that an old favorite might fall by the wayside, but you'll have new favorites, and you'll have the capacity to see more and therefore appreciate more in everything you read.

① 비평 이론은 작품에 대한 고정관념을 갖게 할 수 있다.
② 문학 비평에서 주관성은 다양한 시각을 제시하는 기반이 된다.
③ 같은 문학 작품을 읽어도 독자의 나이에 따라 해석이 달라진다.
④ 비평 이론을 배우면 문학 작품을 감상하는 능력이 향상된다.
⑤ 문학 비평의 목적은 작품의 가치와 의미를 찾는 데 있다.

23. 다음 글의 주제로 가장 적절한 것은? [3점]

Our senses gather inputs from the world around us. Our brains develop mental models to understand these inputs by recording and synthesizing them through our senses. Initially, these models are tentative and unconstrained by our experiences of others or awareness of the true nature of the world. A toddler will run toward his or her mother while she is smiling despite the fact she is standing at the bottom of a flight of stairs. Over time, we redefine and update our mental models based on our experiences and feedback from others. This process involves a complex interplay between perception, attention, memory, and learning. We learn to recognize and avoid dangerous situations and adjust our behavior accordingly. Additionally, our mental models are influenced by our culture, beliefs, and values, which shape our perceptions and interpretations of the world. Ultimately, we build up a collection of mental models that help us navigate the world and understand our surroundings.

① how the brain shapes our mental models
② roles of mental models in human memory
③ importance of expanding our comfort zone
④ effects of sensory inputs on developing intelligence
⑤ influence of our experiences on our mental health

24. 다음 글의 제목으로 가장 적절한 것은?

Do you genuinely want others to stop judging you? Of course, you do. You want to avoid negative appraisals of yourself and escape the feelings of shame and inadequacy that arise from devastating judgments. The safer language of "live and let live", "each to their own" is where you turn when you feel exposed to the harsh glare and wish to escape scrutiny. But how can we live meaningfully without being judged at all? Even criticism from others is necessary to living well. Without it, we'd be playing tennis with the net down. Other people are sources of pleasure, goods, and information, but most of all they shape our self-image and self-esteem. Our sense of self is not formed in a vacuum. Rather, it is built through our interactions with others and the feedback they provide. Ultimately, living a meaningful life involves navigating the complexity of social interactions and utilizing the feedback we receive to become the best version of ourselves.

① How We Can Balance Self-Esteem Without Any Criticism
② Hearing the Other Side Is Key to Building Empathy
③ Escaping the Human Need for Judgment
④ Why Is It Difficult to Find Meaning in Feedback?
⑤ Learn to Deal with a Fear of Negative Evaluations!

25. 다음 도표의 내용과 일치하지 <u>않는</u> 것은?

Responses from U.S. Parents on Time Spent with Children in 2017 and 2020

Among parents with children under 18, % saying they spend _____ time with their children these days

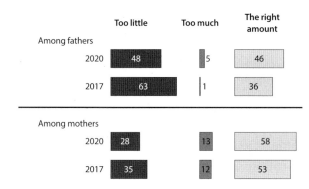

Note: Share of respondents who didn't offer an answer is not shown.

The graph above displays the responses of U.S. fathers and mothers in 2017 and 2020 regarding the amount of time they spend with their children. ① In 2017, 63% of fathers reported spending too little time with their children, while only 35% of mothers said the same. ② Among parents with children under 18 who said they spend the right amount of time with their children, the largest portion in 2020 was among mothers, with 58%. ③ In 2020, the percentage of fathers who reported spending too much time with their kids increased five times compared to 2017. ④ In both years, over 30% of mothers reported spending too little time with their children. ⑤ Fathers and mothers both reported spending the right amount of time with their children more in 2020 than in 2017, with a 10 percentage point increase for fathers and a 5 percentage point increase for mothers.

26. hoatzin에 관한 다음 글의 내용과 일치하지 <u>않는</u> 것은?

The hoatzin is a tropical bird found in swamps and river forests of the Amazon. It is the only bird with a digestive system that ferments vegetation as cows do, which enables it to eat plant leaves as the main part of its diet. Because of its large digestive system, its flight muscles are poorly developed, leading to its low flight capacity. The young hoatzin has a big claw on the end of its wings to help it climb trees until its wings are strong enough. Hoatzin chicks learn to fly when they are about six weeks old, and when they have mastered flying, their wing claws fall off. Hoatzin chicks are able to hide underwater to escape from predators, but adult birds cannot swim. Although the hoatzin is not considered an endangered species, the destruction of its habitat is a growing threat to its population.

① 식물 잎을 주식으로 먹는다.
② 비행 능력이 좋지 않다.
③ 새끼는 날개 끝에 발톱이 달려 있다.
④ 성장할수록 수영에 능숙해진다.
⑤ 현재 멸종 위기종으로 여겨지지 않는다.

27. After-School Program에 관한 다음 안내문의 내용과 일치하지 <u>않는</u> 것은?

After-School Program
Class of September 2023

We are excited to announce our new After-School Program, which is starting this fall. All students of Sheffield City elementary schools are invited. Come and enjoy a wide variety of activities!

Dates and Times:
September 4, 2023 – September 15, 2023
Monday to Friday, 3:00 p.m. – 5:30 p.m.

Activities:
reading, supervised homework & revision, sports, games, art & crafts, and recreational activities

Details:
• Tuition is $50 (including all material fees).
• Registration is available from September 1 to September 3 only on our website (www.sheffield.com).
• If you cancel on or before September 5, your payment will be refunded.
• The number of participants will be limited to 30.

① 수업은 평일에 진행된다.
② 수업료에 모든 재료비가 포함되어 있다.
③ 현장 등록은 불가능하다.
④ 9월 5일까지 취소하면 환불받을 수 있다.
⑤ 참가 인원에 제한이 없다.

28. The Green City Park Alliance's 2023 Earth Day Cleanup에 관한 다음 안내문의 내용과 일치하는 것은?

The Green City Park Alliance's 2023 Earth Day Cleanup

Join the Green City Park Alliance for the Earth Day Cleanup event where you'll help keep the park clean by picking up trash and yard debris that have accumulated over the winter.

• **Date:** April 22, 2023
• **Time:** 8:30 a.m. to 11:00 a.m.
• **Location:** Green City Park, 1000 Maple Avenue
• **Volunteer Checklist:**
  – Things to wear and bring: comfortable clothes, sneakers/boots, rakes, and garden gloves (Trash and leaf bags will be provided.)
  – Snacks and water will be provided to volunteers.
  – The event will be held regardless of rain or shine.
  – Registration is required in advance at our website (www.gcpa.org).
  – As a token of appreciation, all volunteers will receive an Earth Day Cleanup Participation Certificate which can be used to get discounts on admission to the Green City Park Zoo.

If you have any questions about the event, please visit our website.

① 오전에 세 시간 동안 진행된다.
② 쓰레기 봉투는 제공되지 않는다.
③ 당일에 비가 오면 취소된다.
④ 사전에 신청하지 않아도 참여할 수 있다.
⑤ 참여 증명서로 동물원 입장료를 할인받을 수 있다.

29. 다음 글의 밑줄 친 부분 중, 어법상 틀린 것은?

A psychological scientist, Adam Grant, found in his research that thinking about how our actions can affect others ① is sometimes a strong motivator. He first set up a hypothesis that hospitals typically try to persuade medical staff to be ② diligent about handwashing by warning them that failing to wash their hands frequently after seeing patients increases the likelihood of getting sick. As it turns out, however, that isn't the most effective type of warning. So Grant designed an experiment ③ in which two different signs were tested against each other — one saying "hand hygiene prevents you from catching diseases" and the other saying "hand hygiene prevents patients from catching diseases." He had the hospital ④ place the signs in various locations and conducted observations to determine whether doctors and nurses were washing their hands more frequently. Compared to the sign that emphasized personal risks, the sign that emphasized the risk to patients ⑤ leading to a 10 percent increase in handwashing frequency and a 33 percent increase in using soap and hand sanitizer.

30. 다음 글의 밑줄 친 부분 중, 문맥상 낱말의 쓰임이 적절하지 않은 것은? [3점]

Our tendency to interpret situations in a favorable manner is a prevalent phenomenon, and it profoundly impacts our holiday memories. This ① selective memory frequently causes us to perceive our excursions as more pleasurable than they genuinely were. The affirmative facets of our vacations are the ones we choose to capture and share, whereas the boring or frustrating moments that are prone to occur during a journey are left out. Consequently, we frequently harbor a ② distorted perception of our vacations. Many travelers attest that the most significant ③ surge in happiness is the result of planning a vacation, and the consequent increase in joy induced by this anticipation has a lasting effect of eight weeks. The time spent standing in line for a long time, facing language barriers, and adapting to new time zones is often ④ highlighted when we retrospectively ponder our holiday experiences. Instead, we recollect the exceptional and stunning moments, and while browsing through our photo albums and talking about the trip, we tend to amplify these moments and assign them greater significance. We eventually craft a highly ⑤ idealized version of our vacation memories.

[31~34] 다음 빈칸에 들어갈 말로 가장 적절한 것을 고르시오.

31. If you've never watched a video of a child's first encounter with a dog, it's worth doing. Not only are these videos incredibly adorable, but they help demonstrate something important about our mental wiring. At first the child is filled with curiosity, uncertain if this creature might cause harm. But soon the child figures out the dog is not a threat. A few years later, what was once thrilling about it no longer holds the child's attention in the same way. The child has learned to predict the dog's behavior and no longer finds it quite as entertaining. By now, the child's mind is occupied with new toys that stimulate the senses — until they become predictable too. Without variability we are like children in that once we figure out what will happen next, we become less excited by the experience. To hold our attention, our experiences must have an ongoing degree of _____.

① novelty
② boldness
③ reliability
④ familiarity
⑤ consistency

32. Some literary innovators actively _____ _____. This was what Theodor Seuss Geisel, better known as Dr. Seuss, one of the most popular children's authors, did when he wrote his masterful and surreal rhyming story *Green Eggs and Ham* in 1960. Dr. Seuss's friend and publisher, Bennett Cerf, bet the author fifty dollars that he could not write a book with just fifty different words of one syllable each. In books meant to help young children learn to read, it is a selling point to have a limited vocabulary. But this artificial limit was extreme. Still, with his pride on the line, Dr. Seuss couldn't resist proving it possible. He meticulously crafted each line of the story while using forty-nine one-syllable words and a fiftieth word: anywhere. *Green Eggs and Ham* went on to achieve unprecedented success, earning a place as one of the best-selling children's books in history.

① compete with others to establish themselves
② seek out feedback to refine their creativity
③ prioritize efficiency over creativity in their work
④ welcome constraints to help shape their creativity
⑤ use criticism as a means of fueling their creative drive

33. In a study published in 2011, Droit-Volet, a professor in developmental and cognitive psychology, and her colleagues conducted an experiment to investigate how changes in the emotional state of subjects, induced by watching films, affected their sense of time. They showed university students different video segments known to induce fear (horror movies) or sadness (heartbreaking dramas). A third category of "neutral" footage (weather forecasts or stock market updates) was also shown. As expected, each video induced the intended emotions. They then asked students to estimate the duration of a visual stimulus. Droit-Volet and her colleagues found that the stimulus was perceived as longer than it really was after viewing the fear-inducing videos, while there was no change in time perception following the sad and neutral video clips. The results suggest that fear _____. This reflects a defensive mechanism triggered by a threatening situation, as the body prepares to act either by attacking or running away. [3점]

① speeds up our internal clock
② enhances our memory of events
③ shapes our negative expectations
④ distorts our perception of space
⑤ has no correlation with biological responses

34. Until recently, theorists have argued that literary works are created by incorporating elements from prior works, which are adopted, repeated, challenged, and modified. This notion sometimes goes by the fancy name of "intertextuality." A literary work exists between and among other texts, through its relations to them. To read something as literature is to consider it as a linguistic event that _____ _____. In one of the lines of Shakespeare's Sonnet 130, 'But no such roses see I in her cheeks,' the speaker takes up the conventions of love poetry (which often compare a beloved to a series of idealized images, such as roses, lilies, and pearls) and challenges them by describing his beloved in realistic, not idealized terms. This subversion of traditional love poetry counts on the reader's familiarity with earlier love poems in order to create meaning.

① relies on a shared literary background
② exists primarily for its artistic qualities
③ combines cultural contexts with imagination
④ preserves social atmosphere of a particular era
⑤ transcends the limitations of literal interpretation

35. 다음 글에서 전체 흐름과 관계 없는 문장은?

Prolonged stress can lead to a chain reaction of biochemical events that produce inflammation, which contributes to the development of severe diseases like heart disease and cancer, as well as impairing our immune system's ability to fight infections. ① Nevertheless, moderate levels of stress can be an excellent motivator. ② While stress can be uncomfortable, it can act as a catalyst for progress. ③ The stress of falling behind in a competition, but not too far behind, can inspire a team to summon the energy and focus required to secure a thrilling come-from-behind victory in the dying moments. ④ The focus on winning can ultimately impede one's progress, so striking a balance between healthy competition and an overbearing competitive atmosphere is crucial for optimal growth and development. ⑤ Similarly, the stress of a deadline, while challenging, can invigorate the creativity and determination needed to complete a task.

*inflammation: 염증 **catalyst: 촉매, 기폭제

[36~37] 주어진 글 다음에 이어질 글의 순서로 가장 적절한 것을 고르시오.

36.

Adult humans have a particularly large brain compared to their body size. But the infant brain is generally only a quarter the size of an adult brain.

(A) However, the upside is that the infant brain is highly plastic and adaptable, making it capable of rapid learning and forming new neural connections in response to experiences and stimuli from the environment.

(B) This adaptability is why early childhood is such a critical period for brain development and why providing a stimulating and nurturing environment is essential for optimal cognitive, emotional, and social growth.

(C) The infant brain matures as much as possible in the womb, but the majority of the developmental work is still left to be done after birth. The downside of such an immature brain is that infants lack the ability to survive independently without the support of caregivers.

*womb: 자궁

① (A) – (C) – (B)   ② (B) – (A) – (C)
③ (B) – (C) – (A)   ④ (C) – (A) – (B)
⑤ (C) – (B) – (A)

37.

While friendship has been documented in only a few species, it is nearly universal among humans.

(A) If this is the case, it stands to reason that we should keep careful track of the costs and benefits of our friendships, in order to ensure that we are getting our fair share and hopefully even more.

(B) Yet, as friendships deepen and become more intimate, the focus on transactional reciprocity tends to fade. The closer friends become, the less they tend to keep track of who has done more or less for one another, as the relationship becomes more about mutual trust and emotional support rather than keeping score.

(C) This fact suggests that it provides significant evolutionary advantages. Perhaps friends provide access to important resources or opportunities, making them a means to an end. [3점]

① (A) – (C) – (B)   ② (B) – (A) – (C)
③ (B) – (C) – (A)   ④ (C) – (A) – (B)
⑤ (C) – (B) – (A)

[38~39] 글의 흐름으로 보아, 주어진 문장이 들어가기에 가장 적절한 곳을 고르시오.

38.

By that criterion, queries such as "How did life first arise on Earth?" or "How does the brain work?" are not good scientific questions because they do not provide a starting point for scientific study.

It is frequently remarked that the key to success in science is to ask the right questions. (①) That seemingly straightforward statement, however, immediately prompts a question itself: how does one know when a scientific question is "right"? (②)

The rough answer is that a good scientific question is one that provides a clue for investigating the subject. (③) In any scientific inquiry, one must pose more specific questions, which can be answered through measurement and observation. (④) If one can measure something, it is then possible to compare the relevant measurements of different entities or situations, which in turn generate new insights. (⑤) In other words, by breaking down broader scientific questions into narrower ones that can be measured and compared, researchers can gain new insights into the subjects being studied and discover potential avenues for further research. [3점]

39.

> At the same time, the idea that producing feed for cattle requires a large amount of water is not entirely accurate.

Meat is an excellent source of dietary protein required for human growth, but inevitably, animals, particularly cattle, are inefficient in converting the food they consume into meat. (①) The increased demand for meat has led some countries to expand their meat production to such an extent that the principal task of agriculture has become not to grow crops for people, but as feed for animals. (②) In North America and Europe, about 60 percent of the total crop harvest is now used for feeding — not directly for human consumption. (③) This, of course, has major environmental consequences, particularly due to the use of nitrogen fertilizers and water. (④) The minimum water requirement per kilogram of boneless beef is indeed high, at around 15,000 liters, but only about half a liter of that water is actually used to make the meat itself. (⑤) This means that more than 99 percent of the water does not end up being consumed by the animals; instead, the water used to grow feed crops is released back into the atmosphere through evaporation and plant transpiration.

40. 다음 글의 내용을 한 문장으로 요약하고자 한다. 빈칸 (A), (B)에 들어갈 말로 가장 적절한 것은?

There is a difference between culture as art and culture as a way of life. You can compose a concerto or publish a novel, but when it comes to culture in the broader definition of the word, the idea of creating a new cultural event sounds contradictory. In this sense, culture consists of the traditions that have been passed down through many generations. By contrast, culture in an artistic sense can be cutting-edge, which means it is not only ahead of its time but also experimental. Since artistic culture is often created by minority groups in society, it differs in this respect from culture as a widespread process of development. However, those who are considered uncultured now may become cultured later. Anyone who puts their mind to it can accumulate their own cultural capital. You can tend to your own spiritual growth over time, similar to how a farmer tends to his crops over the years.

↓

> Culture as a way of life, which is generally _____(A)_____ in its nature, differs from culture in the artistic sense of the word, which involves _____(B)_____.

	(A)		(B)
①	inclusive	.....	innovation
②	cumulative	.....	innovation
③	dynamic	.....	imitation
④	fixed	.....	imitation
⑤	flexible	.....	experimentation

[41~42] 다음 글을 읽고, 물음에 답하시오.

Our desire to promote agreement is not solely driven by a specific leader's direction or personal motivations. In fact, this desire is often influenced by normal group processes that are prevalent in everyday life. These group processes can cause a group to favor the (a) initial idea presented to them and to be in a rush to make a decision. For example, when discussing a new project, a group may give more attention and support to the first proposal, rather than considering other potentially better alternative options.

Unfortunately, group processes can also conspire to (b) suppress the diversity of viewpoints, limiting the range of information considered by the group. As we interact with others, we start to develop a shared view of an issue, and our differences (c) decrease. The issue is not just about conforming or agreeing with the majority opinion. It's also about how people interact in a group. This kind of interaction can contribute to making poor decisions by limiting the variety of perspectives in a group. Groups, in other words, tend to move toward a general agreement or consensus and become more uniform in their opinions, making them (d) less prone to making flawed decisions. This is because all groups start with either a relatively similar opinion or create a shared one, and the consensus (e) intensifies the belief in the correctness of the position. This natural process happens through the exchange and pooling of information, which leads to the alignment of individual opinions.

41. 윗글의 제목으로 가장 적절한 것은?

① Groupthink vs. Independent Thinking
② Embrace Diversity for Stronger Connections
③ The Art of Persuasion: How to Win Over a Group
④ The Illusion of Consensus: When Groups Fail
⑤ Why Challenges Bring Us Closer in Society

42. 밑줄 친 (a)~(e) 중에서 문맥상 낱말의 쓰임이 적절하지 않은 것은? [3점]

① (a)　　　② (b)　　　③ (c)　　　④ (d)　　　⑤ (e)

[43~45] 다음 글을 읽고, 물음에 답하시오.

(A)

Amelia rode the bus to and from work every day. It was about a thirty-five-minute trip. Like most commuters, Amelia had a real appreciation for the difference between sitting down, which allowed her to either doze off or read and just relax, and standing up, during which she was constantly being tossed to one side or another, trying not to smash into other standees and constantly moving out of the way so people could get on or off.

(B)

Amelia felt a twinge of guilt, especially when she saw the elderly woman struggling to keep her balance during the ride. Despite this, Amelia did not give up (a) her seat. One day while returning from work, Amelia was standing on the bus when she was suddenly hit by a wave of nausea. She tried her best to remain steady while firmly holding onto the bus handle. Just as she felt like she was going to pass out, she felt a gentle hand on her arm.

(C)

It was the elderly woman from the morning bus. She kindly offered her seat to Amelia, allowing (b) her to rest and recover. Amelia accepted the seat with a mix of relief and guilt. When the bus pulled up to her stop, Amelia thanked the woman for her kindness. The woman simply smiled and nodded, filling Amelia with gratitude and admiration for (c) her compassionate spirit.

(D)

This made her develop a keen strategy for getting a seat. Amelia discovered that if she cut across the hill to catch the bus earlier in its route, it would greatly increase (d) her odds of finding a seat. Amelia's strategy worked like a charm, and (e) she almost always found an empty seat, while the elderly woman she often encountered at the previous bus stop remained standing.

43. 주어진 글 (A)에 이어질 내용을 순서에 맞게 배열한 것으로 가장 적절한 것은?

① (B) – (D) – (C) ② (C) – (B) – (D)
③ (C) – (D) – (B) ④ (D) – (B) – (C)
⑤ (D) – (C) – (B)

44. 밑줄 친 (a)~(e) 중에서 가리키는 대상이 나머지 넷과 다른 것은?

① (a) ② (b) ③ (c) ④ (d) ⑤ (e)

45. 윗글에 관한 내용으로 적절하지 <u>않은</u> 것은?

① Amelia는 버스를 타고 약 35분간 출퇴근했다.
② Amelia는 나이 든 여성이 중심을 잡으려 애쓰는 것을 보았다.
③ 출근길 버스에서 Amelia는 갑자기 메스꺼움을 느꼈다.
④ 나이 든 여성이 Amelia에게 자리를 양보했다.
⑤ Amelia는 자리에 앉으려고 언덕을 가로 질러서 버스를 탔다.

* 확인 사항
○ 답안지의 해당란에 필요한 내용을 정확히 기입(표기)했는지 확인하시오.

○ 답안지의 해당란에 성명과 수험번호를 쓰고, 또 수험번호와 답을 정확히 표시하시오.
○ 문항에 따라 배점이 다르니, 각 물음의 끝에 표시된 배점을 참고하시오. 3점 문항에만 점수가 표시되어 있습니다. 점수 표시가 없는 문항은 모두 2점씩입니다.

18. 다음 글의 목적으로 가장 적절한 것은?

Dear Mr. Simon,

The Oak Hill Voluntary Club gets together every month to plan ways to make life better here in San Francisco, and we are always looking for enthusiastic individuals who share our passion. As a member of our club, you will have the opportunity to participate in a variety of volunteer activities, such as volunteering at food banks, organizing community events, and providing additional support to those in need. We pay for everything we do by collecting $100 from each member every year and by obtaining donations from local businesses. If you're interested in joining our club, please fill out the attached membership form and return it with the membership fee of $100. If you have any questions or would like more information, please don't hesitate to contact us. We look forward to hearing from you soon.

Sincerely,
Don Roberts

① 클럽에 가입하는 방법을 문의하려고
② 자원 봉사 시 주의해야 할 사항을 전달하려고
③ 자원 봉사 클럽의 회비 납부 방법을 통보하려고
④ 불우 이웃을 위한 기부를 요청하려고
⑤ 클럽에 가입할 것을 권유하려고

19. 다음 글에 드러난 Cynthia의 심경 변화로 가장 적절한 것은?

Cynthia had been saving for months, with no small amount of sacrifice, to create a fund for her kids' college. She had even given up going out to eat and buying new clothes. Despite her dedication, her husband, Dave, yearned to go on an expensive family trip. He told Cynthia, "The kids are going to be grown before we know it. If not now, when?" The discussion went back and forth. Cynthia yelled in the heat of argument, "Am I the only one who's concerned about our children's future?" The tension got even higher. Then Cynthia glanced down. "What happened to your socks?" she asked. David looked down, a little off guard, and examined his blackened feet as if for the first time. "I had to chase a raccoon out of the garden," he said after a moment. "I didn't have time to put on my shoes." They looked at each other, and then they both began laughing suddenly, the tension between them breaking like a wave on the shore.

① grateful → sorrowful
② calm → excited
③ depressed → hopeful
④ encouraged → angry
⑤ frustrated → relieved

20. 다음 글에서 필자가 주장하는 바로 가장 적절한 것은?

Many people turn to self-help books or courses to deal with their emotions, but a lot of these programs get self-help completely wrong. Those that tout positive thinking are particularly off base. Trying to impose happy thoughts is extremely difficult, if not impossible, because few people can just turn off negative thoughts and replace them with more pleasant ones. Also, this advice fails to consider an essential truth: your so-called 'negative' emotions are often actually working in your favour. In fact, negativity is normal. This is a fundamental fact. We are programmed to feel 'negative' at times not only to survive, but to flourish. It's simply a part of the human condition. We need to acknowledge our negative emotions as a normal and necessary aspect of our lives. Rather than trying to suppress them, try to manage them in a healthy way.

*tout: 권유하다

① 곤경에 대처하는 자신만의 방법을 찾아야 한다.
② 부정적인 감정을 억누르지 말고 잘 다스려야 한다.
③ 스스로를 돌아보며 부정적인 감정을 조절해야 한다.
④ 자신의 감정을 솔직하게 표현하는 방법을 배워야 한다.
⑤ 긍정적인 감정을 유지하려면 능동적인 자세를 가져야 한다.

21. 밑줄 친 a handful of rocks thrown in over a wide pool이 다음 글에서 의미하는 바로 가장 적절한 것은? [3점]

We have long tracked the evolution of weight gain and social-network connections. When we began this work, we thought that we would see one person gain weight and then watch a wave of obesity spreading out from the affected person, over time and across social space. The image of the obesity epidemic in our heads was based on a physics experiment: a pebble is dropped in a still pool of water, and a concentric circle of waves moves away from it. Yet when we looked at the result of our work, the picture was much more complicated. Sure, obesity can spread, but it is not spreading from just one spot, and social contacts are not the only stimulus for weight gain. People take up eating, get distressed, stop exercising, or start drinking, and each one of these changes can form the epicenter of another tiny obesity epidemic. We then realized that the proper analogy was a handful of rocks thrown in over a wide pool.

*epicenter: (전염병의) 발생지; 진원지

① intense emotions stirring up anxiety
② numerous obstacles that must be overcome
③ various factors interacting in unpredictable patterns
④ potential risks of forming new relationships
⑤ boundless curiosity causing distraction

22. 다음 글의 요지로 가장 적절한 것은?

Brainstorming is a commonly used method to generate creative ideas and solutions. A prominent advertising executive and author Alex Osborn argued that criticism during brainstorming would hinder people's creativity and the generation of new ideas. This notion may be intuitively plausible, but as studies in the United States and France have concluded, the freedom to criticize aids rather than impedes the generation of ideas. It is worth noting that rules like "do not criticize" suggest that we are too fragile to handle any feedback or accept ideas that aren't our own. Such rules also seem to detract from the issue at hand, which is to generate ideas that solve a problem. It is hard to stay confident when you are worried about what you say and how you say it, but the research shows that debate, and even criticism, can be a benefit to brainstorming.

① 브레인스토밍의 성패는 토론 분위기에 달려 있다.
② 브레인스토밍의 방식은 상황에 따라 달라질 수 있다.
③ 브레인스토밍에서 비판을 허용하는 것이 더 효과적이다.
④ 최대한 많은 아이디어를 내는 것이 브레인스토밍의 목적이다.
⑤ 브레인스토밍을 통해 얻은 아이디어는 대부분 실행되지 못한다.

23. 다음 글의 주제로 가장 적절한 것은?

Bacteria are able to develop resistances to antibiotics by acquiring rare mutations in their genes. This survival mechanism is driven by natural selection, favoring bacteria that can withstand the effects of antibiotics. This coevolutionary process between antibiotics and bacterial survival leads to a continuous arms race, where bacteria evolve more rapidly to combat the effects of antibiotics. As a result, the emergence of increasing antibiotic resistance is an inevitable and natural outcome of this process. While antibiotics continue to be developed to keep up with resistances, finding a perfect antibiotic that does not elicit resistance is unlikely. It's like running on a treadmill; you must run as fast as you can to stay in the same place. Taking an evolutionary perspective on bacterial survival mechanisms, it is crucial to proactively search for new antibiotics before the current ones become ineffective.

① evolutionary relationship between antibiotics and bacterial survival
② benefits of genetic diversity in bacterial population
③ unintended consequences of antibiotic overuse
④ difficulty of understanding bacterial survival mechanisms
⑤ importance of preventing the development of resistant bacteria

24. 다음 글의 제목으로 가장 적절한 것은?

In a classic survey, the College Board asked high school test takers to rate themselves on a host of criteria. Eighty-five percent considered themselves above the median in getting along with others, 70 percent above the median in ability to lead others, and 60 percent above the median in sports. Also, more than 80 percent of people believed that they were more skillful than half of all drivers. Remarkably, the least capable people often have the largest gaps between what they think they can do and what they actually achieve. In another study, researchers asked subjects to rate their perceived ability and likely success on a grammar test. The result shows that the poorest performers dramatically overstated their ability, thinking that they would be in the second-highest quartile. However, they turned in results in the bottom quartile. Even when confronted with their actual results, many of these individuals still struggled to accurately assess their own abilities, often maintaining an inflated perception of their skills.

*quartile: 4분위수

① Ignore Your Weaknesses, Focus on Your Strengths
② How We Can Discover the Truth About Our Abilities
③ No Wonder Overestimating Your Abilities Leads to Success
④ Between Perception and Reality: Overestimating Abilities
⑤ The Inflated Self: The Perils of Overconfidence

25. 다음 도표의 내용과 일치하지 <u>않는</u> 것은?

Social Networks: Average Time Spent in the US, by Platform, 2018-2022

minutes per day among population

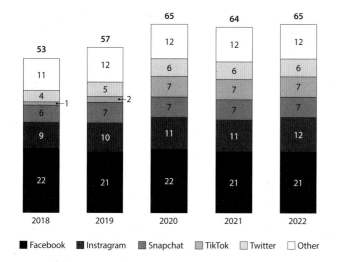

■ Facebook ■ Instragram ■ Snapchat □ TikTok □ Twitter □ Other

The graph above shows the average time spent per day among the U.S. population on various social network platforms from 2018 to 2022. ① From 2018 to 2020, there was an upward trend in the average time spent on social networks by U.S. adults. ② In all the periods from 2018 to 2022, Facebook was the most popular social network platform among the U.S. populations, with an average time spent more than 20 minutes per day. ③ TikTok experienced the most remarkable growth in usage time among the U.S. population, increasing seven times from an average of 1 minute per day in 2018 to 7 minutes per day from 2020 to 2022. ④ Between 2018 and 2022, the average time spent by the U.S population on Facebook consistently remained more than double that of Instagram for each year. ⑤ The usage time of Snapchat, TikTok, and Twitter by the U.S. population showed no significant changes from 2020 to 2022.

26. J. D. Salinger에 관한 다음 글의 내용과 일치하지 <u>않는</u> 것은?

J. D. Salinger, born in Manhattan, New York in 1919, began writing short stories while in secondary school. Salinger's early stories were published in the 1940s. While serving in the United States Army during World War II, he met Ernest Hemingway, the celebrated writer, who was working as a war correspondent in Paris at the time. After the war, Salinger was hospitalized for several weeks and diagnosed with combat stress reaction. His first novel, *The Catcher in the Rye*, was published in 1951, and it became an immediate popular success. Following the novel's publication, Salinger became reclusive, rarely agreeing to interviews or public appearances. Eventually, he stopped publishing altogether in 1965. Salinger died in 2010, leaving behind a vast archive of unpublished work.

① 학창 시절에 단편 소설을 쓰기 시작했다.
② 제2차 세계 대전 중에 Ernest Hemingway와 만났다.
③ 전쟁 후에 몇 주간 입원했다.
④ 1951년 출간된 첫 소설이 즉시 인기를 얻었다.
⑤ 사망한 해에 여러 책을 출간했다.

27. Young Flyers' Aviation Program에 관한 다음 안내문의 내용과 일치하지 <u>않는</u> 것은?

Young Flyers' Aviation Program

Want to be an airline pilot? Then get started on your future in the skies with our Young Flyers' Aviation Program. Come and get the opportunity to fly every day with a certified flight instructor now!

Requirements:
– Ages 10 – 15
– No experience required

Date:
June 12-15, 9 a.m. – 4 p.m.

Program Activities:
– Aircraft flights
– Control tower tours
– Airport tours
– Flight simulators

Participation Fee:
$689 per person

Notes:
– Activities are subject to change without notice.
– All payments are final and non-refundable.

Please visit our website at www.youngflyers.com to learn more.

---

① 매일 전문 강사와 비행할 기회를 준다.
② 10세에서 15세를 대상으로 한다.
③ 6월 12일부터 4일간 진행된다.
④ 활동 내용은 공지 없이 변경될 수 있다.
⑤ 프로그램 시작 전에만 환불이 가능하다.

28. Sunny's Cooking Class에 관한 다음 안내문의 내용과 일치하는 것은?

Sunny's Cooking Class

Are you tired of eating the same thing every day? Do you want to feel like a master chef? Then don't miss this great opportunity!

• Dates: 2nd and 4th Saturday of every month (March to August)
• Time: 11:00 a.m. – 1:00 p.m.
• Place: Curtis Community Center
• Tuition Fee: $50 (per class)
• Level: Beginner
• Topics to Be Covered:
  – Basic Cooking Techniques (grilling, roasting, frying, etc.)
  – Food safety and hygiene
  – Healthy eating habits and nutrition
  – Making sauces and dressings from scratch
• Registration is limited to eight students per class, so book early!

Visit our web site at www.sunnyckclass.com to register.

---

① 매주 토요일에 진행된다.
② 오후에 시작된다.
③ 중급자 수준이다.
④ 다루는 주제 중 하나는 위생이다.
⑤ 수강 학생 수에는 제한이 없다.

29. 다음 글의 밑줄 친 부분 중, 어법상 틀린 것은? [3점]

Compared to large societies of modern industrial civilization, particularly ① those in the developed world, little inequality is found in most hunter-gatherer groups. Hunters and gatherers do not accumulate material wealth beyond what is needed to fulfill their basic needs for survival such as food, shelter, and clothing. The material goods they need ② consist only of weapons for hunting animals, tools for digging and building, traps, and cooking utensils. But hunters and gatherers are not merely "primitive" peoples ③ whose ways of life no longer hold any value. Studying their cultures allows us to see more clearly the extent ④ to which modern institutions are not "natural" features of human societies, but rather social constructs that have emerged over time. Of course, we should not idealize the circumstance in which hunters and gatherers have lived, however, the absence of war, the lack of major wealth and power inequalities, and the emphasis on cooperation rather than competition ⑤ is all instructive reminders that modern industrial civilization does not equate to more advanced or better ways of living.

30. 다음 글의 밑줄 친 부분 중, 문맥상 낱말의 쓰임이 적절 하지 <u>않은</u> 것은?

Avoiding stress is impossible, but what we can do is adjust our relationship to stress. It doesn't have to own us. We can own it. The first step is to simply accept that it exists; to show up to it by ① acknowledging that it's not going away any time soon. The second, vitally important step is to understand that 'stressed' is not who you are. Saying "I am stressed" can merge your identity with that feeling, making the experience ② overwhelming. Recognizing a feeling or thought for what it truly is is an effective method of stepping away from it. Saying "I am noticing that I'm feeling stressed," immediately creates ③ distance between you and the feeling. To effectively manage your feelings, you need to be aware of what you're experiencing. You may think you're stressed, but it could be exhaustion because you've ④ abandoned too many responsibilities. When you get a clear understanding of what you're truly feeling and why, it may ⑤ lead you to adjust your workload.

[31~34] 다음 빈칸에 들어갈 말로 가장 적절한 것을 고르시오.

31. Social psychologist Elliot Aronson and his graduate students at the University of Texas designed a learning technique called the "jigsaw classroom." The teacher divides students into five-person "jigsaw groups." Then the teacher divides that day's lesson into five segments. For instance, if the class is studying the life of Abraham Lincoln, those sections might be Lincoln's childhood, his early political career, his becoming president at the dawn of the U.S. Civil War, his signing of the Emancipation Proclamation, and his assassination. Each student is responsible for researching one of these segments. The students then go off to study their piece, forming "expert groups" with students from the class's other five-person groups who share the same assignment. When the research is finished, each student returns to his original jigsaw group and teaches the other four classmates. By promoting _____, this learning strategy helps to break down barriers between students and create a supportive learning environment.

① cultural understanding
② desirable consensus
③ unfamiliar connections
④ continuous change
⑤ structured interdependence

32. A Stanford University marketing professor tracked more than a quarter of a million airline passengers and proved that you're a whopping 30 percent more likely to make an in-flight purchase if your seatmate does. If you travel regularly, that 30 percent can add up to a lot of bad films and snacks you could just as easily have done without. These kinds of choices are based on mindless decision-making, an approach in which there is no space between impulse and action, thinker and thought, or where the herd instinct comes into play. Sometimes, this behaviour is okay. But if you make too many mindless, autopilot decisions, over the long haul you will eventually find yourself living what feels like somebody else's life — a life aligned with values you don't necessarily subscribe to (Not to mention that you might be carrying several extra kilograms worth of in-flight snacks you didn't really want). So, the next time you find yourself reaching for that overpriced bag of airline snack mix, take a moment to consider your actions to avoid the regretful question of " _____ "

*whopping: 엄청 큰

① Did I really do my best?
② How can I make up for lost time?
③ When can I trust that person?
④ Who can I turn to for help?
⑤ How did I get here?

33. Perhaps what makes a work of literature exceptional is its action and narrative. Certainly Aristotle thought that a solid, well-wrought action was central to at least one species of literary writing, tragedy. In his analysis of tragedy, Aristotle emphasized the importance of plot. He argued that a good plot must have a beginning, middle, and an end. Yet nothing much happens in one of the greatest plays of the twentieth century, *Waiting for Godot*, one of the finest novels, *Ulysses*, and one of the most masterly poems, *The Waste Land*. If a sturdy plot and a strong narrative were vital to literary status, British author Virginia Woolf would sink to a dismally low place in the league tables. Woolf's writing style often prioritized the inner lives and subjective experiences of her characters over traditional plot and narrative structure. We no longer rate a substantial plot as highly as Aristotle did. We are drawn to works that _____ . [3점]

① transport us to different worlds and times
② provide an opportunity for emotional release
③ challenge our traditional moral boundaries
④ explore through the lens of personal experience
⑤ question our perceptions and understanding of ourselves

34. Many of us struggle with productivity, whether it's at work or when pursuing personal goals. We set out with good intentions and a clear plan, but often find ourselves getting sidetracked, distracted, or simply unmotivated. However, there's a psychological hack that can help overcome this problem. Jerry Seinfeld, best known for his stand-up comedy, makes a habit of writing every day. Whether he feels inspired or not, Seinfeld sits down and writes something, even if it's just a few lines. So how exactly does he achieve such a feat? According to Seinfeld, "It starts with getting a calendar and a big red marker. Each day I complete my task of writing, I make a big red X on the date. After a few days you'll have a chain of Xs. Just keep at it and you'll see the chain grow longer every day. Now your only job is not to break the chain." The psychological rationale here is rather simple: _____ outweighs the challenge of summoning motivation to work. The result is a surge in productivity. [3점]

① the discomfort of writing in different settings
② the difficulty of focusing on a task every day
③ the frustration of seeing your sequence fragmented
④ the joy of expressing your thoughts creatively
⑤ the reward of being able to take a break

35. 다음 글에서 전체 흐름과 관계 <u>없는</u> 문장은? [3점]

How far a literary work speaks to more than its own historical context may depend on the situation. ① If, for example, it springs from a momentous era in human history, one in which men and women are living through some world-shaking transition, it might be animated by this fact to the point where it also appeals to readers in very different times and places. ② Works of the Renaissance and the Romantic period, such as William Shakespeare's plays and John Keats' poems, are obvious examples. ③ These works transcend their historical moment because of the nature of that moment, as well as the specific way they belong to it. ④ The fact that a work of literature addresses permanent features of the human condition, such as death, suffering, or love, does not guarantee it major status. ⑤ The writings of Shakespeare, Milton, Blake and Keats resonate so deeply of their own times and places that they can echo across the centuries and around the globe.

[36~37] 주어진 글 다음에 이어질 글의 순서로 가장 적절한 것을 고르시오.

36.

The majority of workers competed for jobs with other workers in their area, and when they competed more broadly, it was mostly with workers in other parts of the country.

(A) Recently, a major accounting firm audited a client company in London by bringing in a team of accountants from India, putting them up in a hotel for three weeks, and flying them back; it was much cheaper than using British accountants.

(B) We're all familiar with some of the results: workers in other countries answering our customer service calls, reading our X-rays, and writing our software. In addition, other developments benefit from cost-effective labor by outsourcing to workers in other countries.

(C) Today, however, many millions of workers in developed economies compete for jobs with workers around the world. The reason is that a growing proportion of work is information-based and doesn't involve moving or processing anything physical at all.

① (A) – (C) – (B) ② (B) – (A) – (C)
③ (B) – (C) – (A) ④ (C) – (A) – (B)
⑤ (C) – (B) – (A)

37.

We've all heard the saying, "Music is the universal language." This notion expresses that two individuals can enjoy music even if they don't speak the same language.

(A) People from the West often struggle to appreciate the complex details and nuances of Indian classical music or traditional Chinese opera due to a lack of exposure. Similarly, people from non-Western cultures may not fully understand Western classical music or jazz.

(B) This indicates how cultural familiarity with different musical traditions significantly impacts our appreciation of music. Since we process music from different cultures through the framework of our culturally defined music categories, cross-cultural appreciation of music is not always guaranteed.

(C) However, this statement is only partially true. Although all humans possess the same physiological mechanisms for hearing, it is an individual's culture that influences how he or she actually perceives and interprets sounds.

① (A) – (C) – (B) ② (B) – (A) – (C)
③ (B) – (C) – (A) ④ (C) – (A) – (B)
⑤ (C) – (B) – (A)

[38~39] 글의 흐름으로 보아, 주어진 문장이 들어가기에 가장 적절한 곳을 고르시오.

38.

By implementing anonymous channels through which dissent can be expressed, organizations can create an environment that values dissent and encourages open communication.

Sometimes, people are hesitant to dissent due to the potential to irritate their friends and allies or to undermine the effectiveness and reputation of their group. (①) This reluctance is even evident during times of war or when national security is at risk. (②) While silence may seem like the easier option, it can actually cause more harm than good, especially when dealing with issues that require dialogue and discussion. (③) Such an environment, in turn, fosters a culture that rewards members who challenge the prevailing norms, without penalizing them. (④) This culture of open communication and constructive dissent contributes to the overall success and sustainability of the organization, as it is better equipped to navigate complex situations and adapt to unforeseen circumstances. (⑤) Moreover, it fosters a sense of trust and cohesion among members, as they feel comfortable sharing their thoughts without fear of retribution.

39.

> The motion creates a strong circulation of air around the polar vortex, which plays a key role in regulating the Earth's climate.

Within the stratosphere, there are powerful winds that are capable of reaching speeds of nearly 220km/h. (①) These winds are found high in the atmosphere, at an altitude between 10 and 50 kilometers. (②) During the winter season, they form a massive cyclone called *the stratospheric polar vortex* that revolves around the poles. (③) It is caused by the temperature differences between the colder air at the poles sinking towards the surface and the warmer air rising at lower latitudes. (④) To be specific, this dynamic weather phenomenon helps to maintain the crucial temperature balance on our planet, as it effectively isolates and confines frigid polar air within the vortex. (⑤) When the polar vortex is disrupted, it can lead to extreme weather events and unpredictable temperature fluctuations around the world. [3점]

*vortex: 소용돌이 **stratosphere: 성층권

40. 다음 글의 내용을 한 문장으로 요약하고자 한다. 빈칸 (A), (B)에 들어갈 말로 가장 적절한 것은?

In general, experts — or people who are highly regarded in any field — are often hooked on their own self-importance. But sometimes status or accomplishment in one realm has no relevance in another. A group of stockbrokers I once met at a conference all agreed surgeons were notoriously bad investors because they would only listen to investment advice from another surgeon. The irony is that the stockbrokers in their consensus of the surgeons' poor investment ability were also using a very blunt rule of thumb, which was not very accurate or reliable. And CEOs on corporate team-building workshops out in the wild often assume that they should be in charge, failing to consider that a young mailroom worker might be better equipped to lead an exercise that involves climbing rocks and dangling from ropes. The more familiar experts are with a particular kind of problem, the more likely they are to apply a preconceived solution instead of responding to the specific case at hand.

↓

> Experts who are _____(A)_____ in their thinking may become _____(B)_____ to a situation's context and act solely on their assumptions.

	(A)		(B)
①	rigid	......	attentive
②	flexible	......	attentive
③	fixed	......	insensitive
④	imaginative	......	insensitive
⑤	impartial	......	adaptable

[41~42] 다음 글을 읽고, 물음에 답하시오.

The ancient Greek master of paradox, Heraclitus, said that you can never step into the same river twice. It means that the world is constantly changing and thus always presenting us with new opportunities and situations. To make the most of it, we must continually break down old categories and (a) formulate new ones. The most original and interesting solutions often come when we embrace "the beginner's mind", approaching novel experiences with (b) fresh eyes. This is a cornerstone of emotional flexibility.

Some of us tend to limit ourselves to narrow, predefined categories or identities, failing to recognize our own worth as an individual, seeing ourselves (c) exclusively as a rich person, or a fat person. If we self-categorize based on a particular identity, such as being a "CEO", "Olympic athlete", or "the smartest kid in the class", we can become trapped in that identity and lose sight of other aspects of ourselves. This can also occur when we (d) liberate ourselves to specific roles like "the responsible one" in a family or "the funny one" in a group of friends.

We need adaptability to ensure that we can change too. In fact, emotional flexibility means the ability to regulate your emotions and respond adaptively to changing situations, rather than being controlled by conditioned or mindless emotional reactions. By practicing it, you can respond more effectively to present circumstances and act in (e) accordance with your values and goals, helping you lead a more fulfilling and authentic life.

41. 윗글의 제목으로 가장 적절한 것은?

① Learn from Difficult Emotions and Respond with Clarity
② Emotional Rigidity: How to Live in a Changing World
③ Maximize Your Potential through Self-Discovery
④ How to Let Go of Old Identities and Move Forward
⑤ Embracing Change: The Power of Emotional Flexibility

42. 밑줄 친 (a)~(e) 중에서 문맥상 낱말의 쓰임이 적절하지 않은 것은? [3점]

① (a)　　② (b)　　③ (c)　　④ (d)　　⑤ (e)

[43~45] 다음 글을 읽고, 물음에 답하시오.

(A)

Startled by the loud ringing of the telephone, Liam woke up abruptly. It was midnight. He wondered who would be calling him at this hour. He reached for the phone. "Hello?" he asked. However, the caller had already hung up. Curious, Liam checked (a) his address book and found that the number belonged to his brother, Pete. They hadn't spoken to each other in almost a year due to their different lifestyles.

(B)

Upon arrival, Liam saw Pete standing by the swing. Pete walked over and greeted (b) him with a smile. They played soccer until they were both tired and out of breath, and then sat down on the grass, catching up on each other's lives. Liam asked Pete about his life as a long-haul truck driver, and Pete shared stories of (c) his travels. They also reminisced about the countless hours they had spent playing in the park as kids.

(C)

Liam remembered the countless hours they had spent at that park, playing soccer and simply enjoying each other's company. Liam suggested, "Why don't we meet there right now? I'll bring a soccer ball." Pete agreed, and they decided to meet at the park in 20 minutes. Liam grabbed his soccer ball and hurriedly headed out the door to meet (d) his brother at the park.

(D)

Pete loved being on the road and exploring new places. Now he was a long-haul truck driver, traveling all throughout the Northeast. But Liam was more of a homebody, still living in (e) his hometown. Hesitating for a moment, Liam finally called him back. Pete answered, apologizing for the late call. "I was driving by our childhood park and felt nostalgic," he said.

43. 주어진 글 (A)에 이어질 내용을 순서에 맞게 배열한 것으로 가장 적절한 것은?

① (B) – (D) – (C)　　　② (C) – (B) – (D)
③ (C) – (D) – (B)　　　④ (D) – (B) – (C)
⑤ (D) – (C) – (B)

44. 밑줄 친 (a)~(e) 중에서 가리키는 대상이 나머지 넷과 다른 것은?

① (a)　　② (b)　　③ (c)　　④ (d)　　⑤ (e)

45. 윗글에 관한 내용으로 적절하지 <u>않은</u> 것은?

① Liam은 전화벨 소리에 잠에서 깼다.
② Liam과 Pete는 거의 1년간 서로 연락이 없었다.
③ Pete는 공원에 도착해서 그네에 앉아 있었다.
④ Liam과 Pete는 숨이 찰 때까지 축구를 했다.
⑤ Liam이 Pete에게 만나자고 제안했다.

* 확인 사항
○ 답안지의 해당란에 필요한 내용을 정확히 기입(표기)했는지 확인하시오.

ANSWERS

제 1 회

18 ②	19 ④	20 ①	21 ②	22 ③	23 ②	24 ⑤	25 ⑤	26 ④	27 ⑤
28 ⑤	29 ④	30 ③	31 ④	32 ①	33 ③	34 ①	35 ④	36 ③	37 ④
38 ④	39 ③	40 ④	41 ③	42 ④	43 ③	44 ⑤	45 ④		

제 2 회

18 ①	19 ④	20 ③	21 ⑤	22 ②	23 ④	24 ④	25 ④	26 ⑤	27 ②
28 ④	29 ②	30 ③	31 ②	32 ②	33 ⑤	34 ①	35 ④	36 ④	37 ②
38 ④	39 ④	40 ④	41 ②	42 ④	43 ②	44 ⑤	45 ⑤		

제 3 회

18 ⑤	19 ④	20 ⑤	21 ⑤	22 ⑤	23 ①	24 ⑤	25 ④	26 ④	27 ④
28 ④	29 ④	30 ④	31 ①	32 ②	33 ④	34 ②	35 ③	36 ⑤	37 ③
38 ⑤	39 ②	40 ④	41 ④	42 ③	43 ④	44 ⑤	45 ⑤		

제 4 회

18 ③	19 ①	20 ②	21 ③	22 ③	23 ③	24 ③	25 ④	26 ②	27 ⑤
28 ④	29 ④	30 ⑤	31 ②	32 ④	33 ③	34 ①	35 ④	36 ②	37 ②
38 ⑤	39 ④	40 ⑤	41 ③	42 ⑤	43 ④	44 ②	45 ③		

제 5 회

18 ⑤	19 ③	20 ⑤	21 ⑤	22 ④	23 ①	24 ⑤	25 ④	26 ④	27 ⑤
28 ⑤	29 ⑤	30 ④	31 ①	32 ④	33 ①	34 ①	35 ④	36 ④	37 ④
38 ③	39 ④	40 ②	41 ④	42 ④	43 ④	44 ③	45 ③		

제 6 회

18 ⑤	19 ⑤	20 ②	21 ③	22 ③	23 ①	24 ④	25 ④	26 ⑤	27 ⑤
28 ④	29 ⑤	30 ④	31 ⑤	32 ⑤	33 ④	34 ③	35 ④	36 ⑤	37 ④
38 ③	39 ④	40 ③	41 ⑤	42 ④	43 ⑤	44 ③	45 ③		

③ 교시 영어 영역

※ 결시자 확인 (수험생은 표기하지 말것.)

컴퓨터용 사인펜을 사용하여
수험번호란과 옆란을 표기 ○

※ 아래 '필적확인란'에 "○○○○○○○○○"
○○○"를 정자로 반드시 기재하여야 합니다.

필 적
확인란

성 명

수 험 번 호

⓪	⓪	⓪	⓪	—	⓪	⓪	⓪	
①	①	①	①		①	①	①	①
②	②	②	②		②	②	②	②
③	③	③	③		③	③	③	③
④	④	④	④		④	④	④	④
⑤	⑤	⑤	⑤	⑤	⑤	⑤	⑤	⑤
⑥	⑥	⑥	⑥		⑥	⑥	⑥	⑥
⑦	⑦	⑦	⑦		⑦	⑦	⑦	⑦
⑧	⑧	⑧	⑧		⑧	⑧	⑧	⑧
⑨	⑨	⑨	⑨		⑨	⑨	⑨	⑨

문형
홀수형 ○
짝수형 ○

※ 문제의 문형 확인 후 표기

※ 감독관 확인 (수험생은 표기하지 말것.)

본인여부, 수험번호 및 문형의 표
기가 정확한지 확인, 옆란에 서명
또는 날인

(서 명
또는
날 인)

※ 답안지 작성(표기)은 반드시 컴퓨터용 사인펜만을 사용하고, 연필 또는 샤프펜을 절대 사용하지 마십시오.
※ 뒷면의 〈수험생이 지켜야 할 일〉을 꼭 읽어 보십시오.

문번	답 란
1	① ② ③ ④ ⑤
2	① ② ③ ④ ⑤
3	① ② ③ ④ ⑤
4	① ② ③ ④ ⑤
5	① ② ③ ④ ⑤
6	① ② ③ ④ ⑤
7	① ② ③ ④ ⑤
8	① ② ③ ④ ⑤
9	① ② ③ ④ ⑤
10	① ② ③ ④ ⑤
11	① ② ③ ④ ⑤
12	① ② ③ ④ ⑤
13	① ② ③ ④ ⑤
14	① ② ③ ④ ⑤
15	① ② ③ ④ ⑤
16	① ② ③ ④ ⑤
17	① ② ③ ④ ⑤
18	① ② ③ ④ ⑤
19	① ② ③ ④ ⑤
20	① ② ③ ④ ⑤

문번	답 란
21	① ② ③ ④ ⑤
22	① ② ③ ④ ⑤
23	① ② ③ ④ ⑤
24	① ② ③ ④ ⑤
25	① ② ③ ④ ⑤
26	① ② ③ ④ ⑤
27	① ② ③ ④ ⑤
28	① ② ③ ④ ⑤
29	① ② ③ ④ ⑤
30	① ② ③ ④ ⑤
31	① ② ③ ④ ⑤
32	① ② ③ ④ ⑤
33	① ② ③ ④ ⑤
34	① ② ③ ④ ⑤
35	① ② ③ ④ ⑤
36	① ② ③ ④ ⑤
37	① ② ③ ④ ⑤
38	① ② ③ ④ ⑤
39	① ② ③ ④ ⑤
40	① ② ③ ④ ⑤

문번	답 란
41	① ② ③ ④ ⑤
42	① ② ③ ④ ⑤
43	① ② ③ ④ ⑤
44	① ② ③ ④ ⑤
45	① ② ③ ④ ⑤

〈수험생이 지켜야 할 일〉

답안지 작성(표기)은 반드시 컴퓨터용 사인펜만을 사용하여야 합니다.
(연필, 사프펜 사용 시 불이익을 받을 수 있습니다.)

1. 성명란에는 수험생의 성명을 바르게 기재하여야 합니다.

2. 수험번호란에는 아라비아 숫자로 기재하고 해당란에 "●"와 같이 완전하게 표기하여야 합니다.

3. 문항란에는 배부받은 시험 문제지의 문항을 정확히 확인하고 해당란에 "●"와 같이 표기하여야 합니다.
   – 답안지의 '문항'란에 표기가 되어있지 않거나 이중으로 표기된 경우 불이익을 받을 수 있습니다.
   – 시험특별관리대상자의 문제지 문항은 홀수형 입니다.

4. 답란은 "●"와 같이 완전하게 표기하여야 하며, 바르지 못한 표기(⊘◐●◑ 등)를 하셨을 경우는 불이익을 받을 수 있습니다.

5. 답란 수정을 원할 경우에는 수정테이프만을 사용하여 완전하게 수정하여야 합니다. 불완전한 수정처리로 인해 발생하는 불이익은 수험생에게 있습니다.
   – 수정테이프 이외의 수정액 등은 절대로 사용할 수 없습니다.
   – 수정액이나 스티커 등은 절대로 사용할 수 없습니다.
   – 답란 수정 후 수정테이프가 떨어지지 않게 손으로 눌러 주십시오.
   – 답안지 교체를 원할 경우 교체 기능합니다.

6. 답안지에 낙서를 하거나 불필요한 표기를 하였을 경우 불이익을 받을 수 있으므로 답안지를 최대한 깨끗한 상태로 제출하여야 합니다.

2024 수능실감 독해 모의고사 답안지

③ 교시 영어 영역

※ 답안지 작성(표기)은 반드시 컴퓨터용 사인펜을 사용하고, 연필 또는 샤프펜을 절대 사용하지 마십시오.

※ 뒷면이 (수험생이 지켜야 할 일)을 꼭 읽어 보시오.

※ 결시자 확인 (수험생은 표기하지 말것)

| 컴퓨터용 사인펜을 사용하여 수험번호란과 옆란을 표기 | ○ |

※ 아래 '필적확인란'에 "○○○○○○○○○" 을 정자로 반드시 기재하여야 합니다.

○○○ 을 정자로 반드시 기재하여야 합니다.

| 필 적 확인란 | |

형별: 홀수형 ○ 짝수형 ○

※ 문제의 형별을 확인 후 표기

성명

수험번호

| 성 명 | |

| 0 1 2 3 4 5 6 7 8 9 | 0 1 2 3 | 0 1 2 | 0 1 2 3 4 5 6 7 8 9 | 0 1 2 3 4 5 6 7 8 9 | | 0 1 2 3 4 5 6 7 8 9 | 0 1 2 3 4 5 6 7 8 9 | 0 1 2 3 4 5 6 7 8 9 | 1 2 3 4 5 6 7 8 9 |

※ 감독관 확인 (수험생은 표기하지 말것)

| 본인여부, 수험번호 및 문항의 표기가 정확한지 확인, 옆란에 서명 또는 날인 | 서 명 또는 날 인 ( ) |

문번	답란
1	① ② ③ ④ ⑤
2	① ② ③ ④ ⑤
3	① ② ③ ④ ⑤
4	① ② ③ ④ ⑤
5	① ② ③ ④ ⑤
6	① ② ③ ④ ⑤
7	① ② ③ ④ ⑤
8	① ② ③ ④ ⑤
9	① ② ③ ④ ⑤
10	① ② ③ ④ ⑤
11	① ② ③ ④ ⑤
12	① ② ③ ④ ⑤
13	① ② ③ ④ ⑤
14	① ② ③ ④ ⑤
15	① ② ③ ④ ⑤
16	① ② ③ ④ ⑤
17	① ② ③ ④ ⑤
18	① ② ③ ④ ⑤
19	① ② ③ ④ ⑤
20	① ② ③ ④ ⑤

문번	답란
21	① ② ③ ④ ⑤
22	① ② ③ ④ ⑤
23	① ② ③ ④ ⑤
24	① ② ③ ④ ⑤
25	① ② ③ ④ ⑤
26	① ② ③ ④ ⑤
27	① ② ③ ④ ⑤
28	① ② ③ ④ ⑤
29	① ② ③ ④ ⑤
30	① ② ③ ④ ⑤
31	① ② ③ ④ ⑤
32	① ② ③ ④ ⑤
33	① ② ③ ④ ⑤
34	① ② ③ ④ ⑤
35	① ② ③ ④ ⑤
36	① ② ③ ④ ⑤
37	① ② ③ ④ ⑤
38	① ② ③ ④ ⑤
39	① ② ③ ④ ⑤
40	① ② ③ ④ ⑤

문번	답란
41	① ② ③ ④ ⑤
42	① ② ③ ④ ⑤
43	① ② ③ ④ ⑤
44	① ② ③ ④ ⑤
45	① ② ③ ④ ⑤

〈수험생이 지켜야 할 일〉

답안지 작성(표기)은 반드시 컴퓨터용 사인펜만을 사용하여야 합니다.
(연필, 샤프펜 사용 시 불이익을 받을 수 있습니다.)

1. 성명란에는 수험생의 성명을 바르게 기재하여야 합니다.

2. 수험번호란에는 아라비아 숫자로 기재하고 해당란에 "●"와 같이 완전하게 표기하여야 합니다.

3. 문형란에는 배부받은 시험 문제지의 문형을 정확히 확인하고 해당란에 "●"와 같이 완전하게 표기하여야 합니다.
   - 답안지의 '문형'란에 표기가 되어있지 않거나 이중으로 표기된 경우 불이익을 받을 수 있습니다.
   - 시험특별관리대상자의 문제지 문형은 홀수형 입니다.

4. 답란은 "●"와 같이 완전하게 표기하여야 하며, 바르지 못한 표기(⊘ ◐ ◑ ◍)등를 하셨을 경우는 불이익을 받을 수 있습니다.

5. 답란 수정을 원할 경우에는 수정테이프만을 사용하여 완전하게 수정하여야 합니다. 불완전한 수정처리로 인해 발생하는 불이익은 수험생에게 있습니다.
   - 수정테이프 이외의 수정액 등은 절대로 사용할 수 없습니다.
   - 수정액이나 스티커 등은 절대로 사용할 수 없습니다.
   - 답란 수정 후 수정테이프가 떨어지지 않게 손으로 눌러 주십시오.
   - 답안지 교체를 원할 경우 교체 가능합니다.

6. 답안지에 낙서를 하거나 불필요한 표기를 하셨을 경우 불이익을 받을 수 있으므로 답안지를 최대한 깨끗한 상태로 제출하여야 합니다.

③ 교시 영어 영역

※ 결시자 확인 (수험생은 표기하지 말것.)

컴퓨터용 사인펜을 사용하여 수험번호란과 옆란을 표기

○

※ 아래 '필적확인란'에 "○○○○○○○○○" 을 정자로 반드시 기재하여야 합니다.

필적
확인란

성명

수험번호

					-					
⓪	⓪	⓪	⓪		⓪	⓪	⓪	⓪	⓪	⓪
①	①	①	①		①	①	①	①	①	①
②	②	②	②		②	②	②	②	②	②
③	③	③	③				③	③	③	③
④	④	④			④	④	④	④	④	④
⑤	⑤	⑤			⑤	⑤	⑤	⑤	⑤	⑤
⑥	⑥	⑥			⑥	⑥	⑥	⑥	⑥	⑥
⑦	⑦	⑦					⑦	⑦	⑦	⑦
⑧	⑧	⑧			⑧	⑧	⑧	⑧	⑧	⑧
⑨	⑨	⑨			⑨	⑨	⑨	⑨	⑨	⑨

문형
홀수형 ○
짝수형 ○

※ 문제의 문형을 확인 후 표기

※ 감독관 확인 (수험생은 표기하지 말것.)

본인여부, 수험번호 및 문형의 표기가 정확한지 확인, 옆란에 서명 또는 날인

(서 명)
또는
날 인

문번	답 란
1	① ② ③ ④ ⑤
2	① ② ③ ④ ⑤
3	① ② ③ ④ ⑤
4	① ② ③ ④ ⑤
5	① ② ③ ④ ⑤
6	① ② ③ ④ ⑤
7	① ② ③ ④ ⑤
8	① ② ③ ④ ⑤
9	① ② ③ ④ ⑤
10	① ② ③ ④ ⑤
11	① ② ③ ④ ⑤
12	① ② ③ ④ ⑤
13	① ② ③ ④ ⑤
14	① ② ③ ④ ⑤
15	① ② ③ ④ ⑤
16	① ② ③ ④ ⑤
17	① ② ③ ④ ⑤
18	① ② ③ ④ ⑤
19	① ② ③ ④ ⑤
20	① ② ③ ④ ⑤

문번	답 란
21	① ② ③ ④ ⑤
22	① ② ③ ④ ⑤
23	① ② ③ ④ ⑤
24	① ② ③ ④ ⑤
25	① ② ③ ④ ⑤
26	① ② ③ ④ ⑤
27	① ② ③ ④ ⑤
28	① ② ③ ④ ⑤
29	① ② ③ ④ ⑤
30	① ② ③ ④ ⑤
31	① ② ③ ④ ⑤
32	① ② ③ ④ ⑤
33	① ② ③ ④ ⑤
34	① ② ③ ④ ⑤
35	① ② ③ ④ ⑤
36	① ② ③ ④ ⑤
37	① ② ③ ④ ⑤
38	① ② ③ ④ ⑤
39	① ② ③ ④ ⑤
40	① ② ③ ④ ⑤

문번	답 란
41	① ② ③ ④ ⑤
42	① ② ③ ④ ⑤
43	① ② ③ ④ ⑤
44	① ② ③ ④ ⑤
45	① ② ③ ④ ⑤

※ 답안지 작성(표기)은 반드시 컴퓨터용 사인펜을 사용하고, 연필 또는 샤프펜을 절대 사용하지 마십시오.
※ 뒷면의 〈수험생이 지켜야 할 일〉을 꼭 읽어 보십시오.

〈수험생이 지켜야 할 일〉

답안지 작성(표기)은 반드시 컴퓨터용 사인펜만을 사용하여야 합니다.
(연필, 샤프펜 사용 시 불이익을 받을 수 있습니다.)

1. 성명란에는 수험생의 성명을 바르게 기재하여야 합니다.
2. 수험번호란에는 아라비아 숫자로 기재하고 해당란에 " ❶ "와 같이 완전하게 표기하여야 합니다.
3. 문형란에는 배부받은 시험 문제지의 문형을 정확히 확인하고 해당란에 " ❶ "와 같이 표기하여야 합니다.
   - 답안지의 '문형'란에 표기가 되어있지 않거나 이중으로 표기된 경우 불이익을 받을 수 있습니다.
   - 시험문제관리대상지의 문제지 문형은 흑수형 입니다.
4. 답란은 " ❶ "와 같이 완전하게 표기하여야 하며, 바르지 못한 표기(❾ ⓵ ◑ ⓷)등를 하였을 경우는 불이익을 받을 수 있습니다.
5. 답란 수정을 원할 경우에는 수정테이프만을 사용하여 완전하게 수정하여야 합니다. 불완전한 수정처리로 인해 발생하는 불이익은 수험생에게 있습니다.
   - 수정테이프는 감독관이 소지하고 있습니다.
   - 답란 수정 후 스티커 등은 절대로 사용할 수 없습니다.
   - 답란 수정이나 표기 불량으로 인한 답안지 교체를 원할 경우 교체가 가능합니다.
   - 답안지 교체를 연할 경우 교체 기능합니다.
   - 수정액이나 표기 불량으로 떨어지지 않게 손으로 눌러 주십시오.
6. 답안지에 낙서를 하거나 불필요한 표기를 하셨을 경우 불이익을 받을 수 있으므로 답안지를 최대한 깨끗한 상태로 제출하여야 합니다.

③ 교시 영어 영역

※ 결시자 확인 (수험생은 표기하지 말것)

컴퓨터용 사인펜을 사용하여
수험번호란과 옆란을 표기

○○○
※ 아래 '필적확인란'에 "○○○○○○○○"
○○○"를 정자로 반드시 기재하여야 합니다.

| 필 적 확인란 | |

| 성 | 명 | |

수험번호

수 험 번 호						
	①					
⓪	⓪	⓪	⓪		⓪	⓪
①	①	①	①		①	①
②	②	②	②		②	②
③	③	③	③		③	③
④	④	④	④		④	④
⑤	⑤	⑤	⑤		⑤	⑤
⑥	⑥	⑥	⑥		⑥	⑥
⑦	⑦	⑦	⑦		⑦	⑦
⑧	⑧	⑧	⑧		⑧	⑧
⑨	⑨	⑨	⑨		⑨	⑨

문형
홀수형 ○
짝수형 ○

※ 문제의 문형을 확인 후 표기

※ 감독관 확인 (수험생은 표기하지 말것)

본인여부, 수험번호 및 문형의 표
기가 정확한지 확인, 옆란에 서명
또는 날인

(서 명
또는
날 인)

※ 답안지 작성(표기)은 반드시 컴퓨터용 사인펜을 사용하고, 연필 또는 샤프펜을 절대 사용하지 마십시오.
※ 뒷면의 (수험생이 지켜야 할 일)을 꼭 읽어 보십시오.

문번	답 란
1	① ② ③ ④ ⑤
2	① ② ③ ④ ⑤
3	① ② ③ ④ ⑤
4	① ② ③ ④ ⑤
5	① ② ③ ④ ⑤
6	① ② ③ ④ ⑤
7	① ② ③ ④ ⑤
8	① ② ③ ④ ⑤
9	① ② ③ ④ ⑤
10	① ② ③ ④ ⑤
11	① ② ③ ④ ⑤
12	① ② ③ ④ ⑤
13	① ② ③ ④ ⑤
14	① ② ③ ④ ⑤
15	① ② ③ ④ ⑤
16	① ② ③ ④ ⑤
17	① ② ③ ④ ⑤
18	① ② ③ ④ ⑤
19	① ② ③ ④ ⑤
20	① ② ③ ④ ⑤

문번	답 란
21	① ② ③ ④ ⑤
22	① ② ③ ④ ⑤
23	① ② ③ ④ ⑤
24	① ② ③ ④ ⑤
25	① ② ③ ④ ⑤
26	① ② ③ ④ ⑤
27	① ② ③ ④ ⑤
28	① ② ③ ④ ⑤
29	① ② ③ ④ ⑤
30	① ② ③ ④ ⑤
31	① ② ③ ④ ⑤
32	① ② ③ ④ ⑤
33	① ② ③ ④ ⑤
34	① ② ③ ④ ⑤
35	① ② ③ ④ ⑤
36	① ② ③ ④ ⑤
37	① ② ③ ④ ⑤
38	① ② ③ ④ ⑤
39	① ② ③ ④ ⑤
40	① ② ③ ④ ⑤

문번	답 란
41	① ② ③ ④ ⑤
42	① ② ③ ④ ⑤
43	① ② ③ ④ ⑤
44	① ② ③ ④ ⑤
45	① ② ③ ④ ⑤

〈수험생이 지켜야 할 일〉

답안지 작성(표기)은 반드시 컴퓨터용 사인펜만을 사용하여야 합니다.
(연필, 사프펜 사용 시 불이익을 받을 수 있습니다.)

1. 성명란에는 수험생의 성명을 바르게 기재하여야 합니다.

2. 수험번호란에는 아라비아 숫자를 기재하고 해당란에 " ● "와 같이 완전하게 표기하여야 합니다.

3. 문항란에는 해당란에 시험 문제지의 문항을 정확히 확인하고 " ● "와 같이 표기하여야 합니다.
   - 답안지의 '문항'란에 표기가 되어있지 않거나 이중으로 표기된 경우 불이익을 받을 수 있습니다.
   - 시험문제관리대상자의 문제지 문항은 홀수형 입니다.

4. 답란은 " ● "와 같이 완전하게 표기하여야 하며, 바르지 못한 표기(◑◐◔◖◨)들을 하였을 경우는 불이익을 받을 수 있습니다.

5. 답란 수정을 원할 경우에는 수정테이프를 사용하여 완전하게 수정하여야 합니다. 불완전한 수정처리로 인해 발생하는 불이익은 수험생에게 있습니다.
   - 수정테이프 이외의 수정액 등이 묻어있는 답안지는 절대로 사용할 수 없습니다.
   - 수정테이프 이외의 감독관이 소지하고 있습니다.
   - 답란 수정 후 스티커 등은 절대로 사용할 수 없습니다.
   - 답안지 수정테이프(표가 떨어지지 않게 손으로 눌러 주십시오.

6. 답안지 교체를 원할 경우 교체 가능합니다.
   - 답안지에 낙서를 하거나 불필요한 표기를 하였을 경우 불이익을 받을 수 있으므로 답안지를 최대한 깨끗한 상태로 제출하여야 합니다.

③ 교시 영어 영역

※ 답안지 작성(표기)은 반드시 컴퓨터용 사인펜만을 사용하고, 연필 또는 샤프펜을 절대 사용하지 마십시오.
※ 뒷면의 〈수험생이 지켜야 할 일〉을 꼭 읽어 보십시오.

문번	답 란
41	① ② ③ ④ ⑤
42	① ② ③ ④ ⑤
43	① ② ③ ④ ⑤
44	① ② ③ ④ ⑤
45	① ② ③ ④ ⑤

문번	답 란
21	① ② ③ ④ ⑤
22	① ② ③ ④ ⑤
23	① ② ③ ④ ⑤
24	① ② ③ ④ ⑤
25	① ② ③ ④ ⑤
26	① ② ③ ④ ⑤
27	① ② ③ ④ ⑤
28	① ② ③ ④ ⑤
29	① ② ③ ④ ⑤
30	① ② ③ ④ ⑤
31	① ② ③ ④ ⑤
32	① ② ③ ④ ⑤
33	① ② ③ ④ ⑤
34	① ② ③ ④ ⑤
35	① ② ③ ④ ⑤
36	① ② ③ ④ ⑤
37	① ② ③ ④ ⑤
38	① ② ③ ④ ⑤
39	① ② ③ ④ ⑤
40	① ② ③ ④ ⑤

문번	답 란
1	① ② ③ ④ ⑤
2	① ② ③ ④ ⑤
3	① ② ③ ④ ⑤
4	① ② ③ ④ ⑤
5	① ② ③ ④ ⑤
6	① ② ③ ④ ⑤
7	① ② ③ ④ ⑤
8	① ② ③ ④ ⑤
9	① ② ③ ④ ⑤
10	① ② ③ ④ ⑤
11	① ② ③ ④ ⑤
12	① ② ③ ④ ⑤
13	① ② ③ ④ ⑤
14	① ② ③ ④ ⑤
15	① ② ③ ④ ⑤
16	① ② ③ ④ ⑤
17	① ② ③ ④ ⑤
18	① ② ③ ④ ⑤
19	① ② ③ ④ ⑤
20	① ② ③ ④ ⑤

※ 결시자 확인 (수험생은 표기하지 말것)
컴퓨터용 사인펜을 사용하여
수험번호란과 옆란을 표기

○

※ 아래 '필적확인란'에 "○○○○○○○○○○"을 정자로 반드시 기재하여야 합니다.

필 적
확인란

성 명

성 별
홀수형 ○
짝수형 ○

※ 문제의 형 유형 후 확 인 표기

수 험 번 호

				—				
⓪ ① ②	⓪ ① ② ③	⓪ ① ② ③ ④ ⑤ ⑥ ⑦ ⑧ ⑨	⓪ ① ② ③ ④ ⑤ ⑥ ⑦ ⑧ ⑨		⓪ ① ② ③ ④ ⑤ ⑥ ⑦ ⑧ ⑨	⓪ ① ② ③ ④ ⑤ ⑥ ⑦ ⑧ ⑨	⓪ ① ② ③ ④ ⑤ ⑥ ⑦ ⑧ ⑨	① ② ③ ④ ⑤ ⑥ ⑦ ⑧ ⑨

※ 감독관 확인 (수험생은 표기하지 말것)
본인여부, 수험번호 및 문형의 표
기가 정확한지 확인, 옆란에 서명
또는 날인

서 명
또는
날 인

〈수험생이 지켜야 할 일〉

답안지 작성(표기)은 반드시 컴퓨터용 사인펜만을 사용하여야 합니다.
(연필, 사프펜 사용 시 붙이익을 받을 수 있습니다.)

1. 성명란에는 수험생의 성명을 바르게 기재하여야 합니다.
2. 수험번호란에는 아라비아 숫자로 기재하고 해당란에 "●"와 같이 완전하게 표기하여야 합니다.
3. 문항란에는 배부받은 시험 문제지의 문형을 정확히 확인하고 해당란에 "●"와 같이 표기하여야 합니다.
   － 답안지의 '문형'란에 표기가 되어있지 않거나 이중으로 표기된 경우 붙이익을 받을 수 있습니다.
   － 시험문제관리대상자의 문제지 문형은 흙수형 입니다.
4. 답란은 "●"와 같이 완전하게 표기하여야 하며, 바르지 못한 표기(◐ ◑ ● ◨)등를 하셨을 경우는 붙이익을 받을 수 있습니다.
5. 답란 수정을 원할 경우에는 수정테이프만을 사용하여 완전하게 수정하여야 합니다. 붙완전한 수정처리로 인해 발생하는 붙이익은 수험생에게 있습니다.
   － 수정테이프는 감독관이 소지하고 있습니다.
   － 수정액이나 스티커 등은 절대로 사용할 수 없습니다.
   － 답란 수정 후 수정테이프가 떨어지지 않게 손으로 눌러 주십시오.
   － 답안지 교체를 원할 경우 교체 가능합니다.
6. 답안지에 낙서를 하거나 불필요한 표기를 하셨을 경우 붙이익을 받을 수 있으므로 답안지를 최대한 깨끗한 상태로 제출하여야 합니다.

2024 수능실감 독해 모의고사 답안지

③ 교시 영어 영역

※ 답안지 작성(표기)은 반드시 컴퓨터용 사인펜만을 사용하고, 연필 또는 사프펜슬을 절대 사용하지 마십시오.
※ 뒷면의 (수험생이 지켜야 할 일)을 꼭 읽어 보십시오.

문번	답란				
1	①	②	③	④	⑤
2	①	②	③	④	⑤
3	①	②	③	④	⑤
4	①	②	③	④	⑤
5	①	②	③	④	⑤
6	①	②	③	④	⑤
7	①	②	③	④	⑤
8	①	②	③	④	⑤
9	①	②	③	④	⑤
10	①	②	③	④	⑤
11	①	②	③	④	⑤
12	①	②	③	④	⑤
13	①	②	③	④	⑤
14	①	②	③	④	⑤
15	①	②	③	④	⑤
16	①	②	③	④	⑤
17	①	②	③	④	⑤
18	①	②	③	④	⑤
19	①	②	③	④	⑤
20	①	②	③	④	⑤

문번	답란				
21	①	②	③	④	⑤
22	①	②	③	④	⑤
23	①	②	③	④	⑤
24	①	②	③	④	⑤
25	①	②	③	④	⑤
26	①	②	③	④	⑤
27	①	②	③	④	⑤
28	①	②	③	④	⑤
29	①	②	③	④	⑤
30	①	②	③	④	⑤
31	①	②	③	④	⑤
32	①	②	③	④	⑤
33	①	②	③	④	⑤
34	①	②	③	④	⑤
35	①	②	③	④	⑤
36	①	②	③	④	⑤
37	①	②	③	④	⑤
38	①	②	③	④	⑤
39	①	②	③	④	⑤
40	①	②	③	④	⑤

문번	답란				
41	①	②	③	④	⑤
42	①	②	③	④	⑤
43	①	②	③	④	⑤
44	①	②	③	④	⑤
45	①	②	③	④	⑤

※ 결시자 확인 (수험생은 표기하지 말것.)

컴퓨터용 사인펜을 사용하여 수험번호란과 옆란을 표기

※ 아래 "필적확인란'에
○○○을 정자로 반드시 기재하여야 합니다.

필적
확인란

성 명

성 명

수 험 번 호

예종
홀수형 ○
짝수형 ○

※ 문제의 형을 확인 후 표기

본인여부, 수험번호 및 문항의 표기 이상여부 확인, 옆란에 서명 또는 날인

서 명
또는
날 인

※ 감독관 확인 (수험생은 표기하지 말것.)

본인여부, 수험번호 및 문항의 표기 이상여부 확인, 옆란에 서명 또는 날인

서 명
또는
날 인

〈수험생이 지켜야 할 일〉

답안지 작성(표기)은 반드시 컴퓨터용 사인펜만을 사용하여야 합니다.
(연필, 사프펜 사용 시 불이익을 받을 수 있습니다.)

1. 성명란에는 수험생의 성명을 바르게 기재하여야 합니다.

2. 수험번호란에는 아라비아 숫자로 기재하고 해당란에 "●"와 같이 완전하게 표기하여야 합니다.

3. 문형란에는 배부받은 시험 문제지의 문형을 정확히 확인하고 해당란에 "●"와 같이 표기하여야 합니다.
  - 답안지의 '문형'란에 표기가 되어있지 않거나 이중으로 표기된 경우 불이익을 받을 수 있습니다.
  - 시험특별관리대상자의 문제지 문형은 홀수형 입니다.

4. 답란은 "●"와 같이 완전하게 표기하여야 하며, 바르지 못한 표기(⊘①●◐ 등)를 하였을 경우는 불이익을 받을 수 있습니다.

5. 답란 수정을 원할 경우에는 수정테이프를 사용하여 완전하게 수정하여야 합니다. 불완전한 수정처리로 인해 발생하는 불이익은 수험생에게 있습니다.
  - 수정테이프 이외의 수정액 등은 절대로 사용할 수 없습니다.
  - 수정액이나 스티커 등을 절대로 사용할 수 없습니다.
  - 답란 수정 후 수정테이프가 떨어지지 않게 손으로 눌러 주십시오.
  - 답안지 교체를 원할 경우 교체 가능합니다.

6. 답안지에 낙서를 하거나 불필요한 표기를 하였을 경우 불이익을 받을 수 있으므로 답안지를 최대한 깨끗한 상태로 제출하여야 합니다.

쎄듀런 Mobile & PC 서비스 제공

천일문
New Edition

천일문 시리즈 누적 판매량 **500만 부**

YES24 온라인 서점 **구문 1위**

대한민국 영어 구문 학습의 표준!

천일문 입문	천일문 기본	천일문 핵심	천일문 완성
우선순위 빈출 구문	**기본·빈출·중요 구문 총망라**	**혼동 구문까지 완벽 해결**	**실전 고난도 뛰어넘기**
빈출 구문만 쏙쏙! 단기간 최대 효과!	빈틈없이 탄탄한 구문 실력 기르기!	구문의 독해 적용 시, 혼동 포인트 해결!	구문의 긴 문장 적용과 심화/에러 포인트 공략!
정가 : 17,000원(비급 포함)	정가 : 19,000원(비급 포함)	정가 : 18,000원(비급 포함)	정가 : 19,000원(비급 포함)

천일문 문제집 시리즈 Training Book

정가: 입문 문제집 11,000원 | 기본 문제집 13,000원 | 핵심 문제집 13,000원 | 완성 문제집 13,000원

쎄듀북닷컴(www.cedubook.com)에서 부가 자료를 무료로 다운로드할 수 있습니다.

쎄듀

천일문·어법끝 온라인 복습테스트를 찾는다면?

쎄듀런 OPEN

쎄듀가 직접 제작한 온라인 학습 콘텐츠와 선생님 인강이 합쳐져
학습은 더 쉽게, 실력은 더 높게!

9만
문법·서술형
문항

2만 2천
구문 문장

2만
어휘

총 132,000 DB를
쎄듀런에서!

www.cedulearn.com

쎄듀런은 PC & Moblie APP 모두 사용 가능합니다.

콘텐츠를 제작하는 콘텐츠팩토리 및 서비스 결제 기능은 **PC버전**에서만 이용 가능합니다.

쎄듀런 모바일 앱 설치

GET IT ON
Google Play

Download on the
App Store

1 구문

판매 1위 '천일문' 콘텐츠를 활용하여 정확하고 다양한 구문 학습

(끊어읽기) (해석하기) (문장 구조 분석) (해설·해석 제공) (단어 스크램블링) (영작하기)

2 문법·서술형

쎄듀의 모든 문법 문항을 활용하여 내신까지 해결하는 정교한 문법 유형 제공

(객관식과 주관식의 결합) (문법 포인트별 학습) (보기를 활용한 집합 문항) (내신대비 서술형) (어법+서술형 문제)

3 어휘

초·중·고·공무원까지 방대한 어휘량을 제공하며 오프라인 TEST 인쇄도 가능

(영단어 카드 학습) (단어 ↔ 뜻 유형) (예문 활용 유형) (단어 매칭 게임)

4 선생님 보유 문항 이용

(Online Test) (OMR Test)

cafe.naver.com/cedulearnteacher

쎄듀런 학습 정보가 궁금하다면?

쎄듀런 Cafe

· 쎄듀런 사용법 안내 & 학습법 공유
· 공지 및 문의사항 QA
· 할인 쿠폰 증정 등 이벤트 진행

안정적인 수능영어 상위권을 위한

수능영어 절대유형

약점을 강점으로 바꾸는 절대 공략으로

Level Up!

대의 파악 유형
집중 대비

수능영어 절대유형 2024

총 25회

3점 문항 유형
집중 대비

수능영어 절대유형 3142

총 12회

절대유형 2024

20~24번 대의 파악 유형 집중 공략

· 대의파악의 Key point '주제문'의 공통적 특징 학습
· 수능·모의 기출 분석을 통한 유형별 해결전략
· 실전대비를 위한 25회의 고품질 2024 모의고사
· 지문마다 배치된 변형문제로 독해력 강화

절대유형 3142

31~42번 고난도 3점 문항 완벽 대비

· 내용의 추상성 등 높은 오답률의 원인 요소 완벽 반영
· 철저한 수능·모의 기출 분석을 통한 유형별 최신 전략
· 12회의 고품질 모의고사로 충분한 전략 적용 연습
· 대의파악 유형의 변형 문제로 본질적인 독해력 Up!

한 지문으로 학습 효과를 두 배로 끌어올리는 추가 문제

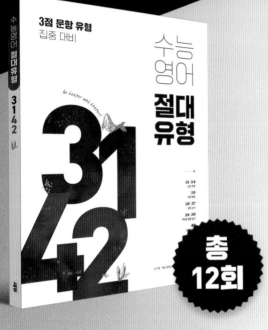

요약문 완성 유형의 20·22·23·24번 변형 문제	**20** PLUS+ 변형문제	윗글의 내용을 한 문장으로 요약하고자 (A), (B)에 들... Since our ___(A)___ attitude toward social pheno critical eye to ___(B)___ those who are trying to ta (A) (B) ① unconditional …… choose ② ind

| 제목 찾기 유형의 21번 변형 문제 | **21** PLUS+ 변형문제 | 윗글의 제목으로 가장 적절한 것은? ① Love Yourself, You Deserve It ② Conflict: Our Greatest Fear to Overcome ③ Be Strong! Learn How to Handle Conflict ④ The Disconnect Between Fear and Strength ⑤ Why Aggression Matters: Winning in a Conflic |

제목·요지·
주제·주장을 묻는
대의파악 유형
변형 문제를
31번~39번까지
배치

PLUS+ 변형문제 윗글의 제목로 가장 적절한 것은?
① Does Arts Education Boost Young Brains?
② Good at Math Means Good at Playing Piano
③ Advantages of Teaching Piano and Computer

PLUS+ 변형문제 윗글의 요지가장 적절한 것은?
① 목적에 맞는 최적의 전략을 선택해야 한다.
② 성공을 위해 전략적 사고는 필수 불가결하다.
③ 지나친 전문화는 전략적 사고에 오히려 해가 된다.

PLUS+ 변형문제 윗글의 주제가장 적절한 것은?
① reasons alternates are seldom made in science
② constant efforts to prove capability of retooling
③ various ways to demonstrate a paradigm's validity

PLUS+ 변형문제 윗글에서 필자가 주장는 바로 가장 적절한 것은?
① 역사는 결정론의 관점에서 바라볼 필요가 있다.
② 역사에 과학 법칙을 적용하는 것은 삼가야 한다.
③ 과학 교육에 있어서 역사 교육이 선행되어야 한다.

쎄듀북닷컴(www.cedubook.com)에서 부가 자료를 무료로 다운로드할 수 있습니다.

쎄듀

2024

대수능 영어 영역 비연계 대비

독해
모의고사
6회

정답 및 해설

수능실감感

수능
절대평가

영어 1등급

김기훈
쎄듀 영어교육연구센터

쎄듀

수능실감 感

___

독해 모의고사 6회

___

정답 및 해설

18 ②	**19** ④	**20** ①	**21** ②	**22** ③		**23** ②	**24** ⑤	**25** ⑤	**26** ④	**27** ⑤
28 ⑤	**29** ④	**30** ③	**31** ④	**32** ①		**33** ③	**34** ①	**35** ④	**36** ③	**37** ④
38 ④	**39** ③	**40** ④	**41** ③	**42** ④		**43** ②	**44** ⑤	**45** ④		

18 글의 목적　　　　　　　　　　　　　　②

해설 직원들에게 연례 가족의 날을 맞아 가족을 마음껏 초대해도 좋다고 하며, 행사의 일정, 장소, 프로그램 등을 안내하고 있으므로 글의 목적으로 가장 적절한 것은 ②이다.

해석 모든 직원분들께,
여러분의 배우자와 자녀들과 저희 직장에서 멋진 추억을 만들고 싶으신가요? 5월 18일 금요일에 오후 4시부터 저희는 연례 가족의 날을 위해 Consolidated Intergalactic의 문을 엽니다. 여러분의 배우자, 자녀 및 직계 가족 구성원들을 저희 본사에 오도록 마음껏 초대해도 좋습니다. 저희는 인솔자가 동행하는 제조 라인 투어를 제공할 것이며 여러분께서 가족에게 여러분의 부서를 마음껏 구경 시켜줘도 됩니다. 또한 오후 5시에 저희는 흥미진진한 오락 프로그램이 있는 케이터링 바비큐 파티를 하고자 남쪽 주차장에 모일 것입니다. 모두를 만나 뵙기를 정말 고대합니다.
Sarah Johnson 드림

구문 [13행~14행] We are really **looking forward to meeting** everyone.
「look forward to v-ing」는 'v하기를 고대하다[기대하다]'의 뜻이다.

어휘 spouse 배우자　　immediate family 직계 가족　　headquarters 본사
escort 동행[수행]하다; 호위하다　　show A around B A에게 B를 구경 시켜주다

19 심경 변화　　　　　　　　　　　　　④

해설 동료로부터 음성 메일을 받고 나서 'I'는 놀랐으나 감정적으로 반응하려 하지 않는 것으로 보아 기분이 상했음을 알 수 있다. 이후 상황에 대한 조언을 구하고자 친구인 Emma에게 연락했지만, 그녀가 바빠서 연락을 받지 못하자 지지받지 못하고 혼자라는 느낌을 받으며 실망한 상황이므로 'I'의 심경 변화로 가장 적절한 것은 ④ '속상한 → 실망한'이다.
① 후회하는 → 슬픈　　　　② 낙담한 → 두려운
③ 무관심한 → 우울한　　　　⑤ 지루한 → 안도한

해석 어느 날 오후 나는 동료로부터 음성 메일을 받았는데, 앞으로 낼 자신의 책 제목으로 나의 콘셉트를 사용할 생각을 하고 있다고 알리는 내용이었다. 그는 내가 개의치 않기를 바란다고 말했으나, 그는 허가를 요청하지 않았다. 그 콘셉트를 내가 직접 사용하려고 했으므로 처음에는 깜짝 놀랐지만, 나는 일정 수준의 전문성을 유지하며 감정적으로 반응하지 않는 것의 중요성을 깨달았다. 나는 이 상황에 대해 논의하고 그녀의 조언을 구하고자 나의 가장 친한 친구인 Emma에게 전화하기로 결심했다. 그러나 그녀는 다음 날 예정된 업무 회의를 준비하고 있었기 때문에 연락을 받을 수 없었다. 나는 그녀의 상황을 이해하려 애썼지만, 내가 어려울 때 지지받지 못하고 혼자라는 느낌을 받지 않을 수 없었다.

구문 [12행~14행] I tried to understand her situation, // but I **couldn't help feeling** unsupported ⌐and⌐ alone in my difficult time.
「cannot help v-ing」는 'v하지 않을 수 없다'의 뜻이다. unsupported와 alone은

and로 연결되어 병렬구조를 이루며, 주어의 상태를 설명하는 보어 역할을 한다.

어휘 forthcoming 다가오는, 곧 있을　　take A aback A를 깜짝 놀라게 하다
professionalism 전문성

20 필자 주장　　　　　　　　　　　　　①

해설 음식을 상벌의 수단으로 이용하는 부모들이 있는데, 이는 자녀에게 신체적, 정신적으로 부정적인 영향을 미치므로 지양되어야 한다고 했다. 따라서 필자의 주장으로 가장 적절한 것은 ①이다.

해석 부모들이 저지르는 가장 흔한 실수 중 하나는 음식을 자녀의 행동이나 감정을 통제하기 위한 도구로 사용하는 것이다. 이것은 좋은 행동에 대한 보상으로 음식을 사용하는 것 혹은 나쁜 행동에 대한 처벌로 디저트를 치워버리는 것을 포함할 수 있다. 부모는 흔히 이러한 접근법에 의지하는데 그것이 자녀가 따르게 만드는 빠르고 쉬운 방법처럼 보이기 때문이다. 그러나 이것은 음식과의 건강하지 못한 관계로 이어질 수 있고 성인기까지 지속될 수 있는 부정적인 연상을 만들 수 있다. 음식은 연료이다. 그것은 긍정적인 결과와도 부정적인 결과와도 연관될 것이 아니며 연관되어서도 안 된다. 제공되는 것이 보통 사탕 과자이므로 보상으로서의 음식은 과식을 장려한다. 그것은 또한 불필요한 체중 증가로 이어진다. 마찬가지로 음식을 처벌로 사용하는 것은 분노와 반항을 일으킬 뿐이다. 음식으로 통제력을 행사하는 것은 장기적인 결과를 일으킬 수도 있는 음식과의 연상을 조장한다.

구문 [10행~12행] It is not meant to be, **nor should it be**, associated with **either** positive **or** negative consequences.
부정어 nor(~도 또한 아니다)가 문두에 위치하면서 「조동사(should) + 주어(it) + 동사(be)」 순으로 도치가 일어났다. 「either A or B」는 'A나 B 둘 중 하나'의 뜻이다.
[12행~13행] Food as a reward encourages overeating, // since **it's** usually *candy* **that** is offered.
since절에서 「it is ~ that ... (…한 것은 바로 ~이다)」의 강조구문이 쓰였다.

어휘 take away ~을 치우다, 제거하다　　resort to A A에 의지하다[기대다]　　comply (명령·규칙에) 따르다, 준수하다; 응하다　　persist 지속되다; (계속) 우기다　　fuel 연료; 활기를 불어넣다　　breed 일으키다, 야기하다　　resentment 분노　　rebellion 반항
exert 행사하다, 가하다

21 밑줄 의미　　　　　　　　　　　　　②

해설 스티븐 킹은 출판사로부터 받은 거절 쪽지를 버리지 않고 이를 계속 노력하기 위한 동기 부여로 삼고자 못 박아 두었다. 거절 쪽지가 못의 크기에 비해 너무 많아졌을 때는 못을 더 큰 대못으로 교체함으로써 자신의 실패를 외면하지 않는 모습을 보였다. 따라서 밑줄 친 '못을 대못으로 대체한다'가 의미하는 것은 자신의 좌절과 실패를 외면하지 않고 포용하는 자세 즉, ② '당신의 수많은 좌절을 받아들이다'

이다.
① 혼자 힘으로 자신의 기술을 발전시키다
③ 당신의 경험을 독자들과 공유하다
④ 다른 종류의 직업으로 전환하다
⑤ 당신의 작품에 대해 냉소적인 견해를 취하다

해석 많은 신인 작가들은 편집자나 출판업자가 그들의 작품을 거절한다는 이유로 지나치게 빨리 포기한다. 그들은 거절로 인해 자신이 끔찍한 작가라고 생각한다. 실은 거절은 그들의 직업 과정의 일부이다. 경력을 쌓는 동안 누군가에게 거절당하는 일을 피하는 작가는 결코 없을 것이다. 유명한 미국 작가 스티븐 킹이 처음으로 거절당했을 때, 그는 이것을 계속 노력하고 앞으로 나아가는 방법으로 활용했다. 그는 항상 볼 수 있도록 그의 책상 바로 앞에 있는 벽에 거절 쪽지를 못으로 박아 두었다. 결국 여러 출판업자들로부터 받은 거절 쪽지가 너무 많아서 그는 대못을 사용해야 했다. 그러나 그는 포기하지 않았고 그가 지금 어디에 있는지 보라! 몇 번 거절당한 후에 포기하기보다는 성공한 작가들은 거절이 쌓여나감에 따라 계속 밀어붙인다. 그들은 그것을 향상하기 위한 동기 부여로 이용하는 법을 배운다. 위대함을 얻기 위해 노력한다면, 못을 대못으로 대체할 필요가 있다.

구문 [10행~12행] Eventually, he had **so** many rejection slips from different publishers // **that** he had to use a spike.
「so ~ that ...」 구문은 '너무 ~해서 …하다'의 뜻이다.
[13행~15행] Rather than **giving up** after a few rejections, / successful writers keep pushing forward // **as** the rejections pile up.
전치사 Rather than(~하기보다는)의 목적어로 동명사 giving up이 쓰였다. as는 접속사로 '~함에 따라'의 뜻으로 쓰였다.

어휘 the thing is 실은, 문제는   push forward 계속 밀어붙이다[밀고 나가다]   pile up 쌓이다   strive for ~을 얻기 위해 노력하다   substitute A for B B를 A로 대체하다   [선택지] on one's own 혼자 힘으로, 혼자서   embrace 받아들이다; 포용하다   setback 좌절, 실패   cynical 냉소적인; 비관적인

22 글의 요지 ③

해설 오늘날의 사회 운동은 온라인 네트워크를 활용하여 비대면으로 이루어지지만 이는 한계가 있으며, 직접 상호 작용하며 물리적으로 참석하는 것이 행동에 옮길 가능성을 높이는 데 중요한 역할을 한다는 내용의 글이다. 따라서 요지로 가장 적절한 것은 ③이다.

해석 사회 운동은 사고방식을 바꾸고, 법률을 제정하고, 정책을 바꿈으로써 세상에 강력한 변화를 추진한다. 사회 운동의 핵심 구성 요소는 사회적 전염 과정인데, 여기에서 사람들은 무의식적으로 가까이 있는 다른 사람들의 행동을 모방한다 온라인 네트워크를 사용함으로써 오늘날의 사회 운동은 투표자들을 동원하고 정치적 항의를 선동할 수 있다. 그러나 이미지와 초대의 전자 전송이 다양한 형태로 참여와 관심을 끌 수 있긴 하지만, 사회 운동의 성공은 여전히 직접적인 상호 작용에 달려 있다. 소셜 미디어, 디지털 사진, 그리고 메시지는 열정에 불을 붙일 수 있고 사람들이 참여하도록 장려할 수는 있지만, 오직 가상으로 일어나는 사회 운동 활동은 더 약하다. 물리적으로 참석하는 것은 사람들이 따르고 다른 사람들의 감정을 반영하며 행동에 옮길 가능성을 더 높게 만든다.

구문 [1행~3행] Social movements drive powerful changes in the world by changing mindsets, enacting laws, and shifting policies.
전치사 by의 목적어로 세 개의 동명사구가 and로 연결되어 병렬구조를 이룬다.
[15행~17행] Being physically present **makes** people more **likely to** follow, mirror others' emotions and take action.
Being physically present가 동명사구 주어이고 makes가 동사이다. 「likely to-v(v할 가능성이 있는)」 구문에서 to 다음의 follow, mirror, take는 and로 연결되어 병렬구

조를 이룬다.

어휘 mindset 사고방식   enact (법을) 제정하다   contagion 전염, 감염   proximity 가까움, 근접   mobilize 동원하다, 집결시키다   incite 선동[조장]하다   transmission 전송; 전염   ignite 불을 붙이다, 점화하다   take place 일어나다, 발생하다   virtually 가상으로   mirror 반영[반사]하다   take action 행동에 옮기다, 조치를 취하다

23 글의 주제 ②

해설 내향적인 사람들은 사회적 휴식을 두려워하는 경향이 있지만, 한 연구에 따르면 다른 사람들과 함께 쉬는 것이 스트레스를 줄이고 기분을 나아지게 하는 효과가 있다. 따라서 글의 주제로 가장 적절한 것은 ② '내향적인 사람들에게조차 사회적 휴식을 취하는 것의 이점들'이다.
① 내향적인 사람들을 위한 직장에서 사람들과 교제하는 방법들
③ 일과 개인적 삶의 균형을 잡는 것에 관한 문제들
④ 직장 휴식 시간에 대한 태도에 영향을 미치는 요인들
⑤ 동료들과 좋은 관계를 유지하는 것의 중요성

해석 사회적 휴식은 사회적 환경에서 다른 사람들과 시간을 보내기 위한 일이나 다른 활동으로부터의 휴지 혹은 중지이다. 이것은 흔히 동료들과 점심을 먹는 것과 같은 의도적인 휴식이다. 몇몇 내향적인 사람들에게는 그들이 사교 활동에 관심이 없으므로 이것은 무시무시한 상황이 될 수 있다. 당신이 내향적인 사람이라면, 친구와 동료의 북적거림에서 멀리 떨어져 시간을 보내는 것이 매력적일 수 있다. 그것은 심지어 원기를 북돋울 수도 있다. 그럼에도 불구하고 연구는 우리의 휴식을 가능한 효과 있게 만드는 것에 있어서 타인의 힘을 가리킨다. 한 연구는 사회적 휴식이 친구들과 보낼 때 스트레스를 줄이고 기분을 나아지게 하는 데 효과적임을 알아냈다. 연구 결과는 이러한 영향이 혼자의 휴식에는 없다는 것을 보여주었다. 그러므로 좋든 싫든 간에, 다른 사람들과 함께 쉬는 것은 유익하다.

구문 [6행~8행] If you're an introvert, // spending time away from the bustle of friends and peers **can be** appealing.
spending ~ peers가 동명사구 주어이고 can be가 동사이다.
[11행~13행] A study **found** social breaks — when taken with friends — **to be** effective at reducing stress and improving mood.
「find + O + to-v」는 'O가 v한다는 것을 알아내다'의 뜻이다. 두 밑줄 친 동명사구는 전치사 at의 목적어로서 and로 연결되어 병렬구조를 이룬다.

어휘 intermission 중지, 휴지; 중간 휴식 시간   intentional 의도적인   introvert 내향[내성]적인 사람   bustle 북적거림, 부산함   appealing 매력적인   refreshing 원기를 북돋우는, 상쾌하게 하는   point toward ~을 가리키다   solitary 혼자 하는, 혼자의; 고독한   like it or not 좋든 싫든 간에

24 글의 제목 ⑤

해설 인간관계는 가치 있는 사회적 자본이지만 지나치면 개인의 행복이 희생되고 결국 진정으로 중요한 것을 놓치게 되는 지경에 이를 수 있으므로 무리한 수준까지 사회적 자본을 쌓으려는 태도는 지양해야 한다는 내용의 글이다. 따라서 글의 제목으로 가장 적절한 것은 ⑤ '사회적 자본을 지나치게 확장하는 것을 피하라'이다.
① 당신의 사회 생활과 직장 생활 사이의 균형 잡기
② 다양성은 성공적인 사회 연결망의 열쇠
③ 행복의 비결은 소셜 미디어 유대 끊기

④ 당신의 소셜 미디어 존재를 관리하는 방법

해석 우리의 가장 가까운 친구들부터 가장 먼 소셜 미디어 관계까지, 우리의 사회적 자본을 구성하는 관계들은 우리의 사회 생활과 직장 생활의 튼튼한 기반을 제공하며 우리의 건강과 행복을 극적인 방식들로 형성할 잠재력을 가지고 있다. 그러나 우리의 넓은 네트워크는 때때로 압도적일 수 있고, 우리는 일과 가족과의 관계에 뒤처지지 않을 뿐만 아니라 이메일과 소셜 미디어 교류를 곡예하듯 해내며 일을 너무 벌이는 것처럼 느낄지도 모른다. 기대를 감당하고 다른 사람들이 무시당한다고 느끼게 두는 것, 또는 우리 자신이 무시당한다고 느끼는 것을 피하기는 어려울 수 있다. 누군가의 사회적 자본은 지속적인 보살핌을 요구하는 유동적이며 계속 변화하는 관계의 네트워크이다. 만약 우리 개인의 행복을 희생하면서 사회적 자본을 쌓는 일에 너무 집착하게 되면, 우리는 결국 주객이 전도되고 진정으로 중요한 것을 놓칠지도 모른다. 사회적 자본을 쌓는 일과 우리의 행복을 보존하는 일의 균형을 유지하는 것은 우리가 달성하기 위해 계속 노력해야 하는 목표이다.

구문 [1행~5행] From our closest friends to our most distant social media contacts, / *the connections* [that make up our social capital] provide the bedrock of our social and professional lives / and have *the potential* (to shape our health and happiness in dramatic ways).
[ ]는 주어 the connections를 수식하는 관계사절이다. 동사 provide와 have가 and로 연결되어 병렬구조를 이룬다. ( )는 to-v의 형용사적 용법으로 the potential을 수식한다.
[18행~20행] Striking a balance between building social capital and preserving our well-being / **is** *a goal* [(which[that]) we should continually strive to achieve]. Striking ~ well-being이 동명사구 주어이고 is가 동사이다. [ ]는 앞에 목적격 관계대명사 which[that]가 생략되어 a goal을 수식한다.

어휘 be spread too thin 일을 너무 벌이다   juggle 곡예하듯 하다; 저글링하다 keep up with ~에 뒤처지지 않다   neglect 무시하다; 방치하다   fluid 유동적인; 유동체   nurture 보살피다, 양육하다   fixate on ~에 병적으로 집착하다   at the expense of ~을 희생하면서, ~을 대가로   end up v-ing 결국 v하게 되다   put the cart before the horse 주객이 전도되다   lose sight of ~을 놓치다; 잊어버리다 strike a balance 균형을 유지하다   preserve 보존하다; 유지하다
[선택지] tie 유대[관계]   overextend 지나치게 확장하다[늘리다]

25 도표 이해   ⑤

해설 전자책과 인쇄책 구매율 간의 백분율 차이가 가장 큰 국가는 차이가 47.5퍼센트인 독일이다. 그러므로 ⑤는 도표와 일치하지 않는다.

해석 2021년 전자책/인쇄책을 구매한 인구의 추정 지분
위 그래프는 선정된 9개국 각각에 대해 2021년에 전자책과 인쇄책을 구매한 사람들의 백분율을 보여준다. ① 각 국가에서 인쇄책을 구매한 사람들의 비율이 전자책을 구매한 사람들의 비율보다 더 높았다. ② 중국은 9개국 중에서 가장 높은 전자책 구매율을 보였지만, 인쇄책 구매율은 가장 낮았다. ③ 일본에서는 인쇄책을 구매한 사람들의 비율이 전자책 구매자 비율의 두 배가 넘었다. ④ 스페인, 독일, 프랑스의 전자책 구매자의 합친 비율은 중국의 비율보다 더 컸으며 세 국가는 총 33.2%의 전자책 구매율을 보였다. ⑤ 9개국 중에서 전자책과 인쇄책 구매율 간의 백분율 차이는 중국에서 가장 적었고 호주에서 가장 컸다.

구문 [10행~13행] *The combined rate* (of e-book purchasers in Spain, Germany, and France) **was** greater than **that** of China, / **with** *the three countries* **having** a total e-book purchase rate of 33.2%.
The combined rate가 주어이고 was가 동사이다. 여기서 that은 the rate of e-book purchasers를 지칭한다. 「with + O + v-ing」 분사구문이 쓰였으며, 'O가 v

한 채로, O가 v하면서'의 의미를 나타낸다.

어휘 estimate 추정하다

26 내용 불일치   ④

해설 Ernest Shackleton은 구조를 요청하기 위해 대원 5명과 함께 간 것이지, 대원 5명을 선발해서 보낸 것이 아니다. 따라서 ④는 글의 내용과 일치하지 않는다.

해석 Ernest Shackleton은 다수의 남극 탐험을 이끈 영국의 극지 탐험가였다. 1901년에 Shackleton은 Robert Scott의 남극 탐험에 합류했으나, 이 첫 번째 여행에서 집으로 오는 길에 극심한 병에 시달렸다. 1908년 Nimrod 탐험대의 지도자로서 Shackleton은 되돌아와야하기 전에 남극에서 97마일 이내로 접근했다. 1914년에 Shackleton은 남극을 거쳐 남극 대륙을 가로지르는 것을 목표로 삼은 새로운 탐험대를 이끌기 위해 Endurance호를 타고 출발했다. 항해하는 동안 그 배는 얼음에 갇히게 되었다. Shackleton과 그의 부하들은 배를 버렸는데, 그 배는 나중에 으스러졌으며, 그들은 몇 달 동안 얼음 위에서 살았다. 봄에 얼음이 마침내 녹기 시작했을 때, Shackleton은 작은 구명보트를 타고 다섯 명의 선원들과 함께 도움을 구하기 위해 출발했다. 16일의 분투 후에 그는 마침내 도움을 구할 수 있었고, 1916년 9월까지는 전 선원을 안전하게 귀환시켰다.

구문 [11행~13행] Shackleton and his men abandoned *the ship*, // **which** was later crushed, / and lived on the ice for several months.
which was later crushed는 the ship에 대한 추가적인 설명을 제시하는 계속적 용법의 관계사절이다. 동사 abandoned와 lived는 and로 연결되어 병렬구조를 이룬다.

어휘 polar 극지의 *cf.* pole 극지; 극   expedition 탐험, 원정; 탐험[원정]대   the Antarctic 남극   set out 출발하다; 착수하다 (= set off)   Antarctica 남극 대륙   via ~을 거쳐; 통하여   voyage 항해   ice-locked 얼음에 갇힌   abandon 버리다; 포기하다   crush 으스러뜨리다   crew 선원, 승무원

27 안내문 불일치   ⑤

해설 워크숍을 위한 제한된 수의 여분의 자전거가 준비되어 있다. 따라서 ⑤는 내용과 일치하지 않는다.

해석 기본 자전거 정비 워크숍
기본 자전거 정비 워크숍에 참가해 어떻게 자전거를 관리하고 기본 정비를 수행하는지를 배우세요!

시간 & 장소
• 시간: 매월 마지막 토요일 오후 1시부터 3시까지
• 장소: Philips Cyclingworld

등록
• 요금: 성인 20달러, 청소년 10달러
• www.philipscyclingworld.com에서 온라인으로 등록하세요.

세부 사항
• 모든 공구와 작업대가 제공될 것입니다. 또한 공구는 과정을 끝낸 후 구매 가능합니다.
• 이 워크숍은 최소 3명, 최대 8명의 참여자가 필요합니다.
• 사용할 수 있는 여분의 자전거가 제한되어 있기 때문에 작업하기 위한 자신의 자전거를 가져오는 것이 가장 좋습니다.

구문 [2행~4행] Join our Basic Bicycle Maintenance Workshop / and learn **how to take care of** your bike and **(to) perform** basic maintenance!
명령문으로 동사원형 Join과 learn이 병렬구조를 이룬다. 「의문사(how) + to-v(어떻게 v할지, v하는 방법)」 구문이 쓰여 learn의 목적어 역할을 하며, to take care of와 (to) perform이 and로 연결되어 병렬구조를 이룬다.

어휘 maintenance 정비, 유지 (관리) register 등록하다 minimum 최소 한도; 최저의 maximum 최대량; 최대한의

28 안내문 일치 ⑤

해설 ① 매년 열리는 행사이다.
② 12세 이상 학생도 참가할 수 있다.
③ 학생은 부모가 동반해야만 참가할 수 있다.
④ 입장은 행사 시작 20분 전부터 가능하다.

해석 가족 과학의 밤
과학 센터는 매년 열리는 가족 과학의 밤에 여러분을 초대합니다. 과학, 기술, 공학, 그리고 수학을 직접 해 보는 활동으로 탐구하세요!

대상: 학생과 가족들
날짜 및 시간
– 그룹 A (5~11세 학생): 4월 25일 수요일 (오후 6시~8시)
– 그룹 B (12세 이상 학생): 4월 26일 목요일 (오후 6시~8시)
* 학생은 반드시 부모님과 동행해야 합니다.

장소: Jacksonville 고등학교 체육관

티켓
– 성인: 하루에 10달러
– 학생: 하루에 8달러

주의
– 행사 입장은 오후 5시 40분에 시작합니다.
– 등록하려면 2023년 4월 18일 이전에 당사 웹사이트 www.childrensci.org를 방문하세요. 온라인 등록을 놓치면 5달러의 추가 비용으로 현장에서 티켓을 구매할 수 있습니다.

구문 [18행~19행] **To register**, / visit our website at www.childrensci.org before April 18, 2023.
To register는 to-v의 부사적 용법으로 목적(~하기 위하여)을 나타낸다.

어휘 hands-on 직접 해 보는 accompany 동행하다, 함께 가다 on-site 현장에서; 현장의

29 밑줄 어법 ④

해설 ④ 앞에 접속사 that이 주어(an early warning system), 동사(evolved)를 갖춘 완전한 절을 이끌고 있다. 따라서 명사절을 이끄는 관계대명사 what을 that절의 주어인 an early warning system을 수식하는 관계사절을 이끄는 관계대명사 which [that]로 바꿔 써야 한다.
① 문장의 주어는 Hunter-gatherers ~ grain이고 동사는 gave이다. thus providing ~ know today는 결과를 나타내는 분사구문이며 능동의 의미를 나타내므로 현재분사 providing은 알맞게 쓰였다.

② 동명사구 주어 experiencing ~ in our lives는 단수 취급하므로 단수 동사 is가 알맞게 쓰였다.
③ our ability를 수식하는 형용사적 용법의 to-v인 to think와 병렬구조를 이루는 to see가 알맞게 쓰였다.
⑤ 선행사 acute anxiety가 사물이고 관계사절 내에서 주어 역할을 하므로 주격 관계대명사 which가 알맞게 쓰였다.

해석 수렵 채집인들이 곡식을 재배할 수 있는 곳에 정착한 것은 약 1만 년 전에 마을 생활을 일으켰으며, 따라서 우리가 오늘날 알고 있는 정교한 문명의 발전을 위한 토대를 제공했다. 인간 사회의 내집단과 외집단은 너무나 널리 퍼져 있어서 우리 삶의 어느 시점에 사회적 고립의 고통을 겪는 것은 거의 불가피하다. 설령 우리가 그것을 아주 약간만 경험했다고 할지라도, 사회적 고립은 분명하게 사고하고 일들을 낙천적으로 보는 우리의 능력을 왜곡하는 독특한 종류의 불안을 불러일으킨다. 사실 이러한 사회적 고통의 근원은 생물학적이다. 우리의 조상들은 포괄적 집단에 속하지 않았다면 포식자나 궁핍을 그리 오랫동안 견뎌내지 못했을 것이다. 공동체에서 사는 것은 생존에 너무나 필수적이어서 우리가 집단으로부터 배제될 때 생물학적 비상벨을 울리는 초기의 경고 체계가 진화했다. 우리는 이러한 경고를 극심한 불안으로 경험하는데, 이는 극도의 굶주림, 갈증, 혹은 고통과 같은 다른 신진대사 경고와 마찬가지로 본질적으로 다음의 메시지를 전달한다. 이것을 고치지 않으면 당신은 끝장이다.

구문 [5행~8행] **So** prevalent are in-groups and out-groups in human societies
C V S
// **that** experiencing the pain of social isolation at some point in our lives / is nearly unavoidable.
「so ~ that ... (너무 ~해서 …하다)」 구문이 쓰였다. 보어인 So prevalent가 문두에 위치하면서 「동사(are) + 주어(in-groups and out-groups in human societies)」 순으로 어순이 도치되었다.
[12행~15행] Our ancestors **wouldn't have survived** predators or deprivation for very long // **if** they **hadn't belonged** to an inclusive group.
가정법 과거완료 표현인 「S + would have p.p. if + S′+had p.p.」가 쓰였다.

어휘 settle down 정착하다 give birth to ~을 일으키다; 낳다 sophisticated 정교한; 세련된 prevalent 널리 퍼진, 일반적인; 유행하는 in-group 내집단 (↔ out-group 외집단) isolation 고립, 격리 at some point 어느 시점에, 어느 순간에 dose 양, 약간; 복용량 provoke (감정을) 불러일으키다 distort 왜곡하다; 비틀다 deprivation 궁핍, 빈곤; 박탈 inclusive 포괄적인; 모든 것을 포함한 acute 극심한; 급성의 metabolic 신진대사의

30 밑줄 어휘 ③

해설 상대를 설득할 때 직접 화법을 사용하면 상대에게 충분한 근거 없이 결정하도록 강요하는 것에 지나지 않으므로 간접적인 어구를 사용하는 것이 좋으며, 간접적인 어구를 사용하는 것은 부정적인 결과의 잠재 가능성을 극대화하는 것이 아니라 최소화할 것이다. 따라서 ③의 maximize를 minimize 등으로 바꿔 써야 한다.

해석 경제학자 토머스 셸링은 당신이 상대방의 가치를 확신할 수 없는 경우에 대비해서 외교술의 중요성을 인식한 최초의 사람이었다. 다시 말해서, 당신의 상사 혹은 동료가 당신의 새로운 아이디어를 어떻게 여길지를 확신하지 못한다면 당신은 ① 신중할 필요가 있다. 당신이 새로운 아이디어를 상사와 동료에게 제시하고 싶다고 가정해보자. "제게 새로운 아이디어가 있는데, 여러분 모두 지지해 주셨으면 좋겠습니다"와 같은 직접 화법을 사용한다면, 당신은 그들이 불완전한 정보를 근거로 하여 결정을 내리도록 ② 강요할 것이다. 그러나 "아마 상당한 이득을 가져올지도 모르는 새로운 접근법을 우리가 탐구할 수도 있겠다고 생각하던 중이었습니다"와 같은 간접적인 어구를 사용한다면 당신은 부정적인 결과의 가능성을 ③ 극대화할(→ 최소화할) 수 있다. 이러한 외교적 언어는 당신이 잠재적 갈등이나 오해를 피하고 당신의 청중과 ④ 공통적인 입장을 찾는 데 도움을 줄 수 있다.

불확실성이나 다른 관점이 존재하는 상황에서 성공 가능성을 증가시키기 위해 ⑤ 전략적 소통을 활용하는 것이 필수적이다.

구문 [8행~11행] If you **were** to use direct speech, "I have a new idea, and I want you all to support it," // you **would force** *them* **to make** a decision / based on incomplete information.
「If + S′ + 과거동사 ~, S + would + 동사원형 ... (~한다면 …일 것이다)」의 가정법 과거 구문이 쓰였다. 「force + O + to-v」는 'O가 v하도록 강요하다'의 뜻이다.
[18행~21행] In *situations* [where there is uncertainty or differing perspectives], / **it** is essential **to use** strategic communication **to increase the chances of success**.
[ ]은 situations를 수식하는 관계부사절이다. it은 가주어이고 to use 이하가 진주어이다. to increase ~ success는 부사적 용법의 to-v로 목적을 나타낸다.

어휘 diplomacy 외교(술); 사교 능력 *cf.* diplomatic 외교적인; 외교의 counterpart 상대, 대응 관계에 있는 사람[것] cautious 신중한, 조심스러운 maximize 극대화하다 ground 입장; 견해, 주장 strategic 전략적인

---

31 빈칸 추론 ④

해설 투표자들은 '투표하는 것이 당신에게 얼마나 중요한가?'라는 행위 자체에 대한 질문보다 '투표자가 된다는 것은 당신에게 얼마나 중요한가?'라는 정체성에 대한 질문을 받았을 때, 실제 투표할 가능성이 더 높았다고 했다. 따라서 빈칸에 들어갈 말로 가장 적절한 것은 ④ '정체성'이다.
① 우대책 ② 제한 ③ 정의 ⑤ 흥미

해석 Stanford와 Harvard의 한 연구팀이 선거 주 동안에 등록된 투표자들을 조사했다. 그들은 한 집단에게 물었다. "투표하는 것이 당신에게 얼마나 중요합니까?" 인구 통계학적으로 동일한 다른 집단에게 그들은 질문을 약간 다르게 표현했다. "다가오는 선거에서 투표자가 된다는 건 당신에게 얼마나 중요합니까?" 그들은 누가 투표소에 실제로 나타났는지를 알아보기 위해 나중에 투표 기록을 분석했다. 그들은 투표자가 된다는 것에 대한 질문을 받았던 사람들이 단지 투표 행위에 대한 질문을 받은 사람들보다 투표했을 가능성이 11퍼센트 더 높았음을 발견했다. 양 집단의 사람들이 투표할 의향이 있었을지도 모르지만, 자기 자신이 투표자라고 생각하도록 자극받은 사람들이 그들의 계획을 완수할 가능성이 더 높았다. 그들은 자기 자신을 단지 투표하는 사람이 아니라 투표자라고 생각했다. 일단 그러한 정체성이 강화되자, 그들은 나타나서 투표할 가능성이 더 많았다.

구문 [9행~12행] They found // that *the people* [who had been asked about being a voter] **were** 11 percent more **likely to have voted** than *those* [who were simply asked about the act of voting].
found 다음의 that절에서 주어는 the people이고 동사는 were이다. 두 [ ]은 각각 the people과 those를 수식하는 관계사절이다. 「be likely to-v」는 'v할 가능성이 있다'의 뜻이다. 여기서 to have voted는 완료부정사로 동사(were)보다 이전에 있었던 일을 나타낸다.
[12행~15행] **While** people in both groups **may have intended** to vote, // *the people* [who were nudged to **think of** themselves **as** voters] **were** more likely to follow through on their plan.
접속사 While은 '~이지만, ~인 반면에'의 뜻이다. While절에서 「may have p.p.」는 '~했을지도 모른다'의 뜻이다. [ ]는 주어 the people을 수식하는 관계사절이며, 동사는 were이다. 「think of A as B」는 'A를 B로 생각하다'의 뜻이다.

어휘 demographically 인구 통계학적으로 phrase 표현하다 show up 나타나다 poll 투표(소); 여론 조사 nudge ~을 (가볍게) 자극하다; 슬쩍 밀다[찌르다] follow through on ~을 완수하다 reinforce 강화하다

---

32 빈칸 추론 ①

해설 모든 사람이 생존을 위해 장시간 노동해야 하는 사회에서는 문화가 발달할 수 없지만, 경제적 잉여가 생성되는 사회에서는 노동을 면제받는 개인들이 생겨서 문화가 형성될 수 있다는 내용의 글이다. 따라서 문화가 발달되기 위해서는 경제적 풍요가 전제되어야 하므로 문화는 ① '그것의 물질적 조건을 갖고 있다'고 할 수 있다.
② 오직 전통에서 나온다
③ 사회적 개입에 의해 만들어진다
④ 다른 사회와 공유되어야 한다
⑤ 개인의 창의성으로 결정된다

해석 미술관, 고급 식당, 패션 경향 등등의 의미에서 문화를 발달시키기 위해 당신은 경제적 잉여를 생성할 필요가 있다. 극심한 빈곤으로 압도당하는 사회는 오직 언어, 연대감, 의식, 전통, 기타 같은 종류의 것만을 갖고 있을 뿐이다. 자신의 에너지 대부분을 생명을 부지하는 일에 투자할 필요가 있는 사람들은 샴페인 파티를 열거나 서사시를 단숨에 쓰기 위한 시간도 자원도 갖지 못한다. 예술가와 지식인의 전문직 계층은 모든 사람이 대부분의 시간 동안 노동할 필요는 없을 때만 나타날 수 있다. 그제서야 사회는 완전하고도 철저한 분업을 확립할 수 있는데, 이는 많은 특별 면제를 받은 개인들이 화가, 음악가, 철학자, 작가 등의 역할을 추구하기 위해 장시간 힘들게 일할 필요에서 해방되기 때문이다. 따라서 문화는 그것의 물질적 조건을 갖고 있다. 결국 사회의 문화적 표현은 그것이 소유한 경제적 자원의 수준에 의해 크게 영향을 받는다.

구문 [5행~8행] *People* [who need to invest most of their energy in the business of staying alive] have **neither** *the time* **nor** *the resources* (to throw champagne parties or dash off epic poems).
[ ]은 주어 People을 수식하는 관계사절이다. 「neither A nor B」는 'A도 아니고 B도 아니다'의 뜻이다. ( )는 앞의 the time과 the resources를 수식하는 형용사적 용법의 to-v이다.
[11행~15행] **Only** then **can society establish** a full-scale division of labour, // as a number of privileged individuals are freed from *the need* (to toil), / to pursue roles as artists, musicians, philosophers, writers, and so on.
준부정어 only가 문두에 나오면서 「조동사(can) + 주어(society) + 동사(establish)」로 어순이 도치되었다.

어휘 fine dining 고급 식당 surplus 잉여(물), 여분 overwhelm 압도하다 kinship 연대감; 친족 and the like 기타 같은 종류의 것 dash off 단숨에 쓰다, 휘갈겨 쓰다 epic poem 서사시 full-scale 완전하고도 철저한 division of labour 분업 privileged 특별 면제[허가]된 be freed from ~에서 해방되다, 벗어나다 toil (장시간) 힘들게 일하다 [선택지] emerge from ~에서 나오다 intervention 개입, 간섭

---

33 빈칸 추론 ③

해설 정보 테크놀로지의 발달로 오늘날 고객들은 구매 물품에 대해 과거와 비할 수 없을 정도로 많은 정보를 가지며, 기업 고객의 경우 이러한 정보력은 훨씬 압도적이라고 했다. 따라서 고객의 무지에 의존하는 것은 위험하다는 것을 추론할 수 있으므로, 빈칸에 들어갈 말로 가장 적절한 것은 ③ '고객의 무지가 당신의 이익 중심점이다'이다.
① 당신의 재정을 주의 깊게 관리하지 않는다
② 철저한 시장 조사가 실시되지 않는다
④ 온라인 서비스가 당신의 고객들에게 만족스럽지 못하다
⑤ 당신의 투자가 잘못된 정보에 근거를 두어 이루어진다

해석 사업에서 수행 기준이 과거보다 더욱 가차 없이 계속하여 상승할 것이고, 훌륭한 수행을 훨씬 더 가치 있게 만들 것임이 압도적으로 분명하다. 가장 중요한 이유는 정보 테크놀로지가 고객들에게 전례 없는 힘을 주었으며, 그 힘을 가지고 그들은 더 많은 것을 요구하고 있기 때문이다. 우리는 모두 온라인 구매를 해봤으므로 이것을 모두 알고 있다. 구매자로서 우리는 전에 볼 수 있었던 것보다 더 많은 정보를 받는다. 예를 들어 우리는 이제 자동차 판매원이 자동차에 얼마를 지불했는지를 알아낼 수 있다. 우리는 구내 서점에서 135달러가 드는 대학 교재가 잉글랜드에서 70달러로 주문될 수 있다는 것을 안다. 그리고 우리가 소비자로서 알고 절약하는 것은 기업 구매자들이 그들의 공급업체에 대해 아는 것과 이용하여 공급업체로부터 짜낼 수 있는 비용 절감에 비하면 아무것도 아니다. 전략 컨설턴트인 게리 하멜이 말하길 좋아했던 것처럼, 만약 고객의 무지가 당신의 이익 중심점이라면 당신은 곤경에 처해 있는 것이다.

구문 [1행~4행] In business, **it**'s overwhelmingly clear **that** standards of performance will continue to rise more relentlessly than they have in the past, / **making** great performance even more valuable.
it은 가주어이고 that 이하가 진주어이다. 밑줄 친 than they have는 than standards of performance have risen을 간략히 표현한 것이다. making 이하는 결과를 나타내는 분사구문이다.
[13행~17행] And what we know and save as consumers **is** nothing / **compared with** what corporate buyers know about their suppliers, and *the cost savings* [that can be squeezed out of suppliers through exploitation].
what we ~ as consumers가 주어이고 is가 동사이다. compared with는 '~에 비하면'의 뜻이며, 여기서 두 밑줄 친 부분이 and로 연결되어 병렬구조를 이루어 전치사 with의 목적어로 쓰였다. [ ]은 the cost savings를 수식하는 관계사절이다.

어휘 relentlessly 가차 없이 unprecedented 전례 없는 corporate 기업의; 법인의 supplier 공급업체, 공급자 squeeze out 짜내다 exploitation (이기적) 이용; 착취 [선택지] rigorous 철저한, 엄격한 profit center 이익 중심점 ((수익을 낳는 중심적 부문))

34 빈칸 추론 ①

해설 스위스의 언어학자 소쉬르에 따르면 단어의 정의는 맥락 내에서 그 단어가 다른 용어들과 맺는 관계에 의해 내려진다고 했으므로 언어에 정체성을 부여하는 것은 ① '그것(언어)과 체계 내의 다른 요소들 간의 대비'임을 알 수 있다.
② 우리의 생각과 사고를 표현하는 매체
③ 그것이 겪은 역사적 발전
④ 특정 언어에서 사용되는 언어적 요소군
⑤ 단어의 개념과 그것의 음향 패턴 간의 관련성

해석 스위스의 언어학자 페르디낭 드 소쉬르에게 언어의 각 요소를 지금의 모습으로 만들어주는 것, 즉 그것에 정체성을 부여하는 것은 그것(언어)과 체계 내의 다른 요소들 간의 대비다. 소쉬르에 따르면 개념은 그것의 긍정적인 내용에 의해서가 아니라 그것이 체계의 다른 용어들과 맺는 관계에 의해 부정적으로 정의된다. 예를 들어 무언가가 '뜨겁거나' '차갑지' 않으면 그것은 아마 '따뜻할' 것이다. 여기에서 소쉬르는 맥락이 단어의 의미를 이해하는 데 지극히 중요하다는 점을 나아가 설명한다. 단어는 그것이 사용되는 맥락에 의해서뿐만 아니라 비슷한 단어와 비슷하지 않은 단어 모두를 아우르는 사용되지 않은 다른 모든 가능한 단어들의 맥락에 의해서도 정의된다. '따뜻함'은 '시원함'에 대비되어 정의되지만, 그 단어는 또한 엄밀히 '뜨겁지' 않고 엄밀히 '미지근하지' 않다는 사실에 의해서도 정의된다. 언어 기호에 대한 소쉬르의 견해는 그것의 가장 명확한 특징은 다른 것들이 아닌 것에 있다는 것이다.

구문 [4행~6행] According to Saussure, concepts are defined **not** by their positive content **but** negatively by their relations with the other terms of a system.

「not A but B (A가 아니라 B다)」 구문이 사용되었으며, A와 B 부분에 by로 시작되는 전치사구가 쓰였다.
[10행~13행] A word is defined **not only** by *the context* [in which it is used] **but also** by the context of *all other possible words*, both similar and dissimilar, [that are not used].
「not only A but also B」 구문으로 'A뿐만 아니라 B도'의 의미이다. A와 B 부분에 by로 시작되는 전치사구가 쓰였다. 첫 번째 [ ]는 '전치사 + 관계대명사' 형태의 in which가 이끄는 관계사절로 the context를 수식한다. 두 번째 [ ]는 all other possible words를 수식하는 주격 관계사절이다.

어휘 all-important 지극히 중요한 comprehend 이해하다 in opposition to ~에 대비되어; 반대하여 lukewarm 미지근한 linguistic 언어의; 언어학의 precise 명확한, 정확한; 엄밀한 [선택지] undergo 겪다

35 무관 문장 ④

해설 댐 파열에 대한 걱정의 정도는 댐에 가까이 사는 사람들일수록 높아지고 댐에서 멀리 살수록 낮아지지만, 일정 거리를 지나면 오히려 댐에 더 가까이에 사는 사람들의 걱정의 정도는 줄어드는데 이는 심리적 부정 때문이라는 내용이다. ④는 안전에 대한 사전 대책을 강구하는 접근법에 대한 내용이므로 글의 흐름과 무관하다.

해석 만약 댐이 터지면 그 결과로 발생한 홍수가 먼 하류에 거주하는 사람들을 익사시킬 정도로 높은 댐 아래에 있는 좁고 깊은 강 계곡을 생각해 보라. ① 댐 하류에 사는 사람들이 댐 파열에 대해 얼마나 걱정되느냐는 질문을 받을 때. 댐 파열에 대한 두려움은 먼 하류에서 가장 낮으며 댐에 더 가까운 주민들 사이에서 상승한다는 점은 놀랍지 않다. ② 그러나 놀랍게도 댐에서 몇 마일 이내로 갈 때, 댐 붕괴에 대한 공포는 가장 높고 그 다음에 댐에 더 가까이 갈수록 걱정은 줄어든다! ③ 다시 말해 댐 바로 아래에 사는 사람들, 즉 댐 파열 시 익사할 것이 확실한 사람들은 무관심을 공언한다. ④ 그들 중 일부는 피난 계획이 준비될 것을 요청했으며, 그들의 안전에 대한 사전 대책을 강구하는 접근법을 보여 주었다. ⑤ 그것은 심리적 부정 때문인데, 이는 높은 댐 바로 아래에서 사는 동안 제정신을 유지하는 유일한 방법은 그것이 터질 수 있다는 유한한 가능성을 부정하는 것임을 의미한다.

구문 [1행~3행] Consider a narrow, deep river valley below a high dam, // **such that** if the dam burst, / the resulting flood of water would drown *people* (residing far downstream).
「such that ~」은 어떤 것의 정도를 제시할 때 쓰는 구문으로 '~한 정도로 그러하다'의 뜻이다. ( )는 현재분사구로 앞의 people을 수식한다.
[15행~19행] That is because of psychological denial: // *The only way* (of preserving one's sanity / while living immediately under the high dam) / **is** to deny the finite possibility that it could burst.
The only way가 주어이고 is가 동사이다. 밑줄 친 that절은 the finite possibility에 대한 동격절이다.

어휘 burst 터지다; 파열 resulting 결과로 발생한 drown 익사시키다; 익사하다 be concerned about ~에 대해 걱정하다 diminish 줄다, 감소되다; 줄이다 profess 공언하다, 선언하다 unconcern 무관심, 개의치 않음 evacuation 피난, 대피 in place 준비가 되어 있는; 제자리에 있는 proactive 사전 대책을 강구하는 sanity 제정신, 온전한 정신

36 글의 순서 ③

해설 최근 게놈 연구의 발전으로 인해 선천적인 것과 그렇지 않은 것을 명확히 구분 지을 수 있을 것이라는 일반적인 통념이 제시된 주어진 글 다음에는 연결사 Yet을 사용하여 이러한 통념에 반대되는 과학의 현실이 제시되는 (B)가 와야 한다. 그 다음 (C)의 첫 문장에서 it will be는 (B)의 마지막 내용을 지칭하며, 특정 유전자와 개인의 재능 간의 연관이 확립될 것이 가능성이 있지만 이는 게놈 연구에서 승산 없는 시도가 될지도 모른다고 이어져야 한다. 마지막으로 (A)의 these rapid improvements는 (C)에서 언급된 지난 세기에 목격된 최고 수준의 수행의 극단적 증가를 지칭하여 연결된다.

해석 게놈 연구의 최근의 발전으로 인해 선천적인 것과 그렇지 않은 것을 결정하는 일이 더 이상 애매하지 않을 것이라고 가정할 수도 있을 것이다.
(B) 그러나 과학자들은 우리의 2만 개가 넘는 유전자가 각각 무엇을 하는지를 알아내지 못했다. 현재로서는 특정 유전자와 개인의 재능 간의 연관성은 아직 완전히 확립되지 않았다.
(C) 그렇게 될 것은 가능성이 있지만 핵심 재능 유전자를 발견하는 것은 게놈 연구에서 승산 없는 시도가 될지도 모르는데, 이는 우리가 겨우 지난 세기에 스포츠, 음악, 학문과 같은 광범위한 분야에서 최고 수준의 수행의 극단적인 증가를 목격했기 때문이다.
(A) 유전적 변화는 발생하는 데 수천 년을 필요로 하므로 이러한 빠른 향상은 유전과 다른 환경 요인들 간의 복잡한 상호 작용을 가리키며, 재능은 이러한 복잡한 조합의 결과인 것이다.

구문 [1행~4행] One might assume // **that** with the recent advancements in genomic research, / determining what is innate and what is not **should no longer be** ambiguous.
that 이하는 명사절로 assume의 목적어 역할을 한다. determining ~ is not은 that절의 동명사구 주어이고 동사는 should no longer be이다. 이때 should는 추측의 의미를 나타낸다.

어휘 genomic 게놈의 innate 선천적인, 타고난 ambiguous 애매한 intricate 복잡한 interplay 상호 작용 as of now 현재로서는 long shot 승산 없는 시도

37 글의 순서 ④

해설 전 세계 여러 의대에서 소설 읽기를 교육의 일부로 장려하고 있다는 주어진 문장 다음에는 이를 뒷받침하는 구체적 사례로서 NYU 의대의 인문학 프로그램을 제시하는 (C)가 나와야 한다. 이어서 소설 읽기의 혜택이 의대생에게만 국한되는 것은 아니라는 (C)의 마지막 부분 다음에 이러한 혜택이 의사와 환자에게도 적용된다는 (A)가 나온다. (A)에서 이러한 효과가 회고록과 전기에서는 나타나지 않는다고 말하고 있으므로 그 이유를 설명하는 내용인 (B)가 이어져야 적절하다.

해석 전 세계의 많은 의대는 소설 읽기를 교육의 일부로 장려하거나 심지어 요구하기도 한다. 문학 소설에 초점을 맞추는 것은 인간의 의료에 필수적인 기술을 개발하고 기르는 데 도움이 될 수 있다.
(C) NYU 의대의 의료 인문학 프로그램에 따르면 관찰, 분석, 공감, 그리고 자기반성의 기술은 문학 소설에 대한 주목을 통해 학생들 사이에서 계발될 수 있다. 물론 그 혜택이 의대생에게만 한정되는 것은 아니다.
(A) 연구는 문학 소설을 읽는 것이 일반적으로 의사들이 환자에 대해 갖는 공감을 향상시키며 그 반대도 마찬가지임을 보여 주는데, 이는 회고록과 전기를 읽는 것에서는 기대될 수 없는 효과이다.
(B) 그 이유는 그것들이 개인의 경험에 대한 귀중한 통찰력을 제공해줄 수는 있지만, 사회적 상호 작용 기술을 쌓는 데 있어 복잡한 등장인물들과 그들의 내면의 삶을 철저하게 조사하는 복잡한 줄거리를 가진 문학 소설을 읽는 것만큼 효과적이지는 않기 때문이다.

구문 [3행~5행] Focusing on literary fiction **can help** to develop and (to) nurture *skills* [that are essential for human medical care].
Focusing on literary fiction은 동명사구 주어이고 can help가 동사이다. help의 목적어로 to develop과 (to) nurture가 and로 연결되어 병렬구조를 이룬다. skills는 develop과 nurture의 공통 목적어이며 [ ]은 skills를 수식하는 관계대명사절이다.
[11행~15행] This is because / while they can offer valuable insights into individual experiences, // they **are not as** *effective* for building social interaction skills **as** reading *literary fiction* (with complex characters and *intricate plots* [that delve into **their** inner lives]).
because가 이끄는 절에서 주어는 they, 동사는 are이다. 「not + as(so) + 원급(형용사/부사) + as ~」의 구조가 쓰여 '~만큼 …하지 않다'의 의미를 나타낸다. [ ]은 intricate plots를 수식하는 관계대명사절이며 여기서 their는 complex characters를 지칭한다.

어휘 dozens of 많은, 수십의 empathy 공감 vice versa 그 반대[역]도 마찬가지이다 memoir 회고록 biography 전기, 일대기 delve into ~을 철저하게 조사하다 humanities 인문학 self-reflection 자기반성 exclusive 한정된; 독점적인

38 문장 넣기 ④

해설 Likewise(마찬가지로)를 포함한 주어진 문장은 일관성 있는 견해에 이의를 제기하는 정보는 위험하고 혼란스럽게 느껴질 수 있다는 내용이다. ④의 앞에서는 우리가 일관성에서 안전함을 느끼기 때문에 그 방식이 부정적일지라도 어렸을 때 대우받던 방식을 성인이 되어서도 계속 고수한다고 했고, ④ 뒤에서는 그것(It)이 궁극적으로 이로울지라도 우리의 정체성과 안정성에 가해지는 위협처럼 느껴질 수 있다고 했다. ④ 뒤의 It은 주어진 문장의 information that challenges ~ "coherent" views를 지칭하는 것이므로, 주어진 문장은 ④에 들어가야 한다.

해석 일관성은 친숙함과 접근 가능성과 마찬가지로 심지어 일관성을 향한 욕망이 우리를 자신의 최선의 이익에 반하도록 유도할 때조차도 '안전'의 대략적 근사치로 우리의 두뇌가 사용하는 개념이다. 심리학 연구들은 우리가 임의적 패턴보다 일관성 있는 패턴이 더 위안이 된다고 생각한다는 것을 보여 주었다. 흔히 우리가 어렸을 때 우리 자신을 봤던 방식에 기반을 두어 계속해서 우리 자신을 바라보게끔 유도하는 것은 바로 우리가 일관성에서 받아들이는 위안이다. 우리가 어렸을 때 대우받던 방식은 성인이 된 우리에 의해 스스로가 어떤 대접을 받을 자격이 있는지를 예측하기 위해 사용되는데, 심지어 그 방식이 부정적이며 스스로를 제한할 때에도 그렇다. 마찬가지로, 친숙하고 따라서 '일관성 있는' 견해에 이의를 제기하는 정보는 위험하며 혼란스럽게 느껴질 수 있다. 그것은 설령 궁극적으로 이로울지라도, 우리의 정체성과 안정성에 가해지는 위협처럼 느껴질 수 있다. 결국 일관성을 향한 욕망이 위안감을 줄 수는 있지만, 그 위안과 인지적 융통성의 이익의 균형을 이루는 것이 중요하다.

구문 [9행~12행] **It's** *the comfort* [(which[that]) we take in the coherent] **that** often **leads** *us* **to continue** seeing ourselves / based on how we saw ourselves as children.
「It's ~ that ....」강조구문이 쓰여 '…한 것은 바로 ~이다'의 뜻을 나타낸다. [ ]은 앞에 목적격 관계대명사 which[that]가 생략되어 the comfort를 수식한다. that절에서 「lead + O + to-v」는 'O가 v하도록 유도하다[이끌다]'의 뜻이다.
[17행~19행] In the end, while the desire for coherence can provide a sense of comfort, // **it** is crucial **to balance** the comfort **with** the benefits of cognitive flexibility.
it은 가주어이고 to balance 이하가 진주어이다. 「balance A with B」는 'A와 B의 균형을 이루다'의 뜻이다.

어휘 coherent 일관성 있는 *cf.* coherence 일관성 disorienting 혼란스럽게 만드는; 길을 잃게 하는 rough 대략의; (표면이) 거친 approximation 근사치; 비슷한 것 comforting 위안이 되는 stability 안정(성) ultimately 궁극적으로; 결국 flexibility 융통성; 구부리기 쉬움

39 문장 넣기 ③

해설 주어진 문장의 '그렇게 하는 것(To do so)'은 ③ 앞에서 말한 '낯선 사람들이 다른 사람을 계속 응시하는 것'을 가리키고, 주어진 문장에서 이런 행동이 부정적으로 인식될 수 있다고 설명한다. ③ 뒤에서는 심지어는 친구들조차 서로 바라보는 방식에 주의해야 할 필요가 있다고 부연 설명하고 있으므로 주어진 문장은 ③에 위치해야 한다.

해석 시민적 무관심은 단지 다른 사람을 무시하는 것과 같지 않다. 각 개인은 다른 사람의 존재를 인식했음을 보여 주지만 너무 방해된다고 여겨질지 모르는 어떤 제스처도 피한다. 다른 사람에 대한 시민적 무관심은 우리가 무의식적으로 참여하는 것이지만, 사회생활의 존재에 있어 근본적으로 중요하다. 길에서 만났든 직장에서 만났든 혹은 파티에서 만났든, 낯선 사람들이나 우연히 알게 된 지인들은 사실상 결코 다른 사람을 계속 응시하지 않는다. 그렇게 하는 것은 적대적 의도의 암시로 받아들여지거나 심지어 분열과 편견을 유발하는 '증오의 눈빛'으로 해석될 수도 있다. 심지어 친밀한 대화에 관여하는 친구들조차도 서로를 바라보는 방식에 대해 주의할 필요가 있다. 각 개인은 편안한 수준의 눈맞춤을 유지함으로써 대화에 대한 관심과 관여를 보여 준다. 지나치게 골똘히 쳐다보는 것은 상대방이 하고 있는 말에 대한 불신 혹은 이해하지 못함의 표시로 받아들여질지도 모른다.

구문 [7행~10행] Civil inattention to others is *something* [(which[that]) we engage in unconsciously], // but it is **of** fundamental **importance** to the existence of social life.
[　]은 앞에 목적격 관계대명사 which[that]가 생략되어 something을 수식한다. 「of + 명사(importance)」가 사용되어 형용사(important) 의미를 나타낸다.
[18행~20행] **To look too intently** might be taken / as a sign of mistrust about, or failure to understand, **what the other is saying**.
To look too intently는 to-v의 명사적 용법으로 문장의 주어 역할을 한다. what the other is saying은 선행사를 포함한 관계대명사 what이 이끄는 명사절로 about과 understand의 공통 목적어 역할을 한다.

어휘 indication 암시; 지시 hostile 적대적인 intent 의도 prompt 유발하다; 자극하다 civil 시민의; 예의 바른, 정중한 inattention 무관심 (↔ attention 관심; 주의) intrusive 방해가 되는; 침입하는 chance 우연한 acquaintance 지인 virtually 사실상 gaze 응시; 응시하다 intently 골똘히; 열심히 mistrust 불신

40 요약문 완성 ④

해설 문학 작품은 창조되면 저자의 의도와 상황과는 독립적으로 존재하여 다른 시공간의 독자들이 작품을 읽으면 원래 맥락으로부터 분리(detachment)되고 이는 독자들의 다양한 해석을 가능하게 해서 결과적으로 창작된 시기와 장소를 초월하게(transcend) 한다.
① 기반 – 왜곡하다　　② 기반 – 영향을 미치다
③ 분리 – 이상화하다　　⑤ 유산 – 풍요롭게 하다

해석 시와 탁상용 램프 조립을 위한 설명서 간의 차이를 생각해 보자. 설명서는 오직 특정하고 실제적인 상황에서만 뜻이 통한다. 우리는 일반적으로 탄생의 신비나 인류의 연약함을 숙고하기 위해 그것에 의존하지 않는다. 대조적으로 문학 작품은 본래의 맥락 밖에

서도 여전히 유의미할 수 있으며 그것이 여러 시공간을 이동할 때 그 의미가 변할지도 모른다. 예를 들어, 제인 오스틴의 소설은 18세기 잉글랜드 귀족의 세계에서 일어나는 한편 존 밀턴의 〈Paradise Lost〉는 잉글랜드 내전과 그 여파를 배경으로 한다. 그러나 이러한 작품들이 그런 맥락에서 나온 것이지만 그것의 해석은 거기에만 국한되지 않는다. 모든 문학 작품은 일단 창조되면 저자의 의도와 상황과는 독립적으로 존재한다는 의미에서 태어날 때 고아가 된다. 한 작품이 그것의 창작을 둘러싼 역사적, 문화적, 개인적 요소들의 영향을 받을 수는 있겠지만, 그것은 궁극적으로 자기만의 생명을 얻으며 시공간을 가로지르는 독자들의 다양한 해석의 영향을 받는다.

> 문학 작품의 본래의 맥락으로부터의 (A) 분리는 그것이 창작 시기와 장소를 (B) 초월하게 해준다.

구문 [14행~17행] All literary works are orphaned at birth, / in the sense that once they are created, / they exist independently of their author's intentions and circumstances.
that ~ circumstances는 the sense에 대한 동격절이다. that절의 once they are created는 부사절이며 접속사 once는 '일단 ~하면'의 뜻이다.
[17행~21행] While a work may be influenced by *the historical, cultural, and personal factors* [that surrounded its creation], // it ultimately takes on a life of its own, / (being) **subject** to the varied interpretations of readers across time and space.
[　]은 앞의 the ~ factors를 수식하는 관계사절이다. subject 이하는 분사구문으로 앞에 현재분사 being이 생략된 형태이다.

어휘 assemble 조립하다; 모으다 turn to ~에 의지하다 reflect on ~을 숙고하다 frailty 연약함; 취약점 spring from ~로부터 일어나다 nobility 귀족 against the backdrop of ~을 배경으로 aftermath 여파 confine 국한시키다 orphan 고아로 만들다 take on (특정한 특질·모습 등을) 띠다; (일 등을) 맡다 subject to ~의 영향을 받는 [선택지] detachment 분리 idealize 이상화하다 transcend 초월하다 enrich 풍요롭게 하다

41~42 장문 41 ③ 42 ④

해설 41. 행복한 사람은 현재에 만족하여 어떤 대안을 고려하려 하지 않고 그 결과 창의성이 떨어지고 융통성 없는 판단을 내리며, 부정적인 사고는 더욱 주의 깊고 수용적인 사고방식을 통해 새롭고 창의적인 검토를 유도한다는 내용의 글이다. 따라서 제목으로 가장 적절한 것은 ③ '부정적 사고는 융통성 있는 사고의 비결'이다.
① 다르게 생각하는 것이 이득이 되는 이유
② 감정에 휩쓸려 버리는 것을 피하는 방법
④ 생각의 균형을 잡고 삶의 균형을 잡아라
⑤ 무엇이 행복을 그토록 부담스럽게 만드는가?
42. 행복한 감정은 성급히 결론을 내리고 고정관념에 의지하게 하지만, 부정적 감정은 더 느리고 체계적인 인지적 처리를 장려한다고 했다. 부정적인 감정은 우리가 철저한 결론이 아닌 빠른 결론에 덜 의존하게 할 것이므로 (d)의 thorough를 quick으로 바꿔 써야 한다.

해석 높은 행복 수준을 가진 사람들은 때로는 실제로 더 융통성 없는 행동을 보인다. 그것은 기분이 우리의 뇌가 정보를 처리하는 방식에 영향을 주기 때문이다. 기분이 좋고 인생이 즐거울 때 우리는 삶에 대한 긍정적인 전망에 의문을 가지는 데 있어 아마 적게 동기 부여 될 것이고, 이는 대안적 관점이나 해결책을 기꺼이 고려하려는 마음이 줄어드는 것으로 이어질 수 있다. 이것은 결국 대단히 긍정적인 사람이 더 (a) 적당한 수준의 감정을 가진 사람들보다 창의성이 낮은 결과를 가져올 수 있다.
'모든 게 멋져!'라는 기분일 때, 우리는 또한 성급히 결론을 내리고 고정관념에 의지할 가능성이 훨씬 더 높다. 행복한 사람들은 더 자주 초기 정보에 불균형적인 (b) 중점을 두고

이후의 세부 사항은 최소화한다. 이것은 흔히 '후광 효과'의 형태로 나타나는데, 여기에서 예컨대 우리는 방금 만난 사람이 단지 옷을 잘 입었고 재밌는 농담을 한다고 해서 그가 친절하다고 자동으로 가정한다. 그러나 우리의 소위 부정적인 감정들은 더 느리고 더 체계적인 인지적 처리를 (c) 장려한다. 그것들은 우리가 (d) 철저한(→ 빠른) 결론에 덜 의존하고 중요한 미묘한 세부 사항에 주의를 더 기울이게 한다. 유명한 소설의 탐정들이 특히 침울한 것으로 알려져 있다는 점은 주목할 만하다. 사실 부정적인 기분은 당신이 새롭고 창의적인 방식으로 사실을 실제로 검토하도록 유도하는 더 (e) 주의 깊고 수용적인 사고방식을 불러일으킨다.

구문 [2행~4행] That's because mood affects *the way* [our brain processes information].

[ ]은 방법을 나타내는 관계부사절로 the way를 수식한다. 참고로, 선행사 the way는 관계부사 how와 함께 쓰일 수 없고, that[in which]은 함께 쓰일 수 있다.

[8행~10행] This, in turn, can result in *highly positive people* **being less creative** / than *those* (with a more moderate level of emotion).

being less creative는 result in의 목적어로 쓰인 동명사구이며, highly positive people은 동명사 being에 대한 의미상 주어이다.

어휘 rigid 융통성 없는, 엄격한 outlook 전망 moderate 적당한; 온건한 jump to conclusions 성급히 결론을 내리다 disproportionate 불균형의, 균형이 안 맞는 halo effect 후광 효과 subtle 미묘한 notable 주목할 만한; 중요한 renowned 유명한 moody 침울한; 기분이 안 좋은 summon 불러일으키다; 소환하다 accommodate 수용하다 inventive 창의적인, 독창적인 [선택지] carry away ~을 휩쓸어 가다 burdensome 부담스러운, 힘든

43~45 장문   43 ③   44 ⑤   45 ④

해설 43. Emma가 저녁 식사를 마치고 나오다가 노숙자를 발견하는 (A)의 내용 다음에는 그 노숙자의 모습을 자세히 설명하는 (C)가 나와야 한다. (C)의 끝부분에서 Emma가 노숙자를 보살필 시간이 없다고 마음속으로 생각했다는 내용에 이어서 옷장에 있는 자신의 코트를 떠올리고 다시 노숙자에게 다가가 코트를 벗어주는 내용인 (D)가 나와야 하고, 노숙자에게 코트 단추를 채워주고 서점으로 가는 내용인 (B)가 마지막으로 나와야 한다.

44. (e)를 제외하고 모두 Emma를 지칭한다. (e)는 노숙자를 가리킨다.

45. 노숙자는 Emma가 다가오자 놀라면서 자리를 옮겨야 하냐고 물었으며 Emma가 일어나라고 말한 뒤 일어났으므로 ④는 본문의 내용과 일치하지 않는다.

해석 (A) 베스트셀러 작가이자 블로거이며 재택 근무하는 어머니인 Emma Corry는 몹시 추운 날씨에 서점 행사에 기꺼이 참석한 수십 명의 사람들에게 발표하기 전에 식사할 한 시간이 있었다. 세 블록 떨어진 한 식당에서 그녀는 저녁 식사를 마치고 종아리까지 오는 길이의 모직 코트를 걸쳤다. 눈발이 더 날리기 시작했다. 그녀는 문을 밀어 열었고 한기가 그녀의 얼굴을 때렸다. 몸을 돌렸을 때 그녀는 한 노숙자 여성이 한 네모난 판지 위에 앉아 있는 것을 알아차렸다.

(C) 그녀의 창백한 피부가 테니스화와 발목 양말 위로 드러났다. 그녀는 짧고 얇은 재킷을 입고 있었다. Emma는 시계를 확인했다. (b) 그녀(= Emma)의 (발표) 시작 시간까지 10분이 남아 있었다. 그녀는 걸어가면서 자신의 책 〈대담하게 살라〉를 바탕으로 오늘 할 발표에 대해 생각하지 않을 수 없었다. 그녀는 자신의 책에 서술된 삶의 철학을 상기했다. 그녀의 발걸음이 점점 느려지면서 Emma는 (c) 그녀(= Emma)가 그 여성에게 돌아갈 수 없고 그녀를 보살필 시간이 없다고 말하는 반대의 속삭임으로 가득 차게 되었다.

(D) 그러다 그녀는 집의 옷장에 있는 많은 코트들을 떠올렸다. 그녀는 갑자기 걸음을 멈추고 돌아서서 다시 그 여자를 향해 돌아갔다. 그 여자는 (d) 그녀(= Emma)가 빠르게 다가와서 깜짝 놀랐다. "제가 자리를 옮겨야 하나요?"라고 그녀는 Emma를 두려워하며 물었다. "일어나 주셔야겠어요."라고 Emma가 말했다. 그녀는 응했다. Emma는 자신의 코트를 벗어 (e) 그녀(= the homeless woman)가 코트를 입는 것을 도왔다. 그녀는 아주 작았기에 그것은 그녀의 바람막이를 쉽게 감쌌다. 안도의 눈물이 그녀의 뺨의 경사면을 타고 미끄

러져 내렸다.

(B) Emma는 코트 단추를 채우고 옷깃을 정돈했다. Emma는 그러고 나서 그녀의 어깨를 토닥이며 "오늘 밤 따뜻한 곳을 찾을 수 있겠어요?"라고 말했다. 그녀는 그럴 수 있다고 고개를 끄덕였고 희미한 미소를 지으며 "정말 고마워요."라고 말했다. 내리는 눈 속을 걸어가면서 Emma는 예상치 못한 실제적인 친절의 끌 수 없는 불꽃에 힘입어 그녀 마음속에서 따뜻함을 느꼈다. 서점에 도착했을 때 (a) 그녀(= Emma)가 폭풍의 한기를 전혀 느끼지 못했다는 사실에 놀랐다.

구문 [1행~4행] Emma Corry, a bestselling author, blogger, and work-at-home mother, had an hour to eat // before she presented to *dozens of souls* (willing to come out to a bookstore event in the freezing cold).

a bestselling ~ mother와 주어 Emma Corry는 동격 관계이다. ( )은 앞에 나온 명사구 dozens of souls를 수식한다.

[27행~31행] **With** *her steps* gradually **slowing**, / Emma became filled with *whispers of objections*, / **all telling** her **that** she couldn't go back to the woman and **that** she didn't have time to care for her.

「with + O + v-ing(O가 v하면서, O가 v한 채로)」 분사구문이 쓰였다. all telling 이하는 분사구문으로 all은 분사 telling의 의미상 주어인 whispers of objections를 지칭한다. 두 밑줄 친 부분은 telling의 직접목적어절로 and로 연결되어 병렬구조를 이룬다.

어휘 (A) work-at-home 재택 근무의 soul 사람; 정신 calf 종아리 snow flurries 눈발, 가끔씩 흩뿌리는 눈 slap 찰싹 때리다 cardboard 판지 (B) adjust (매무새 등을) 정돈하다; 조정하다 pat 토닥이다 inextinguishable 끌 수 없는, 억제할 수 없는 (C) pale 창백한 objection 반대 (D) abruptly 갑자기 startle 깜짝 놀라게 하다 relief 안도, 안심 slope 경사면

18 ①	19 ④	20 ③	21 ⑤	22 ②		23 ④	24 ④	25 ④	26 ⑤	27 ②
28 ④	29 ②	30 ③	31 ②	32 ②		33 ⑤	34 ①	35 ④	36 ④	37 ②
38 ④	39 ④	40 ④	41 ②	42 ④		43 ②	44 ⑤	45 ⑤		

18 글의 목적 ①

해설 필자는 회사의 기념행사를 준비하면서 직원들에게 이와 관련된 물품을 대여해줄 것을 요청하고 있다. 따라서 글의 목적으로 가장 적절한 것은 ①이다.

해석 전 직원에게

저희는 5월의 Jubilee Foods 25주년 기념행사를 준비하고 있습니다. 저희는 회사의 시험 모형과 원제품의 방대한 수집품을 갖고 있지만, 저희가 알아채지 못했을지도 모르는 오래된 사진, 마케팅 자료, 그리고 다른 기념품을 받으면 너무나 기쁠 것입니다. 이러한 종류의 자료 중 어떤 것이라도 있으시다면, 내선 번호 2453번으로 연락 바랍니다. 저희는 스캔이나 복제를 위해 품목 수거를 주선할 것이며 기념행사를 축하하기 위한 전시회를 준비할 것입니다. 물품을 대여해주시는 직원(혹은 가족 구성원)은 누구라도 전시회에서 공로를 인정받을 것이며 개회식을 기념하는 특별 환영회에 초청될 것입니다.

Victoria Van Dyke 드림

구문 [3행~8행] We have our own vast collection of test models and original products from the company, // but we would be thrilled **to receive** *old photographs, marketing materials, and other tokens* [that **may have escaped** our notice].

to receive는 조건을 나타내는 to-v의 부사적 용법(~한다면)으로 쓰였다. [ ]은 old photographs, ~ other tokens를 수식하는 주격 관계사절이다. 「may have p.p.」는 '~했을지도 모른다'의 뜻이다.

어휘 gala 기념[축하] 행사   token 기념품; 증거, 상징   extension 내선 (번호)   arrange (일을) 주선[처리]하다   duplication 복제(품), 복사   mark 기념하다; 표시하다

19 심경 변화 ④

해설 'I'는 동행하는 어른 없이 혼자 버스를 탄 소년을 보고 심장이 내려앉는 기분이 들었고, 그 아이를 계속 신경 쓰며 걱정했다. 나중에 버스 기사가 버스를 정차시키고 내려서 아이의 손을 잡고 안전하게 길을 건너게 해주는 모습을 보고 감정이 충만해지며 감동을 받은 상황이므로 'I'의 심경 변화로 가장 적절한 것은 ④ '걱정하는 → 감동한'이다.

① 감사하는 → 슬픈   ② 짜증 난 → 차분한
③ 좌절한 → 고무된   ⑤ 희망에 찬 → 실망한

해석 어느 날 버스를 타고 직장으로 가던 중, 나는 겨우 여섯 살이나 일곱 살 정도로 보이는 어린 남자아이가 버스에 탑승하는 것에 주목했다. 믿을 수 없게도, 그 아이와 동행하는 어른은 없었다. 등에 너무 큰 가방을 멘 상태여서 아이는 학교에 가는 길인 게 확실했고, 아이는 기사에게 자기가 내릴 정류장에 도착하면 알려달라고 부탁했다. 그 아이는 버스 앞에 너무나 차분하게 앉았다. 아이의 작은 다리가 바닥에 닿지 못하고 좌석 밖으로 달랑거리는 것을 나는 지켜봤다. 그 모습이 내 심장을 내려앉게 했다. 나는 속으로 생각했다. "아, 이런! 이 아이가 안전하게 학교에 도착할 수 있을까?" 그때 버스 기사가 그가 내릴 정류장을 불러주었고 아이가 혼잡한 거리를 건너려 하는 동안 참을성 있게 기다렸다. 자동차들이 계속 질주했고, 이는 내가 숨을 멈추게 했다. 그때 버스 기사는 비상 브레이크를 걸고 버스에서 내려서 아이를 길 건너편으로 이끌어주기 위해 그의 손을 잡았다. 내 마음은 감정으로 충만해졌다. 떠날 때 나는 기사의 친절함에 감사를 표하기 위해 그의 이름을 알아냈다.

구문 [3행~6행] With *an oversized bag* **on his back**, / **it** was obvious // (that) **he was on his way to school**, / and he **asked** *the driver* **to inform** him when they arrived at his stop.

「with + O + 전치사구」는 'O가 ~에 있는 상태에서'의 뜻이다. it은 가주어이고 he was ~ to school이 앞에 that이 생략된 진주어이다. 「ask + O + to-v」는 'O에게 v해달라고 부탁하다'의 뜻이다.

어휘 accompany 동행하다, 동반하다   on one's way to A A로 가는 길에   dangle 달랑거리다, 매달리다   call out 부르다; 외치다

20 필자 주장 ③

해설 자연의 관점에서 에너지 부족은 없고 우주 만물은 에너지를 최대한 활용함으로써 살아남는다고 했다. 이러한 자연의 에너지 사용 방법을 학습하면 현 인류는 에너지 문제에 대한 해법을 얻을 수 있다는 내용의 글이므로 필자의 주장으로 가장 적절한 것은 ③이다.

해석 우리의 낭비적인 에너지 사용의 증대하는 부정적 영향은 새로운 세계 경제를 만드는 것이 중요하고 필요함을 의미한다. 우리는 사업을 하고 기술을 사용하는 새로운 방식을 채택해야 하는데, 그렇지 않으면 우리는 멸종될 것이다. 이러한 과정을 시작하려면 우리는 자연의 놀라운 효율성을 알아보고 받아들여야 한다. 자연의 관점에서 보면 우주와 그 속의 만물은 에너지로 구성되어 있으므로 에너지 부족이란 있어 본 적도 없고 앞으로도 결코 없을 것이다. 자연 속의 종은 오직 에너지를 최대한 활용함으로써 살아남는다. 만약 자연의 에너지 사용 전략을 연구하고 정확히 따라 한다면, 우리는 개발도상국의 에너지 위기가 심해지는 것을 막을 수 있는데, 이러한 위기는 이미 지구 인구의 3분의 2에 영향을 끼쳤다. 생물의 38억 년의 시행착오 끝에, 지금이 우리가 자연의 명쾌하고 효율적인 방법론의 광대한 도서관에 의지할 때이다.

구문 [7행~10행] From nature's perspective, / there has never been, **nor will there ever be**, <u>an energy shortage</u> — the universe and everything in it is composed of energy.

밑줄 친 an energy shortage는 there has never been의 주어이자 nor will there ever be의 주어이다. 부정어 표현인 nor(~도 또한 아니다)가 문두에 위치하면서 '조동사 + 주어 + 동사' 어순으로 도치되었다.

[15행~18행] After life's 3.8 billion years of trial and error, / **it** is now *time for us* (to turn to nature's vast library of elegant, efficient methodologies).

여기서 it은 비인칭 주어이며 to turn 이하는 to-v의 형용사적 용법으로 time을 수식한다. for us는 to-v에 대한 의미상 주어이다.

어휘 extinct 멸종된; 사라진   embrace 받아들이다; 포옹하다, 껴안다   make the best use of ~을 최대한 활용하다   faithfully 정확히, 충실히   intensify 심해지다;

심화시키다 trial and error 시행착오 turn to ~에 의지하다 elegant 명쾌한; 우아한 methodology 방법론

21 밑줄 의미 ⑤

해설 제2차 세계 대전에서 미군은 비행기에 장갑을 추가하기 위해 공중전에서 돌아온 비행기에서 총알 구멍이 많은 곳을 중점적으로 보강해야 한다고 권고했으나, 사실은 무사 귀환에 실패한 비행기가 공격받은 지점이 확인되어야 한다는 내용이다. 따라서 밑줄 친 '총알 구멍이 있는 곳에 장갑을 배치하는 것'은 정말로 필요하지만 이용할 수 없는 자료 대신에 ⑤ '눈에 보이는 자료에 기반을 두어 결론을 도출하는 것'을 뜻한다.
① 측정 가능한 달성 목표를 세우는 것
② 작업하고 싶은 일을 우선시키는 것
③ 규칙적으로 연습하기 위해 루틴을 만드는 것
④ 분야의 전문가로부터 조언을 구하는 것

해석 제2차 세계 대전에서 미군은 파일럿을 보호하기 위해 비행기에 장갑을 추가하기를 원했다. 그러나 비행기의 무게를 최소화하기 위하여 그들은 오직 최대의 이익이 될 곳에만 장갑을 추가해야 했다. 책임을 맡은 장교들은 공중전에서 돌아온 비행기들을 검사했고, 총알 구멍의 위치를 조사했으며, 이곳들이 가장 자주 표적이 되는 지점이므로 장갑이 그곳에 배치되어야 한다고 권고했다. 그러나 그 지점들은 비행기가 그것에 가해진 손상을 견뎌 내고 성공적으로 돌아올 수 있었던 곳임을 주목하는 것이 중요하다. 실제로 파일럿에게 가장 큰 위험이 되고 무사 귀환을 막은 지점은 확인되지 않았다. 비슷한 맥락에서, 당신이 문제를 해결하고자 노력할 때 총알 구멍이 있는 곳에 장갑을 배치하는 것은 충분치 않을 것이다.

구문 [4행~9행] The officers in charge inspected *the planes* [that returned from air battles], examined the location of the bullet holes, and **recommended** / that the armor (should) **be placed** there // since these were the most frequently targeted areas.
세 개의 동사 inspected, examined, recommended가 and로 연결되어 병렬구조를 이룬다. recommend와 같이 '주장, 제안, 명령, 요구, 추천' 등의 의미를 가지는 동사 다음에 나오는 that절이 당위의 의미를 가질 때 「that + S' + (should +)동사원형」의 형태로 쓰이므로 be placed 앞에는 조동사 should가 생략된 것으로 볼 수 있다.
[9행~11행] However, **it**'s important **to note** // that those were *the areas* [which the planes could withstand damage to and return successfully].
it은 가주어이고 to note 이하가 진주어이다. [ ]는 목적격 관계대명사 which가 이끄는 관계사절로 선행사 the areas를 수식한다. could 다음에 이어지는 동사원형 withstand와 return은 and로 연결되어 병렬구조를 이룬다.

어휘 armor (군함 등의) 장갑, 철갑(판); 갑옷 minimize 최소화하다 officer 장교 in charge 책임을 맡은 inspect 검사하다 withstand 견뎌 내다 pose (위험·문제 등을) 제기하다 identify (신원 등을) 확인하다[알아보다]; 찾다, 발견하다 in a similar vein 비슷한 맥락에서 [선택지]prioritize 우선시키다; 우선순위를 매기다 observable 눈에 보이는, 관찰 가능한

22 글의 요지 ②

해설 최근에 과학자들은 아이들이 가상 놀이를 하는 동안 키득거리고 뭔가 아는 듯한 표정을 짓고 극적으로 과장하는 특징을 보임을 발견했고, 이를 통해 어린이들이 허구임을 알면서 가상 놀이에 참여한다는 것을 밝혀냈다는 내용의 글이다. 따라서

글의 요지로 가장 적절한 것은 ②이다.

해석 과거에 상상 놀이는 어린이들의 인지적 능력의 증거라기보다는 인지적 한계의 증거로 여겨져 왔다. 초기 심리학자들은 가장이 어린 아이들이 허구와 진실, 허위와 현실, 또는 공상과 사실을 구별할 수 없다는 표시라고 주장했다. 좀 더 최근에 인지 과학자들은 2~3세 어린이들이 상상과 허위에 대해 무엇을 알고 있는지를 주의 깊게 탐구해왔다. 심지어 가장 초기 단계의 상상 놀이에 대한 가장 독특한 점 중 하나는 그것이 키득거림을 동반한다는 사실이다. 이것이 진지하게 받아들여질 것이 아니라는 것을 나타내는 것은 바로 키득거림, 다 안다는 듯한 표정, 그리고 극적인 과장이다. 사실 행위가 언제 '단지 상상'인지를 암시하는 일련의 일관성 있는 신호가 존재하는 것으로 밝혀진다. 결국, 심지어 가장 어린 아이들조차도 실제로 가짜 쿠키를 먹으려고 시도하지 않는다.

구문 [3행~7행] Early psychologists claimed // **that** make-believe was a sign **that** young children are unable to discriminate between fiction and truth, pretense and reality, or fantasy and fact.
첫 번째 that은 동사 claimed의 목적어로 쓰인 명사절을 이끌고 두 번째 that은 a sign에 대한 동격절을 이끈다. 명사 fiction과 truth, pretense와 reality, fantasy와 fact가 각각 or로 연결되어 병렬구조를 이루고 있다.
[9행~11행] One of the most distinctive things about even the earliest pretend play **is** the fact that it's accompanied by giggles.
주어는 One of ~ pretend play이고 동사는 is이다. that ~ giggles는 the fact에 대한 동격절이다.

어휘 imaginative 상상의; 상상력이 풍부한 make-believe 가장, 환상 discriminate between A and B A와 B를 구별[식별]하다 pretense 허위, 가장 *cf.* pretend 상상[가짜]의; ~라고 가장[상상]하다 distinctive 독특한, 특유의 giggle 키득거림; 킥킥거리다 exaggeration 과장 consistent 일관성 있는

23 글의 주제 ④

해설 과거를 곱씹는 것이 현재와 미래의 발전을 방해할 수 있다는 일반적인 관념이 있지만, 긍정적인 기억을 환기하는 것은 목표 달성을 위한 영감과 동기를 제공하고 열정을 다시 불러일으킬 수 있다고 했다. 따라서 글의 주제로 가장 적절한 것은 ④ '목표 달성에 있어 과거를 되돌아보는 것의 중요성'이다.
① 우리의 과거 경험을 놓아주는 것의 어려움
② 경험이 신념과 가치관을 형성하는 데 미치는 영향
③ 감정적 회복에 대한 기억 재구성의 기여
⑤ 자기 자신을 과거의 성공과 비교하는 것의 불리한 점들

해석 과거를 곱씹고 향수에 갇혀 있다고 느끼는 것이 우리의 현재와 미래의 목표를 향한 전진을 방해할 수 있다는 널리 퍼진 관념이 있다. 끊임없이 과거의 사건에 대해 생각하고 일들이 과거의 방식으로 돌아가기를 간절히 바라는 것은 우리의 전진하는 능력을 방해할 수 있다. 그럼에도 불구하고 연구는 긍정적인 기억과 우리가 관심 갖는 사람들에 대한 추억에 잠기는 것은 우리의 가치관, 열정, 강점에 대한 통찰력의 귀중한 원천이 될 수 있음을 보여 주었다. 이러한 자기 인식은 우리가 목표를 향해 노력할 때 영감과 동기를 제공한다. 의미있는 순간과 경험을 다시 찾아감으로써 우리는 우리의 열정을 다시 불러일으키고 우리의 열망을 추구하기 위한 새로워진 에너지를 발견할 수 있다. 사실 우리의 과거와의 연결감은 많은 사람에게 있어 장애를 극복하고 자신이 추구하는 일에서 더 큰 명확성과 목적을 얻기 위한 강력한 도구의 역할을 한다.

구문 [1행~3행] There is a widespread notion that dwelling on the past and feeling stuck in nostalgia **can hinder** our progress towards our present and future goals.
that ~ goals는 a widespread notion에 대한 동격절이다. dwelling on the past와 feeling stuck in nostalgia는 that절의 동명사구 주어이며 동사는 can hinder이다.

[3행~6행] Constantly <u>thinking</u> about past events <u>and</u> longing *for things* **to go back** to *the way* [**they** were] can impede *our ability* (to move forward).
Constantly ~ were은 동명사구 주어이며 thinking과 longing이 and로 연결되어 병렬구조를 이룬다. for things는 to go back에 대한 의미상 주어이다. [ ]은 앞의 the way를 수식하는 관계부사절이며, 여기서 they는 things를 지칭한다.

어휘 dwell on ~을 곱씹다, 깊이 생각하다 nostalgia 향수 long for ~을 간절히 바라다 impede 방해하다, 지연시키다 reminisce 추억에 잠기다 revisit 다시 찾아가다; 다시 논의하다 rekindle 다시 불러일으키다[불붙이다] aspiration 열망 **[선택지]** let go of ~을 놓아주다; 버리다[포기하다] contribution 기여, 이바지; 기부(금) reflect on ~을 되돌아보다

24 글의 제목 ④

해설 아이들은 가족과 함께하는 식사 자리에서 많은 것을 얻을 수 있는데, 특히 더욱 광범위한 어휘를 사용해 언어를 발달시킬 수 있다는 내용의 글이므로 제목으로 가장 적절한 것은 ④ '가족 식사는 아이들을 위한 언어적 부양책'이다.
① 적극적인 경청을 통해 어휘 쌓기
② 함께 하는 식사의 의미 있는 연결
③ 아이들에게 식사 예절을 가르치는 방법
⑤ 식사를 함께 하는 것의 육체적 이점과 감정적 이점

해석 가족으로서 함께 식사하는 행위는 육체적으로도 감정적으로도 다양한 이점을 제공하는 것으로 나타났다. 그것은 몸을 위한 영양 공급에 그치지 않는다. 특히 아이들은 가족 식사로부터 훨씬 더 많은 것을 얻을 수 있다. 식사하는 동안에 아이들은 가족 구성원들과의 대화에 참여하고 돌아가면서 말하기와 적극적인 경청과 같은 대화 기술을 연습한다. 이러한 대화를 통해 아이들은 새로운 단어와 표현을 학습할 기회를 갖고 번갈아 가면서 자신의 메시지를 효과적으로 전달하기 위해 더욱 광범위한 어휘를 사용하도록 장려된다. 다른 사람들의 말을 적극적으로 경청함으로써 그들은 단어의 의미와 맥락의 이해를 증진시키고 그것을 자기 자신의 말 속에서 효과적으로 사용하는 방법을 배운다. 이런 식으로 식탁에서의 대화는 아이들이 자연스럽고 즐거운 방식으로 더욱 광범위한 단어들을 발달시킬 수 있는 풍요롭고 고무적인 언어적 분위기를 촉진한다.

구문 **[7행~11행]** Through these conversations, / children <u>have</u> *the opportunity* (to learn new words and expressions) <u>and</u> **are encouraged to use** a wider range of vocabulary / to effectively convey their message // while taking turns.
동사 have와 are가 and로 연결되어 병렬구조를 이룬다. ( )은 to-v의 형용사적 용법으로 앞의 the opportunity를 수식한다. 「be encouraged to-v」는 'v하도록 장려되다'의 뜻이다.
[14행~18행] In this way, / table talk cultivates *a rich and stimulating verbal atmosphere* [where children can develop a more extensive range of words / in a natural and enjoyable manner].
[ ]은 앞의 a rich and stimulating verbal atmosphere를 수식하는 관계부사절이다.

어휘 nourishment 영양 (공급) engage in ~에 참여[관여]하다 turn-taking 돌아가면서 (교대로) 하는 것 cultivate 촉진하다; 함양하다 extensive 광범위한; 대규모의 [선택지] boost 부양책; 후원, 격려

25 도표 이해 ④

해설 2021년에서 2022년까지 소매 전자 상거래 판매에서 가장 적은 백분율 변화를 보인 국가는 일본이다. 그러므로 ④는 도표와 일치하지 않는다.

해석 2021년과 2022년 소매 전자 상거래 판매액 순위, 상위 10개국
위의 표는 2021년과 2022년 상위 10개국의 소매 전자 상거래 판매액과 백분율 변화를 보여준다. ① 중국은 2021년과 2022년 둘 다 1위 자리를 유지했으며, 두 해 모두 미국을 2배 넘게 능가했다. ② 영국, 일본, 한국, 독일은 2021년과 2022년 사이에 달라진 백분율을 경험했으나, 2022년에 순위는 변함없이 유지되었다. ③ 캐나다는 2021년에 인도보다 소매 전자 상거래 판매액이 더 높았지만, 인도는 2022년에 캐나다의 소매 전자 상거래 판매액을 초과했다. ④ <u>인도는 상위 10개국 중 2021년에서 2022년까지 소매 전자 상거래 판매액에서 가장 큰 백분율 변화를 보인 반면, 프랑스는 상위 10개국 중, 가장 적은 백분율 변화를 보였다.</u> ⑤ 인도네시아는 2021년과 2022년 둘 다 600억 달러 미만의 소매 전자 상거래 판매액을 보였지만 상위 10개국 중 소매 전자 상거래 판매액에서 23퍼센트의 성장률과 함께 두 번째로 큰 백분율 변화를 보였다.

구문 **[3행~5행]** China maintained its top position in **both** 2021 **and** 2022, / **surpassing** the US by more than double in both years.
「both A and B (A와 B 둘 다)」 구문이 쓰였다. surpassing 이하는 분사구문이다.

어휘 retail 소매의; 소매 e-commerce 전자 상거래 surpass 능가하다, 뛰어넘다 exceed 초과하다, 넘다

26 내용 불일치 ⑤

해설 Hedy Lamarr는 제2차 세계 대전 동안 획기적인 발명품을 개발했지만 즉시 인정받지는 못하고 공을 인정받고 상을 수상한 것은 1997년이므로 ⑤는 본문의 내용과 일치하지 않는다.

해석 Hedy Lamarr는 1914년 오스트리아 빈에서 태어났고 어릴 때부터 연기에 관심이 있었다. 16세에 그녀는 독일 베를린의 연극 학교에 등록했고 1년 후에 영화에 데뷔했다. 나중에 그녀는 미국으로 이민을 갔고 1930년대와 1940년대 동안 수많은 미국 영화에서 주연을 맡았다. Lamarr는 재능 있는 여배우였을 뿐만 아니라 발명 분야에서도 주목할 만한 기여를 했다. 제2차 세계 대전 동안 그녀는 친구인 George Antheil과 협업하여 무선 신호의 전파 방해를 최소화하는 전자 기기의 특허를 받았다. 이 발명품은 블루투스와 와이파이 같은 오늘날의 통신 시스템의 기반을 형성했다. 그녀의 획기적인 발명품이 즉시 인정받지는 못했지만, Hedy Lamarr는 1997년에 그것에 대한 정당한 공을 인정받고 기술에서의 성과로 여러 상을 받았다.

구문 **[7행~9행]** Lamarr <u>was</u> **not only** a talented actress **but also** <u>made</u> notable contributions to the field of invention.
「not only A but also B (A뿐만 아니라 B도)」 구문이 사용되었다.

어휘 debut 데뷔, 첫 출연 emigrate 이민을 가다, 이주하다 leading role 주연 notable 주목할 만한 patent 특허를 받다; 특허권 jamming 전파 방해 groundbreaking 획기적인 due 정당한; 만기가 된; ~할 예정인

27 안내문 불일치 ②

해설 출품작은 한 사람당 한 개로 제한된다. 따라서 ②는 내용과 일치하지 않는다.

해석 북마크 디자인 대회
제43회 연례 북마크 디자인 대회에 참가하세요!

마감일: 2023년 10월 27일
참가자: Olive County 거주자만

세부 사항
- 올해의 주제는 "자연과 야생 동물"입니다.
- 참가자들은 원본 삽화를 사용해야 합니다.
- 제출은 한 사람당 한 개의 출품작으로 제한됩니다.
- 디자인은 이메일 bkcodesign@bkco.com으로 PDF 또는 JPG 형식으로 제출되어야 합니다.

상품
- 1위: 100달러 • 2위: 50달러 • 3위: 25달러
(모든 참가자들은 수상작 디자인이 포함된 무료 북마크를 받을 것입니다.)

더 많은 정보를 원하시면 www.bkco.com을 방문하세요.

구문 [13행~14행] All participants will receive *a complimentary bookmark* (featuring the winning design).
( )는 a complimentary bookmark를 수식하는 현재분사구이다.

어휘 annual 연례의, 매년의 submission 제출(물) *cf.* submit 제출하다 entry 출품[참가]작; 참가; 입장 complimentary 무료의; 칭찬하는 feature 특별히 포함하다, 특징으로 삼다; 특징, 특성

---

28 안내문 일치   ④

해설 ① 토요일에만 진행된다.
② 티켓에 음식 교환권이 포함되어 있다.
③ 악기 연주를 라이브로 들을 수 있다.
⑤ 외부 음식과 음료는 허용되지 않는다.

해석 Sunny 호수 공원의 가을 축제

최고의 가을 체험을 준비하세요! Sunny 호수 공원에서 열리는 저희 가을 축제는 가족과 친구들과 함께 계절을 맞이하는 완벽한 방법입니다. 즐길 수 있는 다양한 활동, 게임, 맛있는 음식이 있는 즐거운 축제의 하루를 함께 보내세요.

시간: 10월 15일 토요일 오전 10시 – 오후 4시
대상: 모든 연령대를 환영합니다!

티켓 가격: 성인: 15달러, 어린이: 10달러 (2세 이하: 무료)
*티켓 가격에는 모든 활동에 대한 이용권과 음식 교환권 1장이 포함됩니다.

활동
- 호박밭: 직접 호박을 따서 장식하세요.
- 페이스 페인팅: 당신이 선택한 축제 디자인으로 얼굴을 칠하세요.
- 라이브 음악: 지역 음악가들의 라이브 공연을 즐기세요.

주의
- 주차는 무료이지만 제한되어 있습니다.
- 외부 음식과 음료는 허용되지 않습니다.

더 많은 정보를 원하시면 저희 웹사이트 www.sunnyfestival.com을 방문하세요.

구문 [16행~17행] Face painting: **Get** *your face* **painted** with a festive design of your choice.
준사역동사 get이 「get + O + p.p. (O가 ～되다, ～당하다)」의 형태로 쓰였다.

어휘 ultimate 최고의; 궁극적인 access 이용할 권리; 접근권 voucher 교환권, 상품권 patch 밭, 작은 땅

---

29 밑줄 어법   ②

해설 ② No matter how가 이끄는 부사절에서 we try to avoid them에는 수식할 명사도 없고 보어가 필요한 것도 아니므로 형용사 diligent를 동사인 try를 수식하는 부사 diligently로 바꿔 써야 한다.
① 주어가 One이므로 단수동사 is는 올바르게 쓰였다.
③ to accept의 목적어 역할을 하는 명사절을 이끄는 접속사 that이 올바르게 쓰였다.
④ 사역동사 let이 「let + O + 동사원형」의 형태로 쓰였으므로 동사원형 take가 올바르게 쓰였다.
⑤ 뒤에 완전한 절 the craft ～ writing hurdles가 이어지므로 부사절 접속사 because가 올바르게 쓰였다.

해석 작가들이 배워야 하는 가장 중요한 기술 중 하나이자 아마도 기술 그 자체보다 훨씬 더 중요한 것은 초대받지 않고 나타나는 오랜 부정적인 친구를 다루는 것이다. 외로움, 거절, 비통, 그리고 불안과 같은 이러한 부정적인 친구들은 작가의 에너지와 창의력을 고갈시킬 수 있으며 그들이 압도되고 낙담하도록 내버려 둔다. 그들을 피하려고 우리가 아무리 부지런하게 노력해도 그들은 우리가 좋든 싫든 간에 떠나기를 거절한다. 작가로서 우리의 가장 안전하고 확실한 방책은 그들이 초대받지 않은 손님들로서 현관 계단에 나타날 것을 미리 받아들이는 것이다. 우리는 그들을 환영하고, 그들에게 파티 모자를 주고, 그들이 행사에 참여하게 하는 편이 낫다. 그들의 존재를 인정하고 그들을 우리의 창작 과정에 포함함으로써 우리는 이 부정적인 감정들을 우리의 글쓰기 여정을 위한 귀중한 연료로 바꿀 수 있다. 결국 당신의 기술뿐만 아니라 부정적인 생각이나 감정을 받아들이고 처리하는 능력도 완성하는 것이 글쓰기에서 중요한데, 이는 기술 단 하나가 당신이 글쓰기의 장애물들을 헤쳐 나가게 하지 못할 것이기 때문이다.

구문 [13행~16행] **By** acknowledging their presence and **incorporating** them **into** our creative process, / we can **transform** these negative emotions **into** valuable fuel for our writing journey.
and로 연결된 밑줄 친 두 부분은 동명사구로서 전치사 by의 목적어를 구성한다. 「incorporate A into B」는 'A를 B에 포함하다'의 뜻이다. 주절의 「transform A into B」는 'A를 B로 바꾸다'의 뜻이다.
[16행~20행] In the end, perfecting **not only** your craft **but also** *your ability* (**to accept** and **(to) handle** negative thoughts or feelings) **is** important in writing // because the craft alone won't carry you through the writing hurdles.
perfecting ~ feelings는 동명사구 주어이며 동사는 is이다. 주어에 「not only A but also B (A뿐만 아니라 B도)」 구문이 쓰였다. B 부분에서 to accept와 (to) handle은 to-v의 형용사적 용법으로 and로 연결되어 병렬구조를 이루며 your ability를 수식한다.

어휘 craft 기술; (수)공예 show up 나타나다 heartbreak 비통, 비탄 drain 고갈시키다, 차츰 소모시키다 dishearten 낙담[낙심]시키다 diligent 부지런한, 근면한 best bet 가장 안전하고 확실한 방책[수단] ahead of time 미리, 사전에 doorstep 현관 계단, 문간 might as well ～하는 편이 낫다 acknowledge 인정하다 hurdle 장애물, 난관

---

30 밑줄 어휘   ③

해설 자원의 훼손은 고대 노르웨이족이 자신들의 농경 전통을 그대로 가지고 그린란드로 이주해온 결과에 해당하므로 노르웨이족이 그린란드 지역에 가한 행위는 그들의 과거 경험과 '상반되는' 것이 아니라 '일치하는' 것이다. 따라서 ③의 inconsistent는 consistent 등으로 바꿔 써야 한다.

해석 재러드 다이아몬드의 책 《Collapse》는 아이슬란드와 그린란드로 이주한 노르웨이 바이킹족의 매혹적인 이야기를 들려준다. 많은 세부 사항은 제쳐놓고, 우리는 고대 노르웨이족이 두 가지 중요한 방식에 있어 융통성이 없었다고 말할 수 있다. 첫째로 고대 노르웨이족은 그들의 농업 전통을 함께 가지고 왔다. 그들이 고국에서 효과가 있었던 것을 제2의 고향에 완고하게 적용했을 때, 그들은 그린란드가 가지고 있던 제공될 몇 가지 환경 자원을 빠르게 ① 고갈시켰다. 그들은 너무 많은 나무를 베었고, 집을 짓기 위해 잔디를 ② 없앴으며, 과도방목을 허용했다. 돌이켜보면 그 지역의 자원에 가해진 이러한 훼손은 말이 안 되는 것이었지만, 그것은 고대 노르웨이족의 과거 경험과 ③ 상반되었(→ 일치했)다. 두 번째로 고대 노르웨이족은 원주민 이누이트족으로부터 배운 것 같지 않았다. 노르웨이 바이킹족은 이누이트족을 업신여겼고 그들과 대개 ④ 적대적인 관계를 맺었다. 비록 이누이트족이 그린란드의 가혹한 환경에서 식량을 찾는 데 있어 더 영리한 수단을 개발했을지라도, 고대 노르웨이족은 그들을 ⑤ 모방하지 않았다. 그들은 이누이트족이 했던 것처럼 낚시하고 고래잡이를 하러 가고 고리무늬물범을 사냥하지 않았다.

구문 [6행~9행] As they doggedly **applied what** had worked in their homelands **to** their adopted land, // they quickly depleted *the few environmental resources* [that Greenland had] (to offer).

「apply A to B」는 'A를 B에 적용하다'의 뜻이며 A 부분의 what은 선행사를 포함한 관계대명사로 '~것'이라는 뜻을 나타낸다. [ ]은 목적격 관계대명사절이고, to offer 는 to-v의 형용사적 용법으로 둘 다 앞의 the few environmental resources를 수식한다.

[20행~21행] They **failed to** fish, go whaling, and hunt ringed seals // **as** the Inuit **did**.

failed to 다음에 동사원형 fish, go, hunt가 and로 연결되어 병렬구조를 이룬다. 접속사 as는 '~처럼, ~대로'의 의미로 사용되었다. did는 fished, went whaling, and hunted ringed seals를 대신해 쓰인 대동사이다.

어휘 immigrate 이주해 오다 leave aside ~을 제쳐놓다, 차치하다 Norse (고대) 노르웨이[스칸디나비아]의 inflexible 융통성 없는, 완고한 doggedly 완고하게, 완강히 adopted land 제2의 고향 deplete 고갈시키다 turf 잔디(밭) overgrazing 과도방목 in retrospect 돌이켜 보면 make sense 말이 되다, 타당하다 inconsistent 상반되는, 일치하지 않는 look down on ~을 업신여기다, 얕보다 hostile 적대적인 whaling 고래잡이, 포경업

31 빈칸 추론   ②

해설 과거에는 정보를 장기간 저장하는 것이 특별한 노력이 요구되고 비용이 많이 들었지만, 디지털 시대에 정보는 오랜 기간 동안 쉽고 정확하게 저장되고 검색될 수 있다고 했으므로 빈칸에 들어갈 말로 가장 적절한 것은 ② '영속성'이다.
① 신속성 ③ 신뢰성 ④ 응용 가능성 ⑤ 포괄성

해석 정보력 재분배로 이어지는 디지털 기억의 특징은 영속성이다. 디지털 메모리 이전에는 대부분의 정보, 심지어 정부 기밀 자료조차도 상대적으로 빠르게 소실되었다. 기억을 보장하기 위해 특별한 노력이 필요했는데, 이는 비용이 많이 드는 것으로 입증되었으며 오직 특수한 경우에만 사용되었다. 예를 들어, 소련에서 KGB(국가 보안 위원회)는 정치범에 관한 서류 일체에 독특한 식별자를 찍었다. 그 메시지는 설령 대규모의 노력과 투자가 요구된다고 할지라도 그 공산주의 국가는 국가에 반대했던 사람들의 신원, 신념, 행동, 말을 결코 잊지 않겠다는 것이었다. 디지털 시대에 정보는 장기간 쉽고 정확하게 저장되고 검색될 수 있다. 이것은 개인과 조직이 방대한 양의 자료를 접하고 이용하는 것을 가능하게 했다.

구문 [13행~15행] In the digital age, / information can be stored and retrieved **with ease** and **accuracy** for extended periods of time.

「with + 명사」는 부사의 역할을 하며 with ease and accuracy는 easily and accurately로 쓸 수 있다.

[15행~17행] This has made **it** possible *for individuals and organizations* **to access** and utilize vast amounts of data.

it은 가목적어이고 to access 이하가 진목적어이며 for individuals and organizations 은 to-v에 대한 의미상 주어이다.

어휘 redistribution 재분배 classified 기밀의 relatively 상대적으로 identifier 식별자 political prisoner 정치범 retrieve (정보를) 검색하다; 되찾다 utilize 이용[활용]하다 vast 방대한, 막대한 [선택지] durability 영속성, 오래가는 특성; 내구성

32 빈칸 추론   ②

해설 컴퓨터 게임과 학업 성적 간에 존재하는 상관관계를 보고 컴퓨터 게임이 낮은 성적의 원인이라는, 즉 인과관계가 존재한다는 결론을 내리는 것은 성급한 것이며, 이러한 상관관계를 일으키는 제3의 변수(공부 습관, 지능)가 존재할 수 있다고 했다. 따라서 빈칸에 들어갈 말로 가장 적절한 것은 ② '상관관계가 반드시 인과관계를 암시하는 것은 아니다'이다.
① 상관관계는 시간 척도에 크게 좌우된다
③ 상관관계는 일관성과 호환 가능하다
④ 상관관계는 관찰 데이터로 확인된다
⑤ 상관관계는 새로운 데이터를 생성하지 않는다

해석 학교 기록을 검토하자마자 컴퓨터 게임에 참여하는 것과 학생의 학업 성과 사이에 상당한 상관관계가 존재한다는 점이 밝혀졌다. 정확히 말하면 게임을 하는 사람들은 일반적으로 더 낮은 점수를 보였다. 추가 조사 없이 누군가는 게임을 하는 것이 학생의 보통 이하의 학업 성과 이면의 이유라는 추론을 성급하게 이끌어 낼지도 모른다. 이러한 연구 결과에서 도출하여 심지어 게임이 인지적 능력이나 문제 해결 능력에 해롭다고 추론할 수도 있다. 그럼에도 불구하고 현실에서는 성취가 낮은 학생들이 더 많은 여가 시간을 가지며 게임에 더 자주 빠지는 경향이 있기 때문에 이러한 상관관계가 존재할지도 모른다. 따라서 게임 참여와 더 낮은 점수 간의 상관관계는 공부 습관이나 지능과 같은 원인이 되는 제3의 변수에서 기인하는 것일지도 모른다. 두 개의 변수 간의 통계적 상관관계는 한 변수가 다른 변수를 유발한다는 것을 의미하지는 않는다는 것을 주목하는 것이 필수적이다. 이러한 실례는 상관관계가 반드시 인과관계를 암시하는 것은 아니라는 점을 상기시키는 것의 역할을 한다.

구문 [1행~4행] **Upon examining** school records, / **it** has come to light **that** a significant correlation exists **between** engaging in computer games **and** the academic performance of students.

「Upon v-ing」는 'v하자마자'의 뜻이다. it은 가주어이고 that 이하가 진주어이다.
「between A and B」는 'A와 B 사이에'의 뜻이다.

[5행~8행] Without further investigation, / one might hastily draw the inference that playing the game is the reason / behind the pupils' subpar academic performance.

that ~ performance는 the inference에 대한 동격절이다.

어휘 come to light 밝혀지다, 알려지다 correlation 상관관계 precise 정확한 hastily 성급하게 inference 추론 pupil 학생 subpar 보통[수준] 이하의 speculate 추측하다 detrimental 해로운 aptitude 능력; 적성 be inclined to-v v하는 경향이 있다 indulge in ~에 빠지다, 탐닉하다 stem from ~에서 기인하다 variable 변수, 변인 causative 원인이 되는 *cf.* causation 인과관계 imperative 필수적인, 반드시 해야 하는 signify 의미하다 provoke 유발하다 illustration 실례; 설명 [선택지] time-scale 시간 척도 interchangeable 호환성이 있는; 교환할 수 있는

33 빈칸 추론   ⑤

해설 어떤 문제를 해결할 때 즉각적인 이익 즉, 단기적인 목표를 이루어야 한다는 근시안적인 태도가 나타나는 경우가 많으며 부정적인 결과를 가져올 것이 자명하지만 바로 성과가 나타나지 않는 장기 과제는 종종 무시된다는 내용이므로 빈칸에 가장 적절한 것은 ⑤ '단기적 목표를 충족시켜야 한다는 압박'이다.
① 혁신적인 해결책을 받아들이는 것에 대한 꺼림
② 비효율적인 소통과 조직
③ 우리의 의사 결정을 형성하는 인지적 편향
④ 절차의 일관성 없는 적용

해석 인식된 문제를 해결하고자 노력할 때 단기적 목표를 충족시켜야 한다는 압박 때문에 비이성적인 실패가 자주 발생한다. 많은 회사는 연구 개발에 투자하는 것보다 즉각적인 이익을 우선시하는 것과 같은 근시안적인 결정을 내린다. 비록 이러한 전략이 부정적인 결과를 가져올지도 모른다는 것을 알고 있지만 그들은 보통 그 순간에는 선택의 여지가 없다고 느낀다. 결국 이것은 종종 미래의 혁신과 시장 점유율 감소로 이어진다. 정부역시 임박한 재난에 압도되며 폭발 직전인 문제들에만 주의를 기울인다. 몇몇 정부 지도자들은 '90일 집중'이라고 불리는 것을 가지고 있다. 그들은 향후 90일 이내에 재난을 일으킬 잠재성이 있는 문제에 대해서만 말하는 경향이 있다. 좁아진 초점은 선견지명의 결여를 초래할 수 있다. 체계적 변화를 요구하는 긴급한 문제는 종종 도외시되며, 이는 그 문제들이 위기로 완전히 악화되게 둔다. 경제학자들은 미래의 수익을 '줄임'으로써 가까이 있는 수익에 대한 이러한 비이성적인 중점을 합리적으로 정당화한다.

구문 [17행~19행] *Pressing matters* [that require systemic changes] **are** often **neglected**, / **allowing** *them* **to escalate** into crises down the line.
[ ]은 주어 Pressing matters를 수식하며 동사는 are neglected이다. allowing 이하는 분사구문이며 「allow + O + to-v (O가 v하게 두다[허용하다])」 구문이 쓰였다. them은 Pressing matters를 지칭한다.

어휘 short-sighted 근시안적인   imminent 임박한   on the verge of ~의 직전에, 금방 ~하려고 하여   foresight 선견지명, 예지력   pressing 긴급한   escalate into ~으로 악화되다[확대되다]   down the line 완전히, 철저하게   at hand 가까이에 있는   discount (요금을) 줄이다, 할인하다; 무시하다   [선택지] reluctance 꺼림, 마지못해 함

34 빈칸 추론   ①

해설 학창 시절 자신감을 가지고 시험 문제를 풀다가 우연히 보게 된 다른 똑똑한 학생의 답이 자신의 것과 다르다는 것을 알고 그를 따라 답을 고쳤다가 결국 틀리게 되는 예를 들고 있으므로 빈칸에 들어갈 말로 가장 적절한 것은 ① '자기 일에만 계속 주의를 기울여라'이다.
② 자신을 믿을 용기를 찾아라
③ 한 가지보다 많은 방식으로의 학습에 집중하라
④ 업데이트된 정보에 노출되어라
⑤ 새로운 통찰을 통합시킴으로써 당신의 지식을 확장시켜라

해석 당신의 정서적 명민함을 위하여 여기 나의 충고가 있다. 자기 일에만 계속 주의를 기울여라. 학창 시절의 저 어구를 기억하는가? 잠시 과거 학창 시절로 순간 이동하라. 날카롭게 깎은 연필 두 자루와 사실로 가득 찬 머리를 가지고 시험을 보는 당신이 있다. 당신은 일주일 내내 공부했기 때문에 완전히 자신감을 가지고 문제들을 풀어 나간다. 그리고 나서 당신은 무심코 통로 너머를 흘깃 보고 당신 왼쪽에 있는 엄청나게 똑똑한 남학생, 수업에서 늘 손을 드는 그 학생이 한 문제에 당신과 완전히 다른 답을 했음을 알아차린다. 그것이 당신을 걱정하게 한다. 그가 맞을까? 내가 틀린 건가? 나는 답이 'Magna Carta'라고 확신했지만, 그는 모든 걸 안다. 아마 답이 'Bhagavad Gita'일지도 모른다. 그러고 나서

무슨 일이 일어날까? 당신은 답을 바꾸고 틀린다. 그 소년이 당신보다 전혀 더 똑똑하거나 더 잘 아는 게 아닌 것으로 밝혀진다.

구문 [8행~12행] And then you inadvertently glance across the aisle / and notice the super-smart boy to your left, *the one* [who always raises his hand in class], has a completely different answer to one of the questions / than you **do**.
두 개의 동사 glance와 notice가 and로 연결되어 병렬구조를 이룬다. the super-smart boy와 the one은 동격 관계이다. [ ]은 the one을 수식하는 관계사절이다. do는 have an answer to one of the questions에 대한 대동사이다.
[16행~17행] **It** turns out **(that)** that boy isn't any smarter or better informed / than you are.
It은 가주어, that boy 이하가 진주어이며 앞에 명사절을 이끄는 접속사 that이 생략되었다.

어휘 in the interest of ~을 위하여   agility 명민함; 민첩성   teleport 순간 이동하다   work through (어려운 일을) 성공적으로 처리하다   inadvertently 무심코   glance 흘깃 보다   informed 잘 아는   [선택지] integrate 통합시키다

35 무관 문장   ④

해설 삶에 있어 문제 해결 능력은 중요하며 스토리텔링이 문제 해결 능력을 함양하는 과정에 청자를 참여하게 한다는 내용의 글인데, ④는 문제를 해결하기 위해서는 특정 문제를 확인하는 것이 선행되어야 한다는 내용이므로 글의 전체 흐름과 무관하다.

해석 우리 모두는 평생 문제에 직면하며, 이러한 문제들을 훨씬 더 쉽게 해결하는 법을 배운다. ① 사실 문제 해결 능력은 실생활의 기본적인 필요조건일 뿐만 아니라 스토리텔링의 영역에서도 큰 의의를 지닌다. ② 좋은 이야기는 보통 주인공이 직면하는 문제나 도전으로 시작되며, 그들의 임무는 적절한 해결책에 도달할 수단을 발견하는 것이다. ③ 이야기의 등장인물이나 문제에 관여하면서 청자 또한 문제를 해결하는 방법 혹은 전에는 존재하지 않았을 적절한 문제 해결 기술을 발달시키는 방법의 과정에 참여하게 된다. ④ 그래서 가장 효과적인 개인의 문제 해결 이야기를 결정하기 위해서는 우선 다루어야 할 특정 문제를 확인하는 것이 중요하다. ⑤ 예를 들어, 자신의 시간을 효과적으로 관리하는 법을 배우는 등장인물에 대한 이야기는 청자가 더 나은 시간 관리 기술을 발달시키도록 격려할 수 있으며, 그들은 후에 그 기술을 자기 인생의 다양한 측면에 적용할 수 있다.

구문 [2행~5행] In fact, *the ability* (to solve problems) is **not only** a fundamental requirement for real life, **but** it **also** holds great significance in the realm of storytelling.
「not only A but also B (A뿐만 아니라 B도)」 구문이 쓰였다.
[16행~20행] For example, a story about *a character* [who learns to manage their time effectively] could **inspire** *the listener* **to develop** *better time-management skills*, // **which** they could then **apply to** various aspects of their own life.
[ ]은 a character를 수식하는 관계사절이다. 「inspire + O + to-v」는 'O가 v하도록 격려[고무]하다'의 뜻이다. which 이하는 better time-management skills를 부연 설명하는 계속적 용법의 관계사절이다. 관계사절의 「apply A to B」는 'A를 B에 적용하다'의 뜻이다.

어휘 realm 영역   resolution 해결 *cf.* resolve 해결하다   address (문제를) 다루다

36 글의 순서 ④

해설 주어진 글은 우리가 처음 보는 상대를 순간적으로 평가할 때 '휴리스틱'이라는 기제를 능숙하게 사용한다는 내용이다. 계속해서 이러한 평가가 보통 정확한 것으로 입증되었다고 부연 설명하는 (C)가 이어져야 한다. 이러한 내재적인 능력이 진화 과정의 산물로 보인다는 (C) 다음에는 Thousands of years ago로 연결되며 이 능력의 진화론적 관점을 설명하는 (A)가 와야 한다. 이어서 (B)에서 이 능력이 후에 인류의 문명 발달에 기여했다는 내용으로 글이 마무리되는 것이 자연스럽다.

해석 '휴리스틱'은 정신적 지름길을 의미하는데, 우리가 누군가를 만나고 그들과 알아갈지 피할지를 결정하는 순간에 작동하기 시작한다. 그리고 밝혀진 바에 따르면, 우리는 사람들을 평가하는 데 본능적으로 능숙하다.

(C) 우리가 극히 적은 증거에 근거하여 이렇게 몇 초 안 되어 내리는 평가는 보통 꽤 정확하며, 연구는 실험 대상이 모르는 사람에 대해 갖는 첫인상은 종종 그 사람의 친구들과 가족이 내리는 성격 평가와 일치하는 것으로 입증된다는 것을 보여주었다. 이러한 내재적 능력은 진화 과정의 산물인 것으로 보인다.

(A) 수천 년 전에는 낯선 사람을 즉각 평가할 수 있는 것이 인간이 혈족을 넘어서 이르는 신뢰의 유대를 형성하는 데 도움을 주었다. 그것은 또한 개인들이 낯선 환경에서 잠재적 위협과 동맹을 평가할 수 있게 함으로써 초기 인류의 생존에서 중대한 역할을 했다.

(B) 그것은 결국 마을, 도시, 그리고 사회의 발달, 즉 문명으로 이어졌다. 만약 우리가 이러한 휴리스틱의 예측 능력('따뜻한 악수, 친절한 미소로 보아 그는 좋은 사람 같군')이 부족하여 모든 표정, 대화, 그리고 정보를 새로 의식적으로 처리할 필요가 있다면, 우리에게는 실제 문명화된 생활을 할 시간이 없을 것이다.

구문 [13행~19행] **If** we **lacked** this predictive ability of heuristics ('warm handshake, nice smile — seems like a good guy') and **needed** to consciously process every facial expression, conversation, and piece of information anew, // we **wouldn't have** time for actual civilized living.

「If + S' + 과거동사 ~, S + 조동사 과거형 + 동사원형 ... (~한다면 …할 것이다)」의 가정법 과거 구문이 쓰였다. If절에서 과거동사 lacked와 needed가 and로 연결되어 병렬구조를 이룬다.

[20행~26행] *The evaluations* [(which[that]) we make in these scant few seconds, based on very little evidence], **are** usually pretty accurate, // and studies have shown / **that** a subject's first impressions of an unknown person often **prove** consistent with *personality assessments* (made by the person's friends and family).

[ ]은 앞에 목적격 관계대명사 which[that]가 생략된 관계사절로 주어 The evaluations를 수식하며 동사는 are이다. that은 have shown의 목적어 역할을 하는 명사절을 이끈다. that절에서 a subject's ~ person이 주어이고 동사는 prove이다. ( )는 앞에 있는 personality assessments를 수식하는 과거분사구이다.

어휘 come into play 작동[활동]하기 시작하다 steer clear 피하다, 가까이 하지 않다 size up ~을 평가하다 on the spot 즉각, 즉석에서 blood relative 혈족 alliance 동맹 anew (처음부터) 새로, 다시 scant 거의 없는, 부족한 intrinsic 내재하는; 고유한, 본질적인

---

37 글의 순서 ②

해설 유전보다는 사회적 환경이 쌍둥이를 서로 닮게 한다는 주장을 소개하는 주어진 글 다음에는 For example로 시작되며 구체적인 예(같은 옷, 음식, 영화)로 그 주장을 풀어서 설명하는 (B)가 이어져야 한다. 이러한 주장이 기발한 방식들로 연구되어 왔다는 (B) 다음에는 유전자 검사가 실제로 일란성인지 아닌지를 밝힐 수 있다고 하며, 정말 사회적 환경이 서로 닮게 하는 것이라면 정체성이 오인된 쌍둥이도 실제 일란성 쌍둥이만큼 비슷할 것이라고 가정하는 (A)가 나와야 한다. 이어서 Yet으로 연

결되며, 해당 가설에 반대되는 결과를 제시하는 (C)가 나오는 것이 자연스럽다.

해석 어떤 사람들은 쌍둥이가 자신들의 정체성을 일란성으로 규정하면 더 비슷해지고자 노력할 것이라고 주장한다. 따라서 그들은 유전적 이유보다는 사회적 이유로 서로를 닮을 것이다.

(B) 예를 들어, 일란성 쌍둥이가 옷을 똑같이 입고 같은 음식을 먹으며 같은 영화를 즐긴다면, 그것은 그들의 믿음과 사회적 환경 때문일 것이다. 이러한 주장은 기발한 방식으로 연구되어 왔다.

(A) 간단한 유전자 검사는 한 쌍의 쌍둥이가 자기들이 일란성이라고 잘못 믿고 있는지 아닌지와 관계없이 정말로 똑같은 DNA를 공유하는지를 밝힐 수 있다. 사회적 환경이 정말로 일란성 쌍둥이를 더욱 비슷하게 만들어 주는 것이라면, 이 정체성이 오인된 일란성 쌍둥이는 실제 일란성 쌍둥이만큼 비슷할 것이다.

(C) 그러나 과학자들이 다양한 특징들(지능, 성격, 태도 등등)을 검사했을 때 그들은 이러한 정체성이 오인된 쌍둥이가 단지 이란성 쌍둥이만큼만 비슷하다는 것을 발견했는데, 이란성 쌍둥이는 그들의 유전적 특징에서 오직 50%만을 공유한다. 그것은 유사성을 추진시키는 것은 일란성이라는 자아 인식보다는 일란성의 유전적 상태임을 의미한다.

구문 [12행~14행] For example, if identical twins dress alike, eat the same foods, and enjoy the same movies, // it might be because of their beliefs and social environment.

if절에서 밑줄 친 세 동사구가 and로 연결되어 병렬구조를 이룬다.

[21행~24행] That means // that **it is** *the genetic state of being identical* **rather than** *the self-perception of being identical* **that** drives similarity.

주어 the genetic ~ being identical을 강조하는 「it is ~ that ... (…한 것은 바로 ~이다)」 강조구문이 쓰였다. 「A rather than B」는 'B라기보다는 오히려[차라리] A'의 뜻이다.

어휘 self-identify 스스로 신원을 규정하다 strive 노력하다 regardless of ~와 관계없이 ingenious 기발한; 독창적인 fraternal twins 이란성 쌍둥이 self-perception 자아 인식

---

38 문장 넣기 ④

해설 ④ 앞에서는 맛, 향, 감정을 음(音)의 어휘로 표현할 수 있다며 어휘의 변환을 설명하고, ④ 다음에는 그들(They)이 소리와 시각뿐만 아니라 추상적인 형태와 제품 간의 연상도 만들어 낸다고 했다. 광고주들이 활용하는 주어진 문장의 '이러한 효과(this effect)'는 ④ 앞 문장의 어휘의 변환을 통한 '감각 양상의 활용'을 지칭하며, 이를 활용하는 광고주의 기법은 ④ 이후에 For example로 시작되는 문장에서 제시된다. 따라서 주어진 문장은 ④에 위치해야 한다.

해석 우리는 맛을 묘사하기 어렵다는 말을 자주 하지만, 음악의 음을 묘사하는 방법과 비슷한 방식으로 맛에 대해 말하기 위해 다른 어휘를 사용할 수 있다. 신맛은 고음으로 묘사될 수 있는 반면에 쓴맛은 저음으로 불릴 수 있다. 냄새 또한 저음과 고음을 가질 수 있으며 우리의 감정도 그러하다(우리는 기분이 낮거나 무척 높을 수 있다). 어휘의 변환은 우리가 다른 감각 경험을 더 잘 이해하기 위해 잘 알고 있는 감각 양상을 활용하게 해준다. 광고주들은 다양한 감각 경험과 자신들의 제품 간의 관련성을 만들어 내기 위하여 흔히 이러한 효과를 활용한다. 그들은 흔히 소리와 시각 정보 간의 연상뿐만 아니라 추상적인 형태와 특정 제품 간의 연상도 만들어 낸다. 예를 들어 매끄러운 유선형을 특징으로 하는 자동차는 네모진 부피가 큰 프레임을 가진 차보다 더 빠른 것으로 인식될 수 있다. 다른 감각들을 이용함으로써 그들은 다양한 수준에서 소비자들의 관심을 끄는 다차원의 경험을 만들 수 있다.

구문 [8행~10행] Smells can also have low and high notes, and **so do our feelings** (we can feel low or incredibly high).

'~도 또한 그렇다'라는 뜻의 「so + 대동사 + 주어」 구문으로 여기서 대동사 do는

---

have low and high notes를 대신한다.

[13행~15행] They often create associations **between** abstract shapes **and** specific goods, **as well as between** sounds **and** visuals.

「A as well as B」는 'B뿐만 아니라 A도'의 뜻이다. A, B에 모두 「between A and B (A와 B 사이에)」 구문이 쓰였다.

어휘 exploit 활용[이용]하다   forge (노력하여) 만들어 내다; 구축하다   sensory 감각의   note 음, 음표   refer to A as B A를 B라고 부르다   modality 양상, 양식   association 연상, 연관   streamlined 유선형의   boxy 네모진, 상자 모양의   bulky 부피가 큰   tap into ~을 이용[활용]하다   multi-dimensional 다차원의   appeal 관심[흥미]을 끌다

39 문장 넣기 ④

해설 ④의 앞 문장은 병과 싸운다는 표현은 병을 적으로 인식하여 병의 힘을 인정한다는 내용이고, ④의 다음 문장은 'this attitude(이러한 태도)'가 죄책감, 수치심, 무능함을 악화시킨다는 내용이다. 주어진 문장은 병을 이길 수 없는 사람은 약하거나 노력이 부족하다는 인식을 받는다고 했는데, Additionally를 통해 병과 싸운다는 표현의 추가적인 단점을 제시한다. 이는 죄책감, 수치심, 무능감 악화의 근거가 되므로 주어진 문장은 ④에 들어가야 한다.

해석 우리 대부분은 자신의 질병에 대해 어느 정도 통제력을 갖고 있다고 믿지만, 우리는 자신도 모르게 역효과를 일으키는 은유를 채택할지도 모른다. 질병에 굴복하는 대신 우리는 우리 자신에게 그것과 '싸우도록' 노력하라고 조장한다. 이러한 단어 선택이 강함과 결단력의 의미를 전달할 수는 있겠지만, 이는 또한 질병이 만만치 않은 적수로 인식되는 전투를 함축할 수도 있다. 이것은 질병에게 가치 있는 적수의 지위를 부과하여 그것의 힘을 무심코 인정한다. <u>게다가 그것은 자신의 병을 '이길' 수 없는 사람들이 약하거나 충분히 열심히 노력하지 않았음을 함축할 수도 있다.</u> 죄책감, 수치심, 무능감을 악화시킴으로써 이러한 태도는 그들이 이미 직면하고 있는 육체적 도전 위에 추가적인 감정적, 심리적 부담을 만들어 낸다. 우리의 병에 '통달하기'와 같은 다른 은유를 가지고서 더 잘 살 수 있는 게 당연한데, 이는 장기간에 걸쳐 그 병을 통제하기 위해 그것에 대해 우리가 할 수 있는 모든 것을 학습하는 것을 함축한다.

구문 [1행~3행] Additionally, it may imply // that *those* [who are unable to "beat" their illness] **are** weak or **didn't try** hard enough.

[ ]은 that절의 주어 those를 수식한다. 동사는 are와 didn't try로 or로 연결되어 병렬구조를 이룬다.

[13행~16행] By exacerbating feelings **of** guilt, shame, and inadequacy, / this attitude creates additional emotional and psychological burdens / on top of *the physical challenges* [(which[that]) they already face].

전치사 of의 목적어 guilt, shame, inadequacy가 and로 연결되어 병렬구조를 이룬다. [ ]은 앞에 목적격 관계대명사 which[that]가 생략되어 the physical challenges를 수식한다.

어휘 unwittingly 자신도 모르게   give in to ~에 굴복하다   intensity 강함, 강렬함   determination 결단력   formidable 만만치 않은, 가공할   adversary 적수, 상대방   validate 인정[승인]하다   exacerbate 악화시키다   inadequacy 무능함, 부족함   may well ~하는 것은 당연하다   better off 더 잘 사는   over the long haul 장기간에 걸쳐

40 요약문 완성   ④

해설 사람들은 자신과 관련된 단어, 숫자, 등장인물에 관한 정보를 기억할 가능성이 더 크다는 내용의 글이다. 따라서 자신의 자아상과 관련된(relevant) 정보와 마주칠 때, 그것을 잊지 않을(retain) 가능성이 더 높다고 요약할 수 있다.

① 관련된 – 거절하다
② 호의적이 아닌 – 저장하다
③ 양립될 수 있는 – 무시하다
⑤ 호의적이 아닌 – 의심하다

해석 다음에 나오는 단어 목록을 읽고 나서 다른 데를 보고 그 중 어느 것을 당신이 기억하는지를 봐라. 관대한, 도움이 되는, 권위적인, 엄격한, 의존적인, 진지한, 재밌는, 상냥한, 약한, 똑똑한. 목록의 시작과 끝에 있는 단어들, 그 배치로 인해 우리가 기억하는 경향이 있는 단어들을 제외하면, 우리가 쉽게 기억하는 단어들은 우리의 자아상을 시사하는 것일 가능성이 있다. 마찬가지로 당신이 체중을 줄이려고 노력하고 있지만 기름진 햄버거를 먹기를 좋아한다고 상상해 보자. 누군가가 당신에게 저 유혹적인 햄버거 중 하나가 당신의 하루 정량인 2,000 칼로리를 포함하고 있다고 말한다면, 당신은 자기 자신에게 계속 반복해서 되풀이할 필요 없이 그 숫자를 기억할 가능성이 있다. 많은 심리학자는 자아를 그 사람에 대한 다양한 속성들이나 정보들을 포함하는 복잡한 조직된 구조로 본다. 어떤 사람의 환경 속의 정보가 이러한 속성들 중 어느 것과 관련될 때 그것이 기억될 가능성이 더 크다. 예를 들어, 자신과 비슷한 성격을 가진 등장인물이 나오는 책을 읽을 때 우리는 그 등장인물의 행동과 결정을 더 쉽게 기억하는 경향이 있는데 이는 우리가 개인적 수준에서 그들과 연결될 수 있기 때문이다.

↓

> 사람들이 어떤 점에서 자신의 자아상과 (A) 관련된 정보와 마주칠 때, 그들은 그것을 (B) 잊지 않을 가능성이 더 높다.

구문 [4행~8행] Apart from *the words at the beginning and end of the list*, // which we tend to remember because of their placement, / *the words* [(which[that]) we recall effortlessly] are likely to be **the ones** [that speak to our self-image].

which 이하는 앞의 the words at the beginning and end of the list를 부연 설명하는 계속적 용법의 관계사절이다. 첫 번째 [ ]은 앞에 목적격 관계대명사 which[that]가 생략되어 the words를 수식한다. 두 번째 [ ]은 the ones를 수식하는 주격 관계사절로 the ones는 the words를 지칭한다.

[10행~14행] If someone tells you / **that** one of those tempting burgers contains 2,000 calories, your entire day's ration, // you are likely to remember **that number** / without having to repeat **it** over and over again to yourself.

that one of ~ ration은 동사 tells의 목적어절이다. your entire day's ration은 2,000 calories와 동격이다. that number와 it은 모두 2,000 calories를 지칭한다.

어휘 authoritative 권위적인   rigid 엄격한   tender 상냥한   apart from ~을 제외하고, ~외에는   effortlessly 쉽게, 노력하지 않고   ration 정량, 배급량   attribute 속성, 자질   [선택지] relevant 관련된   unfavorable 호의적이 아닌   compatible 양립될 수 있는   retain 잊지 않고[기억하고] 있다

41~42 장문   41 ② 42 ④

해설 **41.** 뉴스와 소셜 미디어는 사람들의 주목을 끌어들이기 위해 부정적인 사건에 집중하는 경향이 있으며 이는 우리의 세계관을 왜곡하기 때문에 뉴스 매체를 다각화하여 균형 잡힌 시각을 얻어 정보를 소비해야 한다는 내용이다. 따라서 제목으로 가장 적절한 것은 ② '뉴스 인식, 즉 판별하는 눈 함양하기'이다.

① 소셜 미디어는 온라인 괴롭힘과 편파적 발언을 증폭시키는 것
③ 디지털 뉴스의 밝은 면과 어두운 면
④ 부정적 사고 패턴을 인식하는 방법
⑤ 현실과 인터넷 사이의 차이 이해하기

42. 디지털 뉴스는 광고 수익을 위해 선정적으로 다뤄진 표제와 클릭을 유도하는 낚시성 기사를 우선시할 것이므로 디지털 뉴스 대신에 물리적 신문을 읽는 것은 이러한 낚시성 기사에 대한 노출을 증가시키는 것이 아니라 감소시킬 것이다. 따라서 (d)의 increasing을 reducing 등으로 바꿔 써야 한다.

해석 저녁 뉴스 시청은 당신이 현실과 더 연결되어 있다고 느끼도록 둘지는 모르나 그것이 당신의 세계관을 왜곡할 수 있다는 것이 사실이다. 뉴스는 사람들을 정치인, 엘리트, 인종 차별주의자나 난민과 같은 집단으로 (a) 일반화하는 경향이 있다. 훨씬 더 심각한 것은 뉴스가 흔히 그 집단 내의 소수의 썩은 사과에 초점을 맞추어 그들의 부정적인 행동을 강조한다는 점이다. 마찬가지로 소셜 미디어가 이러한 문제를 악화시킬 수 있다. 온라인 괴롭힘과 편파적 발언에 참여하는 개인들로 이루어진 작은 집단의 활동은 우리의 소셜 미디어 피드를 재빨리 (b) 지배할 수 있다. 이것은 부정적인 사건이 우리의 주의를 잡아끄는 경향이 있기 때문인데, 이는 디지털 플랫폼이 더 많은 클릭과 광고 수익을 생성하기 위해 그러한 콘텐츠를 우선시하는 알고리즘을 사용하도록 (c) 부추긴다.

이러한 덫에 빠지지 않기 위해서는 디지털 뉴스 대신에 물리적 신문을 읽는 것이 더 낫다. 이것은 선정적으로 다뤄진 표제와 클릭을 유도하는 낚시성 기사에 대한 노출을 (d) 증가시키는(→ 감소시키는) 데 도움을 준다. 뿐만 아니라 여러 관점과 다른 종류의 언론 매체를 찾아냄으로써 당신의 뉴스 공급처를 다각화하는 것은 시사에 대한 더 폭넓은 이해를 촉진할 수 있다. 오늘날의 빠르고 상호 연결된 세계에서 우리 사회를 형성하는 사건들에 대한 균형 잡힌 시각을 얻는 것은 특히 중대하다. 우리 인간들은 감정적 반응을 하기 쉽고 이것이 때때로 우리를 엄연한 사실 너머로 몰고 가므로 우리는 우리가 소비하는 뉴스 정보에 (e) 유의해야 한다.

구문 **[1행~3행]** While watching the evening news **may leave** *you* **feeling** more connected to reality, // the truth is / **that** it can distort your view of the world.

While 부사절에서 watching the evening news가 동명사구 주어이고 may leave가 동사이다. 「leave + O|+ v-ing (O가 v하는 상태로 두다)」 구문이 사용되었다. 명사절 접속사 that이 이끄는 절이 is의 보어 역할을 한다.

[21행~24행] Additionally, diversifying your news sources by seeking out multiple perspectives |and| different types of media outlets / **can encourage** a broader understanding of current events.

diversifying ~ outlets가 동명사구 주어이고 동사는 can encourage이다. 밑줄 친 두 부분은 seeking out의 목적어 역할을 하는 명사구이다.

어휘 **distort** 왜곡하다; 일그러뜨리다   **refugee** 난민   **highlight** 강조하다   **aggravate** 악화시키다   **harassment** 괴롭힘   **hate speech** 편파적 발언, 증오 연설   **prompt** 부추기다; 촉발하다   **revenue** 수익, 수입   **sensationalize** 선정적으로 다루다   **click-bait** 낚시성 링크의   **diversify** 다각[다양]화하다   **current event** 시사 (문제)   **fast-paced** 빠른 속도의   **well-rounded** 균형이 잡힌; 다방면에 걸친   **steer** 몰고 가다; 조종하다   **mindful** 유의[유념]하는   **[선택지]** **amplify** 증폭시키다   **discern** 판별하다, 구별하다

43~45 장문   43 ② 44 ⑤ 45 ⑤

해설 **43.** Kevin이 나무 꼭대기에 올라간 어린 소년을 발견한 (A) 다음에는 소년이 떨어질 것을 대비해 나무로 올라갔다는 내용의 (C)가 이어져야 한다. 이후에는 소년에게 가까이 다가가서 새 둥지를 보는 내용인 (B)가 이어지고, 마지막으로 Kevin이 새에 매료된 소년을 보고 함께 나무를 내려오는 (D)가 오는 것이 가장 자연스러운 흐름이다.

44. (e)는 Kevin을 가리키고 나머지는 모두 나무에 올라간 소년을 나타낸다.

45. Kevin은 나무에 올라간 뒤 소년과 이야기를 나누었을 뿐 내려가자고 설득하지 않았으므로 ⑤가 본문의 내용과 일치하지 않는다.

해석 **(A)** 어느 날 고등학교 3학년인 Kevin은 학교에서 집으로 걸어가고 있었고 매우 키가 큰 소나무 아래에 서 있는 노부부를 발견했다. 그들은 위를 올려다보며 소리를 지르고 있었고, 분명히 매우 화가 난 상태였다. Kevin은 그들의 고양이가 나무에서 꼼짝 못하고 있을지도 모른다고 생각했고, 그가 어릴 때 나무에 오르며 즐거운 시간을 많이 보냈기 때문에 Kevin은 자신이 도와줄 수 있는지 보러 갔다. 나무 꼭대기에는 어린 소년이 있었다. 그는 서너 살은 넘지 않았을 것이다.

(C) 듣자 하니 (b) 그(= the boy)는 조부모님과 함께 지내고 있었는데 그들이 보지 않는 사이에 나무 위로 기어 올라간 것 같았다. Kevin은 소년이 떨어지기 시작할 경우에 대비해 적어도 자신이 올라가야겠다고 생각했다. 그는 (c) 그(= the boy)를 잡을 수 있는 높이까지 도달하고 싶었다. 그는 맨손으로 첫 번째 나뭇가지를 끌어당기고 소나무를 오르기 시작했다. 거기서부터 그는 조심스럽게 나무 위로 더 올라갔다.

(B) Kevin이 소년에게 몇 피트 내로 다가가자 그는 Kevin에게 손을 흔들며 멀리 있는 무언가를 가리켰다. 소년은 전혀 겁먹지 않았고, 실은 (a) 그(= the boy)는 자기 집 나뭇가지에 앉은 원숭이처럼 매우 편안해 보였다. 소년이 무엇을 보여주려는지 궁금해하며 Kevin은 소년이 가리키는 손가락의 방향을 따라가다 나뭇가지에 있는 작은 새 둥지를 보았다.

(D) 그것은 새 한 마리와 새끼 새 몇 마리의 집이었다. 소년은 새들에게 매료된 것처럼 보였고 킥킥거리며 신나서 손뼉을 치고 있었다. Kevin은 어린 소년의 순수함과 기쁨에 미소를 지을 수밖에 없었다. 그들은 나무에서 모든 것을 볼 수 있다는 것이 얼마나 멋진지에 대해 이야기했다. 그러고 나서 소년이 말했다. "이제 내려가는 게 좋겠어요." 그리고 그들이 나무를 내려갈 때 소년은 (d) 그(= the boy)가 그 나무를 수백만 번 기어오르고 내릴 수 있는 것처럼 보였고 전혀 미끄러질 뻔하지 않았다. Kevin은 집으로 걸어가면서 그것이 (e) 그(= Kevin)가 정말 오랜만에 처음으로 나뭇가지에 기어 올라간 것임을 깨달았다.

구문 **[1행~3행]** One day Kevin, a senior in high school, was walking home from school |and| **noticed** *an elderly couple* **standing** at the base of a very tall pine tree.

밑줄 친 두 동사구가 and로 연결되어 병렬구조를 이룬다. 지각동사 notice가 「notice + O + v-ing (O가 v하고 있는 것을 인지하다)」 형태로 사용되었다.

[15행~18행] Curious about **what** the boy was trying to show him, / *Kevin* followed the direction of the boy's pointing finger |and| saw a small bird's nest in the branches of the tree.

Curious ~ him은 주어 Kevin을 보충 설명하는 형용사절로 what 이하는 전치사 about의 목적어이다. 밑줄 친 두 동사구가 and로 연결되어 병렬구조를 이룬다.

어휘 **(A) yell** 소리 지르다, 고함치다   **obviously** 분명히   **(B) wave** (손팔을) 흔들다   **point to** ~을 가리키다   **in the distance** 먼 곳에   **(C) scramble** 기어오르다   **just in case** 혹시라도 ~할 경우에 대비해서   **haul** 끌어당기다   **(D) chick** 새끼 새   **fascinate** 매료[매혹]시키다   **innocence** 순진, 천진난만   **come close to** 거의 ~하게 되다, 거의 ~할 뻔하다   **slip** 미끄러지다   **crawl** 기어가다; 기다   **limb** (큰) 나뭇가지

18 ⑤	**19** ④	**20** ⑤	**21** ⑤	**22** ⑤			**23** ①	**24** ⑤	**25** ④	**26** ④	**27** ④
28 ④	**29** ④	**30** ④	**31** ①	**32** ②			**33** ④	**34** ②	**35** ③	**36** ⑤	**37** ③
38 ⑤	**39** ②	**40** ④	**41** ④	**42** ③			**43** ④	**44** ⑤	**45** ⑤		

18 글의 목적   ⑤

해설 필자는 자신의 제과점을 소개해준 기자에게 감사한 마음을 전하면서 영업시간에 대한 정정을 요청하고 있으므로 글의 목적으로 가장 적절한 것은 ⑤이다.

해석 Jones 씨께,
귀하께서 〈Gourmet Guide〉 잡지에서 제 제과점에 대해 출판해주신 멋진 기사에 대해 감사드립니다. 귀하의 기사 덕분에 많은 손님이 저희 가게에 방문할 뿐만 아니라 저희의 제과에 대한 열정을 세계와 공유하는 기회도 얻었습니다. 하지만, 저희의 영업시간에 관해 기사에서 작은 실수가 있었음을 알려드리고자 합니다. 기사 제목이 'Doughlicious Bakery에서 1년 365일 갓 구운 디저트를 즐기세요!'이지만, 저희는 일요일에 문을 열지 않습니다. 그래서 저는 이것이 잡지의 향후 인쇄물이나 온라인 판에서 수정될 것을 부디 요청드립니다. 이 문제에 대해 신속한 주의를 기울여주시면 감사드리겠습니다. 곧 연락 주시기를 기다리겠습니다.
진심을 담아,
Rebecca Pottenger 드림

구문 [12행~14행] So I kindly **request** // that this (should) **be corrected** in any future print or online versions of the magazine.
'요구 · 주장 · 제안 · 필요 · 명령' 등을 나타내는 동사, 형용사, 명사 뒤의 that절이 당위의 의미를 가질 때, that절의 동사는 「(should +)동사원형」의 형태로 쓰인다. 여기서는 요구를 나타내는 동사 request 뒤의 that절에서 be corrected 앞에 조동사 should가 생략되었다.

어휘 regarding ~에 관하여   version ―판[형태]   prompt 신속한; 즉각적인

19 심경 변화   ④

해설 많은 친구들이 깜짝 생일 파티를 열어줄 거라고 기대하며 Olivia는 신났지만 막상 약속 장소에 도착하고 보니 예상보다 적은 친구들이 와 있어서 실망한 상황이므로 Olivia의 심경 변화로 가장 적절한 것은 ④ '신이 난 → 실망한'이다.
① 놀란 → 감사하는   ② 무관심한 → 우울한
③ 의심하는 → 질투하는   ⑤ 지루한 → 슬픈

해석 Olivia의 14번째 생일이었고 그녀는 친구들을 만나기를 기대하고 있었다. 그들은 특별한 저녁 식사를 위해 그녀가 가장 좋아하는 이탈리아 레스토랑인 La Ciccia에서 만날 예정이었다. Olivia는 친구들이 그곳에서 그녀를 위한 깜짝 생일 파티를 계획했을 것이라고 추측했다. Olivia는 그들이 만나기로 한 시간인 7시 정각에 식당에 도착했다. 그녀는 문을 열 때 셀 수 없이 많은 친구들이 "놀랐지!"라고 외치면 그녀는 아무것도 몰랐다는 듯이 놀란 표정을 지을 것이라고 상상했다. 그녀는 기대감으로 심장이 두근거리면서 마침내 문을 열었다. "놀랐지!"는 있었다. 그러나 오직 네 명의 친구만이 그녀를 환영하기 위해 문 앞에 있었다. Olivia는 그들에게 미소 지었지만, 사람이 더 많아야 했다고 생각하지 않을 수 없었다. 그녀는 무언가가 잘못되었음이 틀림없다고 계속해서 생각했고 그 짜증스러운 감정을 떨칠 수 없었다.

구문 [5행~7행] Olivia got to the restaurant at exactly 7 o'clock, the time [(which[that]) they had arranged to meet].
exactly 7 o'clock과 the time은 동격 관계이다. [ ]은 앞에 목적격 관계대명사 which[that]가 생략되어 the time을 수식하는 관계사절이다.
[10행~11행] She finally opened the door, / *heart* **pounding** with anticipation.
pounding 이하는 분사구문이며, heart는 분사구문의 의미상 주어이다.

어휘 countless 셀 수 없이 많은   anticipation 기대, 고대; 예상, 예측   shake off (생각·느낌 등을) 떨치다

20 필자 주장   ⑤

해설 지도자가 직원에게 동기를 부여하고자 할 때 각 개인이 원하는 동기 요인은 다르므로 각자에게 어떤 요인이 가장 효과 있을지를 물어보고 그에 맞는 동기를 부여해야 한다는 내용의 글이다. 따라서 필자의 주장으로 가장 적절한 것은 ⑤이다.

해석 동기 부여는 대부분의 지도자들에게 있어 어려운 개념이다. 많은 사람이 돈, 상, 혹은 특별 휴가가 고급의 동기 요인이라고 가정한다. 실제로는, 한 사람에게 동기를 부여하는 것이 다른 사람에게는 동기를 부여하지 않을지도 모른다. 한 지도자에게 두 명의 우수한 직원이 있다고 가정해보자. 그 지도자는 한 사람에게 급료 인상으로 보상을 주고 싶지만, 알고 보니 그는 경력 성장의 기회를 만들어 줄 늘어난 책무에 의해 더 동기 부여되므로 돈은 그에게 주된 동기 요인이 아니다. 한편, 지도자는 두 번째 사람에게 더 많은 책무로 보상을 주고 싶지만, 그녀는 자신의 노고에 대해 돈과 같은 물질적인 보상을 바란다. 이 사람에게는 돈이 핵심적인 동기 요인이다. 다른 사람에게 어떤 종류의 동기 부여가 효과 있는지를 어떻게 아는가? 물어봐라! "일을 잘 해낸다면, 계속해서 높은 수준으로 일을 하고 싶게 만들어 줄 어떤 종류의 보상이나 인정을 당신이 받을 수 있을까요?"와 같은 말을 시도해보라. 이러한 종류의 질문들을 던지는 것은 도움이 된다.

구문 [5행~9행] The leader would like to reward one with a raise in pay, // but money, (it turns out), is not a primary motivator for him / since he is more motivated by *increased responsibility*, / which would create career-growth opportunities.
it turns out은 삽입절이다. which 이하는 increased responsibility를 부연 설명하는 계속적 용법의 관계사절이다.
[18행] **It** pays **to ask these kinds of questions**.
It은 가주어이고 to ask these kinds of questions가 진주어이다.

어휘 motivation 동기 부여 *cf.* motivator 동기 요인 motivate 동기를 부여하다 high-grade 고급의, 우수한   recognition 인정; 인식

21 밑줄 의미   ⑤

해설 회사는 번아웃을 직원 개인의 문제로 치부하는 경향이 있는데, 근본적인 문제는 회사 환경에 있다는 내용으로, 직원을 탓하는 것을 유독 가스가 있는 탄광에서 카나리아가 죽었을 때 카나리아를 탓하는 것에 비유하고 있다. 따라서 밑줄 친 '탄광을 고치다'는 직원을 탓하기보다 ⑤ '근본 원인을 처리하도록 환경을 최적화하다'를 의미한다.
① 직원들이 자신의 일을 더욱 성취감을 주는 것으로 만들도록 하다
② 숨김없고 솔직한 소통을 장려하다
③ 종합적인 안전 지침을 만들다
④ 직원 각자가 더 나은 선택을 하도록 격려하다

해석 세계 보건 기구는 번아웃을 '성공적으로 관리되지 못한 만성 직장 스트레스'이며 세 가지 면, 즉 기진맥진함, 냉소적이고 부정적인 태도, 감소된 직업 효능감으로 특징지어지는 것으로 정의한다. 직원 각자에게 가해지는 그것의 부정적인 영향 외에도, 번아웃은 또한 회사에 전체적으로 해를 끼칠 수 있다. 미국 스트레스 기관에 따르면 지나친 스트레스는 고용주들에게 1년에 3천억 달러의 비용을 들게 하는데, 이는 번아웃이 직원 이직률의 위험을 증가시키고, 동기 부여를 감소시키며, 생산성 하락으로 이어지기 때문이다. 2018년 Gallup 연구는 번아웃 상태의 직원들이 병가를 낼 가능성이 63퍼센트 더 높고 다른 일자리를 찾을 가능성이 2.6배임을 발견했다. 번아웃은 조직에게 붉은 기(위험 신호)이다. 그럼에도 불구하고, 많은 회사가 번아웃을 오로지 개인의 문제로 보는 경향이 있는데, 이는 그들이 직장 요인의 영향을 간과하게 할 수 있다. 그러나 탄광에서 카나리아가 죽으면, 그것은 유독 가스의 신호이다. 카나리아를 비난할 것이 아니라, 탄광을 고치는 것이 합리적이다.

구문 [1행~4행] The World Health Organization **defines** burnout **as** "*chronic workplace stress* [that has not been successfully managed]" and **as** being characterized by three dimensions: ~.
「define A as B」는 'A를 B로 정의하다'의 뜻으로, B에 해당하는 두 명사구가 and로 연결되어 병렬구조를 이룬다.
[8행~11행] Too much stress costs employers $300 billion a year, according to The American Institute of Stress, // **as** burnout increases the risk of employee turnover, reduces motivation, and leads to dips in productivity.
as절에서 세 개의 동사 increases, reduces, leads가 and로 연결되어 병렬구조를 이룬다.

어휘 chronic 만성의   dimension 면, 양상; 차원   exhaustion 기진맥진; 소진   efficacy 효능(감), 효험   aside from ~ 외에도   turnover 이직률   dip (일시적인) 하락, 감소   overlook 간과하다; 눈감아 주다   coal mine 탄광   [선택지] fulfilling 성취감을 주는   comprehensive 종합적인   optimize 최적화하다, 최대한 활용하다   deal with ~을 처리하다; 다루다

22 글의 요지   ⑤

해설 위대한 문학 작품은 시대가 지나면서 새로운 독자를 통해 새로운 의미와 해석을 생성할 수 있고, 인기를 얻기도 잃기도 한다는 내용이므로 글의 요지로 가장 적절한 것은 ⑤이다.

해석 위대한 시와 소설은 그것의 시대를 초월하고 우리 모두에게 의미 있는 것을 말하는 것이다. 그것들은 국부적이고 부수적인 것에서라기보다는 기쁨, 고통, 슬픔과 죽음 속에서 인간 존재의 영구적인 불멸의 특징들을 다룬다. 그러나 문학 고전 작품은 그 가치가 변치 않는 작품이라기보다는 시간이 흐르며 새로운 의미를 생성할 수 있는 작품이다. 그것은 진화함에 따라 그리고 새로운 독자들이 그것과 관계를 맺음에 따라 새로운 해석과 통찰을 모으면서 천천히 타오르는 불과 같다. 꼭 기업이 문을 닫고 다시 시작할 수 있는

것처럼 작품은 변화하는 역사적 상황에 따라 인기를 얻기도 하고 잃기도 할지도 모른다. 예를 들어 일부 18세기 비평가들은 윌리엄 셰익스피어의 희곡에 오늘날의 우리보다 훨씬 덜 도취되었다. 그들 중 상당수는 희곡을 전혀 문학으로, 심지어 형편없는 문학으로도 여기지 않았을 것이다. 그들은 아마 소설로 알려진 저속하고 갑자기 나타난 형식에 대해서도 비슷한 의구심을 품었을 것이다.

구문 [5행~8행] A literary classic, however, is **not so much** *a work* [whose value is changeless] **as** *one* [that is able to generate new meanings over time].
「not so much A as B」는 'A라기보다는 B인'의 뜻이다. 첫 번째 [ ]은 a work를 수식하는 관계사절로, 뒤의 명사 value가 의미상 선행사의 소유이므로 소유격 관계대명사 whose가 쓰였다. 두 번째 [ ]은 one을 수식하는 관계사절로, one은 a work를 가리킨다.
[18행~20행] They **would** probably **have had** similar reservations about *the vulgar, upstart form* (known as the novel).
「would have p.p.」는 '~했을 것이다'라는 의미의 가정법 과거완료 구문으로 과거 사실과 반대되는 내용을 가정한다. ( )는 the vulgar, upstart form을 수식하는 과거분사구이다.

어휘 transcend 초월하다   address 다루다   permanent 영구적인, 불변의   imperishable 불멸의, 영원한   incidental 부수적인   changeless 변치 않는   interpretation 해석   engage with ~와 관계를 맺다; ~에 관여하다   business enterprise 기업(체)   favour 인기, 유행   enrapture 도취시키다, 황홀하게 만들다   count A as B A를 B로 여기다   reservation 의구심; 보류; 예약   vulgar 저속한, 천박한   upstart 갑자기 나타난; 갑자기 출세한 사람

23 글의 주제   ①

해설 자동차로만 다녀야 하는 도시는 사람들 간의 교류가 일어나기 힘들지만 걸어 다닐 수 있는 공간으로 구성된 동네에서는 사람들의 상호 작용이 활발하게 일어나며, 이는 이웃 간의 증가된 유대감, 소속감, 안전성과 같은 이점으로 이어진다는 내용의 글이다. 따라서 주제로 가장 적절한 것은 ① '걸어 다닐 수 있는 지역에 사는 것의 사회적 이점들'이다.
② 분주한 도시에서 사회 연결망을 구축하는 것의 어려움
③ 걸어 다닐 수 있는 장소에서 사회적 상호 작용을 촉진하는 요인들
④ 빈번한 협력적 교류를 조성할 필요성
⑤ 걸어 다닐 수 있는 장소에서 공동체 의식을 구축하는 방법들

해석 당신이 이제 막 새로운 도시, 즉 광범위한 도시 스프롤이 있고 괜찮은 도시 교통망은 부족한 도시로 이사했다고 상상해보자. 돌아다니는 데에는 차가 필요하다. 차 안에 있는 것은 마주 보고 하는 편안한 상호 작용과 우연한 만남의 대화를 방해한다. 다른 사람을 보는 것은 전부 유리를 통해 성립된다. 반면에, 매일 짜여진 활동을 가능하게 하는 걸어 다닐 수 있는 장소에 사는 것은 사람들이 더 자주 모이는 데 도움이 된다. 사람들이 모퉁이, 카페, 그리고 지역 상점에서 쉽게 무작위로 교차하는 걸어 다닐 수 있는 동네에서 사람들은 더 빠르고 더 쉽게 사회 연결망을 구축할 수 있다. 학교로 걸어가는 것은 아이들 간에 대인 상호 작용을 증진한다. 걸어 다닐 수 있는 환경에서는 공공장소의 강화된 사용이 시민들 간의 정보 교류의 빈도를 높이면서, 이웃 간의 유대를 쌓는다. 이러한 사회적 상호 작용은 증가된 소속감과 강화된 안전으로 이어지기 쉽다.

구문 [1행~3행] Imagine // (that) you have just moved to a new city, *one* [that has extensive urban sprawl and lacks good mass transit].
Imagine 뒤에는 명사절 접속사 that이 생략되었다. one ~ transit은 a new city와 동격 관계이다. [ ]은 one을 수식하는 관계사절이며, 관계사절에서 동사 has와 lacks가 and로 연결되어 병렬구조를 이룬다.

[6행~8행] By contrast, living in *a walkable place* [that allows for *activity* (built into each day)] / **helps** people **get** together more frequently.

living in ~ each day가 동명사구 주어이고 helps가 동사이다. [ ]은 관계사절로 a walkable place를 수식한다. ( )는 activity를 수식하는 과거분사구이다. 「help + O + (to) 동사원형 (O가 v하는 것을 돕다)」 구문이 쓰였다.

어휘 extensive 광범위한 mass transit 도시 교통망 get around 돌아다니다 hinder 방해[저해]하다 chance-upon 우연한 만남의 mediate 성립시키다; 중재하다 allow for ~을 가능하게 하다; ~을 고려[참작]하다 intersect 교차하다; 횡단하다 interpersonal 대인 관계의 intensify 강화하다 (= enhance) **[선택지]** foster 조성하다, 발전시키다 collaborative 협력적인

24 글의 제목 ⑤

해설 실험 참가자들이 가상 환경과 실제 환경에서 자연 또는 도시 환경을 산책했을 때, 자연 환경을 산책한 사람들이 도시 환경을 산책한 사람들보다 시간이 더 느리게 흐르는 것처럼 느꼈다고 했으므로 제목으로 가장 적절한 것은 ⑤ '자연 대 도시 환경, 즉 자연은 시간 인지를 늦춘다'이다.
① 자연에서 걷는 것의 심리적 이익과 건강상의 이익
② 자연의 차분함 대 도시의 혼잡, 즉 우리 기분에 미치는 영향
③ 빠른 속도의 도시보다 느린 자연을 선택하는 것의 이점들
④ 시간의 환상, 즉 자연계의 복잡한 리듬

해석 일련의 연구에서 캐나다 Carleton 대학의 심리학 연구자들은 사람들이 도시 환경과 비교하여 자연에서는 어떻게 시간을 인지하는지를 실험했다. 가상 환경과 실제 환경 둘 다를 포함한 실험에서 참가자들은 숲의 오솔길 같은 자연 환경 혹은 뉴욕시 같은 번잡한 도시 장소 둘 중 하나를 걷는 경험을 했다. 그들은 분과 초로 그 경험의 지속 시간을 추정했다. 처음의 세 실험은 이미지를 포함했으며, 연구자들은 자연과 도시 환경 간에 실제 지속 시간의 추정치에 있어서 어떠한 유의미한 차이도 발견하지 못했다. 그러나 세 연구 모두에서 자연 환경의 참가자들이 도시 환경의 참가자들에 비해 더 느린 시간의 경과를 느꼈음을 보고했다. 그리고 연구자들이 실제로 자연 환경 혹은 도시 환경 속으로 참가자들을 산책시켰을 때, 자연에 있던 사람들이 흘러간 시간에 대하여 더 오랜 객관적이고 주관적인 인지를 보고했다.

구문 **[4행~8행]** In *experiments* [that included **both** virtual **and** actual environments], / participants experienced walking through **either** natural surroundings such as a forest trail **or** bustling urban locations such as New York City.

[ ]은 experiments를 수식하는 관계사절이다. [ ]에서 「both A and B」는 'A와 B 둘 다'의 뜻이다. 전치사 through의 목적어로 「either A or B (A나 B 둘 중 하나)」 구문이 쓰였다.

[12행~15행] But in all three studies, / *the participants* (in the nature conditions) reported feeling a slower passage of time / **compared with** *those* (in the urban conditions).

compared with 이하는 분사구문이며 '~에 비해'의 의미이다. those는 the participants를 지칭한다.

어휘 virtual 가상의 trail 오솔길, 산길 bustling 번잡한, 북적거리는 duration 지속, (지속되는) 기간 imagery 이미지, 형상화; 사진 passage (시간의) 경과[흐름] elapse (시간이) 흐르다[지나다] **[선택지]** hustle 혼잡, 법석 fast-paced 빠른 속도의 intricate 복잡한

25 도표 이해 ④

해설 재택근무가 직장에서 지도를 받을 기회에 해가 된다고 보고한 응답자의 비율은 36%이고 일에서 성공할 기회에 해가 된다고 보고한 응답자의 비율은 19%로, 전자가 후자의 두 배만큼 높은 것은 아니므로 ④는 도표와 일치하지 않는다.

해석 미국 재택근무자가 자신의 일을 보는 방식
위 그래프는 재택근무가 가능한 자신들의 직업의 영향에 대해 묻는 설문조사에 대한 미국 재택근무자의 응답 비율을 보여준다. ① 10명 중 7명이 넘는 응답자가 재택근무가 일과 사생활의 균형을 잡는 능력에 도움이 된다고 말했다. ② 또한, 절반이 넘는 응답자들은 재택근무가 일을 마치고 마감일을 지키는 능력에 도움이 된다고 말했다. ③ 오직 응답자의 7%만이 재택근무가 일을 마치고 마감일을 지키는 능력에 해가 된다고 말했으며, 3분의 1보다 많은 응답자가 그것이 도움이 되지도 해가 되지도 않는다고 말했다. ④ 재택근무가 직장에서 지도를 받을 기회에 해가 된다고 보고한 응답자의 비율은 일에서 성공할 기회에 대한 비율보다 두 배만큼 높았다. ⑤ 동료와 얼마나 연결되어 있다고 느끼는지에 관해서는 40% 미만의 응답자들이 재택근무가 도움이 되지도 해가 되지도 않는다고 말했다.

구문 **[8행~11행]** Only 7% of the respondents said / working from home **hurts** *their ability* (to **get** work **done** ⬚and⬚ (to) meet deadlines), // and more than one-third said / it neither helps nor hurts.

첫 번째 절에서 working from home이 동명사 주어이고 hurts가 동사이다. ( )는 to-v의 형용사적 용법으로 their ability를 수식하며, to get과 (to) meet가 and로 연결되어 병렬구조를 이룬다. 「get + O + p.p.」는 'O가 ~되게 하다, O가 ~당하다'의 뜻이다. 두 번째 절에서 it은 working from home을 가리키며, 「neither A nor B (A도 B도 아니다)」 구문이 쓰였다.

어휘 teleworker 재택근무자 respondent 응답자 mentor 지도[조언]하다; 멘토 get ahead 성공하다, 출세하다 when it comes to ~에 관한 한

26 내용 불일치 ④

해설 수염상어는 보통 밤에 홀로 사냥한다고 했으므로 ④가 일치하지 않는다.

해석 수염상어는 납작한 몸통과 넓은 머리로 특색이 나타난다. 그들은 두 개의 둥글고 뼈가 없는 지느러미를 가지고 있다. 등에 있는 첫 번째 지느러미는 두 번째 지느러미보다 더 크다. 수염상어는 대부분의 다른 상어 종과 달리 움직이지 않고 호흡하는 독특한 능력을 가지고 있는데, 다른 상어 종은 호흡하기 위해 끊임없는 헤엄을 필요로 한다. 보통 낮에는 40개체에 달하는 집단으로 해저에서 쉬지만, 수염상어는 보통 밤에는 홀로 사냥한다. 수염상어는 번식할 때, 자라면서 없어지는 검은 반점을 가진 20에서 40마리의 새끼를 낳는다. 수염상어는 물고기, 게, 문어를 포함하여 다양한 먹이를 먹고 살며, 그것들을 으스러뜨리기 위하여 강력한 턱을 사용한다.

구문 **[4행~7행]** Nurse sharks have *the unique ability* (to breathe without moving), unlike *most other shark species*, // which require continuous swimming to breathe.

( )는 to-v의 형용사적 용법으로 the unique ability를 수식한다. which 이하는 most other shark species를 부연 설명하는 계속적 용법의 관계사절이다.

어휘 flatten 납작해지다 spineless 뼈[척추]가 없는 fin 지느러미 dorsal 등에 있는 ocean floor 해저, 대양저 reproduce 번식하다; 재생[재현]하다 give birth to ~을 낳다 feed on ~을 먹고 살다 jaw 턱

27 안내문 불일치 ④

해설 참가자는 점심을 가져와야 한다고 했으므로 ④가 일치하지 않는다.

해석 어린이들을 위한 Wilmer 센터의 봄 방학 캠프

전문적인 미술용품으로 걸작을 만들고, 즐기면서, 자신을 표현하세요. 매일이 새로운 모험이고 물감으로 그림 그리기, 소묘, 판화, 조소와 같은 활동을 포함할 것입니다.

날짜 및 시간
• 1주 차: 3월 20일~24일 / 2주 차: 3월 27일~31일 (월~금)
• 오전 8시~오후 3시

참가비
• 회원 225달러 / 비회원 275달러
• 추가 자녀 1명당 형제자매 10% 할인

세부 사항
• 이 캠프는 6세에서 12세 사이의 어린이들을 위한 것입니다.
• 각 참가자는 점심, 물병, 그리고 편안한 옷을 가져와야 합니다.
• 취소 시 환불되지 않습니다.

구문 [3행~4행] Create a masterpiece with professional art supplies, have fun, and express yourself.
밑줄 친 세 개의 동사 create, have, express는 and로 연결되어 병렬구조를 이룬다. express의 목적어는 주어와 같은 대상이므로 재귀대명사 yourself가 쓰였다.

어휘 masterpiece 걸작, 명작 printmaking 판화 sculpt 조각하다 sibling 형제자매 refund 환불 cancellation 취소

28 안내문 일치 ④

해설 ① 학교 운영 위원회에서 주최한다.
② 토론 주제는 자녀와의 관계에 관한 것이다.
③ 금요일 오전에 진행된다.
⑤ 신청은 이틀 전까지 해야 한다.

해석 Butler 고등학교 학부모 다과회

Butler 고등학교의 모든 학부모를 학교 운영 위원회가 주최하는 재미있고 유익한 다과회에 정중하게 초대합니다. 행사에서 여러분은 자녀들과 건강한 관계를 형성하는 방법을 배울 수 있습니다. 학교 상담 교사인 Sandra Land 선생님은 부모가 자녀들과 마주하는 다양한 일상적인 상황에 대해 논의할 때 그룹을 이끌어 그 문제들에 대처하기 위한 팁을 제공할 것입니다.

• **날짜:** 3월 24일 금요일
• **시간:** 오전 9시~오전 11시
• **위치:** 학생회관 타워 라운지
• **세부 사항**
– 커피, 차, 쿠키가 무료로 제공될 것입니다.
– 참가자들은 3월 22일 이전에 학교 운영 위원회 사무실에서 또는 registration@hsbutler. edu에 이메일로 이름을 등록해야 합니다.

그곳에서 뵙길 바랍니다!

구문 [6행~10행] Ms. Sandra Land, the school counselor, will lead the group / in discussing *various everyday situations* [that parents encounter with their children] and provide tips for addressing the challenges.

밑줄 친 the school counselor는 주어 Ms. Sandra Land와 동격 관계이다. will 다음의 동사원형 lead와 provide가 and로 연결되어 병렬구조를 이룬다. [ ]는 various everyday situations를 수식하는 관계사절이다.

어휘 cordially 정중하게, 친절하게; 진심으로 informative 유익한, 유용한 정보를 주는 School Council 학교 운영 위원회 register 등록하다

29 밑줄 어법 ④

해설 ④ 뒤에 이어지는 answers were much debated는 완전한 절이므로 앞에 주격 혹은 목적격 관계대명사 which이 올 수 없다. medieval philosophers 뒤에 이를 수식하는 관계대명사절이 나와야 하는데, '중세 철학자들의' 답이 17, 18세기 철학자들에 의해 토론된 것이므로 소유격 관계대명사 whose로 바꿔 써야 한다.
① 전치사구 At the bottom of science가 문두에 나가 도치된 문장으로 주어가 questions로 복수이므로 복수동사 are는 적절하다.
② science를 강조하는 재귀대명사로 itself를 적절히 사용했다.
③ 철학이 오랜 세월에 걸쳐 현재까지 대화로 진화해온 것이므로 현재완료 has evolved는 올바르다.
⑤ 전치사 on의 목적어 역할을 할 명사절이 필요하며 뒤에 이어지는 his contemporaries are saying은 목적어가 없는 불완전한 문장이므로 명사절을 이끄는 관계대명사 what을 적절히 사용했다.

해석 철학은 질문을 던지고 답을 제안함으로써 사물의 본질에 도달하고자 노력한다. 예를 들어 과학의 본질에는 '과학 법칙이란 무엇인가?', '시간은 무엇인가?' 등과 같은 질문들이 있다. 과학자들은 자신의 시간과 에너지를 과학 그 자체에 공들이는 데 전념하느라 너무 바빠서 일반적으로 이와 같은 '본질적인' 질문들을 생각하기 위해 하던 일을 멈추지 않는다. 즉 이러한 질문들에 대해 생각하는 것은 철학자의 몫으로 남겨진다. 철학은 위대한 그리스 철학자들과 함께 시작되었으며 오랜 세월에 걸쳐 일종의 대화로 진화해왔다. 예를 들어 '앎이란 무엇인가?'라는 질문은 그리스인들에 의해 제기되었고 그들의 답은 중세 철학자들에 의해 논의되었으며, 그들의 답은 17세기와 18세기 철학자들에 의해 많이 토론되었다. 이러한 질문을 다루는 현대 철학자는 한쪽 눈은 이러한 역사에, 다른 눈은 동시대인들이 말하는 것에 둘 것이다. 이러한 계속되는 대화의 과정에서 많은 문제들과 역설들이 생성되어 왔다.

구문 [5행~8행] Scientists generally don't **stop to consider** "at-the-bottom" questions like these // **since** they **are** too **busy dedicating** their time and energy towards working on science itself.
「stop + to-v」는 'v하기 위해 멈추다'의 뜻이다. since는 '~ 때문에'라는 의미의 부사절을 이끄는 접속사이다. 「be busy v-ing」는 'v하느라 바쁘다'의 뜻이다.

어휘 dedicate (시간·노력을) 전념하다, 바치다 work on ~에 공들이다, 애쓰다 contemporary 동시대의; 동시대인 paradox 역설

30 밑줄 어휘 ④

해설 현실에서 노력과 성과는 비례하지 않고 비선형적 역학 관계를 보이는데 사람들은 성과가 좀처럼 나타나지 않을 때 낙담한다고 했으므로, 느린 발전을 경험할 때 사람들은 자신의 잠재력을 '확대하는' 것이 아니라 '과소평가할' 것이다. 따라서 ④의 magnify를 underestimate로 바꿔 써야 한다.

해석 수필가 나심 니콜라스 탈레브가 말했듯이 우리의 감정 기관은 직선적 인과 관계를 위해 만들어진다. 예를 들어, 당신이 매일 공부하고 당신의 공부가 ① 비례하여 무언가를 학습한다고 해보자. 당신이 무언가 성과를 거두고 있다는 느낌을 받지 못한다면, 당신의

감정은 당신이 사기가 저하되도록 할 것이다. 그러나 현실은 당신에게 선형적 경험을 제공하는 데 관심이 ② 거의 없다. 당신은 1년 동안 공부하고 아무것도 못 배울 수 있으며, 그리고 나서 텅 빈 결과에 낙심하여 포기하지 않는 한, 무언가가 순식간에 당신에게 올 것이다. 오랫동안 매일 피아노를 연습하며 간단한 '젓가락 행진곡'을 간신히 연주할 수 있다가 베토벤의 더 복잡한 곡을 연주를 ③ 할 수 있음을 갑자기 알게 된 자신의 모습을 상상해보라. 이러한 비선형적 역학 때문에 사람들은 느린 발전을 경험하는 동안 자신의 잠재력을 ④ 확대한다(→ 과소평가한다). 그러나 현실에서 발전은 좀처럼 ⑤ 일직선의 선을 따르지 않는다.

구문 [1행~2행] **As** an essayist, Nassim Nicholas Taleb observed // our emotional apparatus is designed for linear causality.
접속사 As는 '~듯이, ~대로'의 뜻이다.
[11행~15행] **Imagine** *yourself* **practicing** the piano every day for a long time, barely **being** able to perform the simple "Chopsticks," / then suddenly **finding** yourself capable of playing more complex pieces of Beethoven.
「imagine + O + v-ing」는 'O가 v하는 것을 상상하다'의 뜻으로 보어 역할을 하는 밑줄 친 세 부분이 병렬구조를 이룬다.

어휘 essayist 수필가 apparatus (신체의) 기관; 기구 linear (직)선의, 선형의 (↔ nonlinear 비선형의, 직선이 아닌) causality 인과 관계 in proportion to ~에 비례하여 go anywhere 성과를 거두다 demoralize 사기를 꺾다, 의기소침하게 만들다 dishearten 낙심[낙담]하게 하다 in a flash 순식간에, 눈 깜짝할 새 barely 가까스로, 간신히 dynamics 역학 (관계) magnify 확대하다, 과장하다

31 빈칸 추론 ①

해설 동일한 생활을 하는 두 집단 중에서 자신이 이미 공식적인 일일 운동 요구량을 충족시킴을 인지한 집단의 사람들은 긍정적인 운동 효과를 거두었다고 했으므로 빈칸에 들어갈 말로 가장 적절한 것은 ① '사고방식'이다.
② 행동 ③ 노출 ④ 추론 ⑤ 환경

해석 심리학 교수 Alia Crum은 84명의 여성 호텔 청소부에 대한 연구를 수행했다. Crum이 모집한 근면한 여성들은 모두 단지 자신의 일을 함으로써 자신도 모르게 공식적인 일일 운동 요구량을 충족시키고 있었음에도 불구하고 과체중 혹은 현저한 비만이었다. Crum은 그리고 나서 그들을 두 집단으로 나누었다. 두 집단 모두 운동의 혜택에 대한 설명을 받았지만, 오직 한 집단의 사람들만이 숨겨진 진실에 대한 통지를 받았다. 자신이 이미 공식적인 일일 운동 요구량을 충족시키고 있음을 깨닫는 것은 그들이 자신의 건강을 증진시키는 능력에 대해 더 자신감을 가지고 동기를 부여받는 데 도움이 되었다. 4주 후에 여성들의 생활에 다른 어떤 변화는 없었음에도, '(진실을) 알고 있는' 집단의 사람들은 '알지 못하는' 집단의 사람들보다 혈압을 상당히 더 낮추었다. 그들은 또한 몇 파운드를 감량했으며 체지방과 허리 엉덩이 비율을 개선했다. 사고방식의 아주 작은 변경이 막대한 차이를 낳았다.

구문 [2행~6행] *The hard-working women* [(whom[that]) Crum recruited] **were** overweight or markedly obese // even though they were all satisfying the official daily exercise requirements without knowing it, / just by doing their jobs.
Crum recruited는 앞에 목적격 관계대명사 whom[that]이 생략되어 주어 The hard-working women을 수식하며, 동사는 were이다.
[10행~13행] Realizing // that they were already meeting the official daily exercise requirements / **helped** them **to feel** more confident |and| motivated about *their ability* (to improve their health).
Realizing ~ requirements는 동명사구 주어이며 동사는 helped이다. 동사 helped는 「help + O + (to) 동사원형」 형태로 'O가 v하는 것을 돕다'의 의미이다. feel 뒤에 형용사 보어 confident와 motivated가 and로 연결되어 병렬구조를 이룬다.

어휘 recruit 모집하다 overweight 과체중의 markedly 현저하게, 뚜렷하게 obese 비만인 ratio 비율

32 빈칸 추론 ②

해설 사람들은 한 번 어떤 방식에 익숙해지면 그것이 비효율적이고 비이성적일지라도 더 합리적인 새로운 시도를 받아들이지 못한다고 했으므로 이러한 상황에서 이성적인 역학을 강요하는 것은 ② '명백한 개선을 제공하지 못할' 것이다.
① 더 큰 그림을 고려하지 못하다
③ 경력 성장을 위한 기회를 놓치다
④ 시행착오의 중요성을 무시하다
⑤ 고정 관념을 깨고 생각할 필요를 증진시키다

해석 연구자들은 최종 결과가 실제로 얼마나 많은 경우 가치가 없는 것인지를 보여주기 위해 쿼티 자판의 예를 자주 사용한다. 타자기의 문자 배열은 가장 가치 없는 방식의 성공을 보여주는 한 예이다. 우리의 타자기는 자판의 글자 순서가 최적이 아닌 방식으로 배열되어 있는데, 이는 실제로 타이핑을 더 쉽게 만들어 주기보다는 느려지게 한다. 초기 타자기가 리본을 사용했을 때 이러한 배열이 처음 실행되었는데, 이것(리본)은 인접한 문자들을 연달아 치면 걸려서 움직이지 않게 되기 쉬웠다. 그래서 우리가 더 나은 타자기와 컴퓨터화된 워드 프로세서를 만들기 시작했을 때 컴퓨터 키보드를 합리화하기 위한 몇 가지 시도가 이루어졌다. 그러나 사람들은 이미 쿼티 자판에 익숙해져 있었고, 이것이 그들이 새로운 레이아웃에 적응하는 것을 힘들게 만들었다. 그 과정에서 이성적인 역학을 강요하는 것은 명백한 개선을 제공하지 못할 것이다. 이것은 경로 의존적 결과라 불리며, 확립된 체계나 기술을 수정하거나 혁신하려는 많은 수학적 시도를 방해해왔다.

구문 [5행~8행] Our typewriters **have** *the order of the letters on their keyboard* **arranged** in a nonoptimal manner, // which actually slows down the typing rather than making **it** easier.
「have + O + p.p.」는 'O가 ~되다, ~당하다'의 의미이다. which 이하는 계속적 용법의 관계대명사절로 앞 절의 내용을 부연 설명한다. it은 the typing을 가리키는 지시대명사이다.
[15행~18행] However, people had already become accustomed to the QWERTY keyboard, / **making it** challenging *for them* **to adapt to a new layout**.
making 이하는 결과를 나타내는 분사구문이다. it은 가목적어, to adapt 이하가 진목적어이며 for them은 to-v에 대한 의미상 주어이다. 「make + 가목적어(it) + C(형용사) + for A + to-v」는 'A가 v하는 것을 C하게 만들다'의 뜻이다.

어휘 undeserved ~할 가치가 없는 arrangement 배열, 배치 deserving 가치가 있는, ~을 받을 만한 nonoptimal 최적이 아닌 implement 실행하다 ribbon (타자기의) 리본 be prone to ~하기 쉽다 jam (걸려서) 움직이지 않게 되다 adjacent 인접한, 가까운 in quick succession 연달아 rationalize 합리화하다 become accustomed to ~에 익숙해지다 challenging 힘드는; 도전적인 modify 수정하다, 변경하다 [선택지] tangible 명백한; 분명히 실재하는 trial and error 시행착오

33 빈칸 추론 ④

해설 일반적인 이야기에 구체적인 세부 사항이 덧붙여진 이야기는 전자의 부분 집합, 즉 하위 개념이 되므로 개연성은 더 떨어지지만, 보다 설득력이 있어 더 매력적으로 들릴 수 있다는 내용의 글이므로, 두 심리학자가 말하는 흥미진진한 이야기의 특징은 ④ '흔히 개연성은 덜하지만 더 만족스러운 설명'이다.
① 관심을 사로잡고 유지하는 데 있어 항상 중대한

② 정확한 정보와 논리에 전적으로 기반을 둔
③ 불가측성의 주요 원천이 거의 되지 못하는
⑤ 실제 상황에서의 낮은 확률로 인해 덜 극적인

해석 불확실한 사건에 대한 개연성의 논리와 사람들의 평가 간의 불일치는 심리학자 Kahneman과 Tversky의 주의를 끌었다. 이러한 불일치가 실제 상황에서 불공정하거나 잘못된 판단으로 이어질 수 있고 이것을 가치 있는 연구 영역으로 만들어 주므로 그들은 흥미를 느꼈다. 어느 것이 더 그럴듯한가? 피고가 시체를 발견하고 범죄 현장을 떠난 것? 아니면 피고가 시체를 발견하고 살인으로 잘못 기소될까 두려워 범죄 현장을 떠난 것? 후자의 설명은 개연성은 덜하지만, 잘못된 기소에 대한 두려움 때문에 더 그럴듯하게 들릴지도 모른다. 대통령이 교육에 대한 연방 정부의 원조를 증가시킬 것이라는 것이 더 개연성 있는가? 아니면 그가 주에 대한 다른 원조를 삭감함으로써 마련된 자금으로 교육에 대한 연방 정부의 원조를 증가시킬 것이라는 것이 더 개연성 있는가? 후자의 시나리오는 교육에 대한 연방 정부의 원조를 증가시키는 구체적인 방법이므로 교육에 대한 원조를 단순히 증가시키는 일반적인 경우보다 개연성을 떨어지게 한다. 각 경우에서 비록 후자의 선택이 전자의 선택보다 개연성이 떨어지지만 (그것들이 전자의 부분 집합이므로), 그것들은 설득력 있는 이야기의 매력으로 인해 더 있을 법하게 들릴 수 있다. Kahneman과 Tversky가 말했듯이 흥미진진한 이야기는 흔히 개연성은 덜하지만 더 만족스러운 설명이다.

구문 [13행~17행] Is **it** more probable **that** the president will increase federal aid to education / |or| **that** he or she will increase federal aid to education with *funding* (freed by cutting other aid to the states)?
it은 가주어이고 밑줄 친 두 개의 that절이 진주어이다. ( )는 funding을 수식하는 과거분사구이다.

[17행~20행] The latter scenario is a specific way of increasing federal aid to education, / **making it** less probable / than the general case of simply increasing aid to education.
making 이하는 분사구문이다. making의 목적어 it은 The latter scenario를 지칭한다.

어휘 inconsistency 불일치, 모순　probability 개연성; 확률 *cf.* probable 개연성 있는, 있을 것 같은　intrigue 흥미[호기심]를 불러일으키다　defendant 피고　accuse 기소[고발]하다 *cf.* accusation 기소, 고발　plausible 그럴듯한, 타당한 것 같은　federal aid 연방 정부의 원조　free (특정한 목적을 위해) ~을 마련하다　subset 부분 집합　compelling 설득력 있는; 흥미진진한　**[선택지]** retain 유지[보유]하다　unpredictability 불가측성, 예측할 수 없음　dramatic 극적인

34 빈칸 추론 ②

해설 더 크고 경쟁적인 환경에서 뒤처지지 않기 위해 분투할 때, 자신의 자아 인식을 새롭게 하고 변화의 흐름을 따라야 한다고 했다. 따라서 ② '더 넓고 더 유동적인 방식으로 자신을 재정의하기 위하여' 감정적 기민함이 필요하다는 것을 알 수 있다.
① 비판에 직면하여 자신의 감정을 관리하기 위하여
③ 자신의 지난 성취와 성공을 기념하기 위하여
④ 자신의 목표와 타인의 기대 사이에서 균형 잡기 위하여
⑤ 다른 사람들과 연결되고 서로 지지하는 관계를 만들기 위하여

해석 환상적인 시험 결과를 달성하고 모두가 들어가고 싶어 하는 최고 중의 최고 대학 중 하나로 떠나는 매우 똑똑하고 근면한 학생을 상상해보자. 도착하자마자 그녀는 주변의 모든 사람이 꼭 자기만큼 똑똑하고 열심히 한다는 것을 발견한다. 사실 그녀의 새 급우 중 일부는 훨씬 더 기량이 뛰어나다. 늘 그래왔던 것처럼 자신의 학업 성취와 지능에만 너무 편협하게 집중하는 것은 그녀가 새 대학의 대단히 경쟁적인 환경에 적응하는 것을 어렵게 만들 수 있다. 자기 주변의 모든 엘리트 학생들에게 뒤처지지 않기 위해 분투할 때, 그녀는 더 넓고 더 유동적인 방식으로 자신을 재정의하기 위하여 적절한 양의 감정적 기민함을 필요로 할 것이다. 그렇게 하기 위하여 그녀는 자신이 더 크고 더 경쟁적인 연못에 있음을 불현듯 깨닫는 작은 물고기로서 자신의 분투에 대한 동정심을 가질 필요가 있을 것이다. 그러고 나서 그녀는 현실에 적응하기 위해 변화의 흐름과 함께 헤엄쳐야 할 것이다. 그녀가 자신의 자아 인식을 새롭게 하지 않는다면, 자신보다 더 커진 연못 속에 있는 정체된 물고기가 되는 위험을 무릅쓸 것이다.

구문 [4행~5행] Upon arrival, she finds // **that** everyone around her is just **as smart** |and| **dedicated as** she is.
that은 명사절을 이끄는 접속사로 that 이하의 절이 finds의 목적어 역할을 하고, that절에서 「A as 형용사/부사 as B」는 'A는 B만큼 ~한[하게]'란 의미의 원급 구문이 쓰였다.

[7행~10행] Focusing too narrowly on her academic achievements and intelligence, / **as she always has**, / **could make it** difficult *for her* **to adjust** to the highly competitive environment of her new university.
Focusing ~ intelligence는 동명사구 주어이고 could make가 동사이다. 삽입절인 as she always has에서 접속사 as는 '~처럼'의 뜻을 가지며 여기서 has는 has focused ~ and intelligence를 의미하는 대동사이다. it은 가목적어, to adjust 이하가 진목적어이며 for her는 to-v에 대한 의미상 주어이다.

어휘 exceptionally 매우, 특별히　head off to (어떤 장소로) 떠나다　accomplished 기량이 뛰어난　keep up with ~에 뒤처지지 않다　dose 양; (약의) 1회 복용량　agility 기민함, 민첩　compassion 동정심, 연민　stagnant 정체된; 고여 있는　outgrow ~보다 더 커지다　**[선택지]** fluid 유동[가변]적인

35 무관 문장 ③

해설 지표면이 따뜻한 이유로 온실 효과를 언급하면서 이에 대한 원리를 설명하는 내용의 글인데, ③은 온도 및 강수 패턴의 변화에 농부들이 큰 영향을 받는다는 내용이므로 글의 흐름과 무관하다.

해석 지표면은 태양에서 지구까지의 거리를 고려하면 그래야 하는 것보다 훨씬 더 따뜻한데, 이는 온실 효과 때문이다. ① 단파 복사로 알려져 있는 태양에서 나오는 가시광선은 대기를 통과하여 육지와 바다에 흡수되고 그것들을(육지와 바다) 따뜻해지게 한다. ② 지구의 따뜻한 표면은 장파 복사로 알려져 있는 이 열을 방출하고, 이것은 그러고 나서 대기의 이산화탄소, 메탄, 수증기, 그리고 다른 온실가스에 흡수된다. ③ 농업 생산자들은 온실 효과로 일어나는 온도와 강수 패턴의 변화로부터 큰 영향을 받는다. ④ 열은 위아래로 재방출되어 지구의 온도를 조절하기 위해 대기의 균형을 이룬다. ⑤ 그러나 과도한 양의 온실가스가 지구가 처리할 수 있는 것보다 더 많은 열을 대기 중에 가둬둠으로써 자연적 평형 상태를 붕괴시킬 때, 이것은 지구온난화로 이어진다.

구문 [12행~15행] The heat is reradiated **both** upwards **and** downwards, / **creating** a balance in the atmosphere to regulate the planet's temperature.
「both A and B」는 'A와 B 둘 다'의 뜻이다. creating 이하는 결과를 나타내는 분사구문이다.

어휘 visible 가시적인, (눈에) 보이는　short-wave 단파의 (↔ long-wave 장파의)　radiation (열·에너지 등의) 복사　absorb 흡수하다　emit 방출하다　precipitation 강수(량)　regulate 조절하다; 규제하다　disrupt 붕괴시키다; 방해하다

36 글의 순서 ⑤

해설 사람들이 마주 보며 대화하면 협업 능력이 향상되는 신경 동시성이 나타난다는 내용의 주어진 글 다음에는 연구를 통해 신경 동시성이 입증되었다는 내용의 (C)

가 나와야 한다. 다음에는 역접의 연결사 However로 이어져, 이와 반대되는 서로 등을 돌리고 대화하는 상황에 대해 설명하는 (B)가 오고, 마지막으로 등을 돌린 상황보다 관계가 훨씬 더 약해지는 디지털 상호 작용에 대해 기술하는 (A)가 오는 것이 가장 자연스럽다.

해석 개인들이 마주 보며 대화할 때 그들의 뇌는 비슷한 활동 패턴을 보이며 이는 그들의 협업 능력을 향상시킨다. 이러한 현상은 신경 동시성으로 알려져 있다.
(C) 뇌 영상법 연구에 의하면 직접 얘기하는 동안 동일 영역이 동시에 빛나는 것으로 나타났다. 다른 누군가와 '동시에 이뤄지는' 감각은 비유적 표현 그 이상의 것이다.
(B) 그러나 두 사람이 등을 서로에게 향한 채로 대화한다면, 이러한 동기화는 약해진다. 이 것은 그들이 마주 보는 의사소통과 함께 오는 시각적 신호를 놓치기 때문이다.
(A) 디지털 상호 작용에서는 비언어적 신호의 양이 훨씬 더 적기 때문에 연결이 훨씬 더 약해진다. 디지털 의사소통에 대한 의존이 증가함에 따라 이러한 맥락에서 비언어적 신호의 부족을 보충하고 신경 동시성을 조성하는 방법을 이해하는 것이 필수적이다.

구문 [7행~10행] With the increasing reliance on digital communication, / it's essential **to understand** how to compensate for the lack of nonverbal cues and foster neural synchrony in these contexts.
it은 가주어이고 to understand 이하가 진주어이다. how to 다음의 동사원형 compensate와 foster가 and로 연결되어 병렬구조를 이룬다.
[11행~12행] However, if two people converse **with** *their backs* **to each other**, // this synchronization weakens.
「with + O + 전치사구」는 'O를 ~에 둔 채로'의 의미이다.

어휘 synchrony 동시성. 동시 발생 *cf.* synchronization 동기화 compensate for ~을 보충하다 brain imaging 뇌 영상법 simultaneously 동시에 sensation 감각; 느낌 in sync 동시에 이뤄지는 figure of speech 비유적 표현

37 글의 순서 ③

해설 다량의 정보의 이점을 언급한 주어진 글 다음에는 But과 함께 반대로 이러한 현상이 파괴적이고 해로운 점을 갖는다는 내용의 (B)가 이어져야 한다. 이어서 이에 대한 해결책으로 사람들이 충분한 지식을 갖고 의견을 낸 것인지 알아봐야 한다고 제시한 (B)의 내용을 구체적으로 기술하는 (C)가 나와야 한다. 마지막으로 (C)에서 언급된 그저 대중에 따라 의견을 제시하는 상황은 (A)에서 If so로 받아 이어지면서 이러한 경우 거리를 두고 상황을 객관적으로 볼 수 있어야 한다고 마무리되는 것이 자연스럽다.

해석 의심할 바 없이 정보의 잇따른 대량 발생은 흔히 사람들이 자기 자신의 통찰력에만 오로지 의존하기보다는 다른 사람들의 선택이나 견해를 받아들이는 데서 발생하는데, 이것은 좋은 힘이 될 수 있다. 그것은 민권 운동에 박차를 가하는 데 도움을 주었으며 환경에 대한 인식을 주류로 이끌어왔다.
(B) 그러나 너무나 많은 경우 그것은 파괴적이며 해롭다. 그러면 우리는 쇄도하는 여론에 직면할 때 어떻게 반응해야 하는가? 비결은 이미 순간의 감정에 사로잡힌 사람들이 당면한 상황에 대한 충분한 지식과 이해를 정말로 갖고 있는지를 알아내는 것이다.
(C) 그들이 이미 갖고 있는 지식을 이용하고 있는가, 아니면 그들이 독립적으로 접근한 지식을 이용하고 있는가? 이 경우 그들의 말은 경청할 가치가 있을 것이다. 혹은 그들은 스스로 생각하지 않고 그저 감정의 흐름에 몸을 맡기며 대중을 따르고 있는가?
(A) 만약 그렇다면 수의 안전(수가 많은 편이 안전함)이 여기에는 적용되지 않음을 명심하라. 한 걸음 뒤로 물러서서 상황을 객관적으로 분석하는 것이 군중의 광기와 군중 속에 휩쓸린 사람들의 어리석음을 피하는 비결이다.

구문 [1행~4행] Without doubt, information cascades, / often **resulting** from *people* (embracing the choices or views of others **rather than** solely depending on their own insights), / **can be** a force for good.

information cascades가 주어이고 can be가 동사이다. often resulting ~ own insights는 분사구문이 삽입된 것이다. ( )는 people을 수식하는 현재분사구로, 「A rather than B (B라기보다는 오히려 A)」 구문이 사용되었다.
[20행~21행] Are they using *knowledge* [that they already possess], or [that they accessed independently]?
두 개의 [ ]는 관계사절로, 모두 앞의 knowledge를 수식한다.

어휘 spur 박차를 가하다; 원동력이 되다 mainstream 주류[대세] mindlessness 어리석음; 무지함 sweep up ~를 휩쓸고 가다; 휙 들어 올리다 disruptive 파괴적인; 붕괴시키는 surge 쇄도; 큰 파도 figure out ~을 알아내다[이해하다] sufficient 충분한 at hand 당면한; 가까이에 있는 herd 대중; (가축의) 떼

38 문장 넣기 ⑤

해설 주어진 문장의 '이러한 관점에서(In light of this)'는 ⑤의 앞 문장에 나오는 '인간은 도덕적 딜레마에 직면하면 복잡한 상호 작용을 통해 특정 상황에서 무엇이 이로운지 인식한다는 관점을 지칭하며, 주어진 문장은 이 관점에서 볼 때 진실성이 요소들 간의 평형의 영향을 받는다고 이어진다. ⑤ 다음 문장이 주어진 문장을 This로 받으며, 따라서 진실성은 고정된 것이 아니라 역동적이며 변할 수 있는 것이라는 결론을 내리고 있으므로 주어진 문장은 ⑤에 위치해야 한다.

해석 평판을 진실성의 대체물로 사용하는 일반적인 관행은 결함이 없는 것은 아니다. 진실성이 고정된 특성이라는 흔히 생각되는 믿음에도 불구하고, 사람의 과거 행동이 항상 미래의 행동을 암시하는 것은 아님을 주목하는 것이 중요하다. 이것을 이해하기 위해서는 사람들이 '선'과 '악'의 도덕적 충동으로 고심한다는 개념을 버려야 한다. 그보다는 심각한 정신병을 제외하고는, 정신은 주로 단기적 이득과 장기적 이득을 달성하는 데 집중한다. 어떤 사람이 도덕적 딜레마에 직면하면, 그들의 결정은 흔히 그 특정 상황에서 무엇이 이로운지에 대한 그들의 인식에 영향을 미치는 요소들의 복잡한 상호 작용에 의해 영향을 받는다. 이러한 관점에서, 사람의 진실성은 어떤 상황에서도 요소들의 정교한 평형에 의해 영향을 받는다. 이것은 진실성이 사람의 인격의 역동적인 면이며, 이는 시간이 흐르면서 그리고 다른 상황에서 변할 수 있음을 의미한다.

구문 [6행~8행] Despite the commonly held belief that integrity is a fixed trait, / it is important **to note** // that a person's past behavior is **not always** indicative of future actions.
밑줄 친 that 이하는 the commonly held belief에 대한 동격절이다. it은 가주어이고 to note 이하가 진주어이다. not always는 '항상 ~한 것은 아니다'라는 의미의 부분 부정 구문이다.
[9행~11행] In order to understand this, / we must abandon the notion that individuals struggle with moral impulses of "good" and "evil."
밑줄 친 that 이하는 the notion에 대한 동격절이다.

어휘 in light of ~의 관점에서 integrity 진실성 delicate 정교한; 섬세한 substitute 대체물, 대용물 indicative 암시하는, 나타내는 impulse 충동 psychopathology 정신병; 정신 병리학 interplay 상호 작용 dynamic 역동적인

39 문장 넣기 ②

해설 주어진 문장의 they는 앞에서 언급된 평균적인 선수들과 다르게 상대의 몸동작을 관찰했다고 했으므로 문맥상 평균적인 선수가 아닌 높은 성과를 낸 선수들을 지칭한다. ②의 앞 문장은 높은 성과를 낸 선수들은 공을 보지 않는다고 언급하고 있으므로 공 대신 무엇을 봤는지에 대한 주어진 문장은 ②에 위치해야 한다.

해석 연구자들은 테니스 선수들에게 그들에게 서브하는 상대의 영상을 보여 주고 그들의 눈의 움직임을 정밀하게 추적하는 정교한 장치를 사용했다. 평균적인 선수들은 공에 집중했다. 그러나 서브 동작과 라켓이 공을 치는 시점 사이의 짧은 순간에 높은 성과를 낸 선수들은 공을 보고 있지 않았다. 그들은 공이 어디로 떨어질지를 예상하기 위해 상대의 엉덩이, 어깨, 팔을 포함한 몸동작을 관찰했다. 연구자들은 그러고 나서 공과 라켓이 접촉하는 순간에 영상을 멈추고 피실험자들에게 서브가 어디로 갈 것인지 물었다. 평균적인 선수들은 공에 완전히 집중했으므로 이를 전혀 알지 못했다. 그러나 예상한 대로, 최고의 선수들의 관찰은 옳았다. 그들은 심지어 서브를 넣기 전에 그 서브를 되받아 치기 위해 자신의 위치를 잡기 시작할 수 있었다.

구문 [4행~6행] Researchers <u>showed</u> tennis players films of *opponents* (serving at **them**) [and] <u>used</u> *sophisticated equipment* (to track precisely **their** eye movements).

동사 showed와 used가 and로 연결되어 병렬구조를 이룬다. 첫 번째 ( )는 앞에 있는 명사 opponents를 수식하는 현재분사구이며, 두 번째 ( )는 to-v의 형용사적 용법으로 sophisticated equipment를 수식한다. them과 their는 모두 tennis players를 지칭한다.

[7행~10행] But in the brief moment **between** the start of the serving motion **and** *the point* [at which the racket hits the ball], / high performing players weren't looking at the ball.

「between A and B」는 'A와 B 사이에'의 뜻이다. [ ]은 the point를 수식하는 관계부사절이다.

어휘 anticipate 예상[예견]하다   sophisticated 정교한; 세련된   subject 피실험자; 주제; 과목; ~의 지배를 받는

40 요약문 완성 ④

해설 실험에 따르면 학생들은 자신의 사회 보장 번호나 전화번호 숫자를 떠올리도록 유도된 후에 물건 값을 매기거나 연도를 맞혀야 하는 과제를 받았을 때, 이전의 (previous) 떠올린 숫자를 신뢰하여 이를 기준으로 판단을 내렸고 이는 결국 편향된 (biased) 판단으로 이어졌다.

① 최신의 – 정확한   ② 무작위의 – 성급한
③ 처음의 – 이성적인   ⑤ 중립적인 – 객관적인

해석 우리는 그렇게 해야 할 필요가 없을 때 닻을 사용한다. 이러한 경향은 한 무리의 대학 교수들에 의한 간단한 실험에서 나타났다. 어느 날 강의에서 그들은 탁자 위에 와인 한 병을 두었다. 그들은 학생들에게 그들의 사회 보장 번호 마지막 두 숫자를 적고 나서 그 액수를 와인에 기꺼이 쓸 것인지 결정하도록 요청했다. 이후의 경매에서 더 높은 숫자를 가진 학생들이 더 낮은 숫자를 가진 학생들보다 거의 두 배의 값을 불렀다. 이 경우 사회 보장 번호는 비록 숨겨진 방식이었지만 닻으로 작용했다. 이러한 닻의 다른 예도 있다. 연구자인 Russo와 Shoemaker는 학생들에게 그들의 전화번호 마지막 숫자 몇 개를 물어봤다. 그 후에 학생들은 훈 족의 통치자인 Attila가 몇 년도에 유럽에서 참담한 패배를 겪었는지에 대한 질문을 받았다. 사회 보장 번호의 실험과 마찬가지로 참가자들은 닻에 고정되었다. 더 높은 숫자를 가진 사람들이 더 나중의 연도를 골랐으며 그 반대의 경우도 마찬가지였다.

↓

개인들은 자신이 받은 (A) <u>이전의</u> 신호에 상당한 신뢰를 두는 경향이 있고, 이는 (B) <u>편향된</u> 판단으로 이어진다.

구문 [4행~7행] They **asked** *their students* **to write down** the last two digits of their Social Security numbers / [and] then **(to) decide if** they would be willing to spend that amount on the wine.

「ask + O + to-v (O에게 v하도록 요청[요구]하다)」 구문이 쓰였으며 to write down

과 (to) decide가 and로 연결되어 병렬구조를 이룬다. if 이하는 decide의 목적어 역할을 하는 명사절로 if는 '~인지 (아닌지)'의 뜻이다.

[7행~10행] In the auction [that followed], / students (with higher numbers) bid nearly **twice as** much **as** students (with lower numbers).

[ ]은 the auction을 수식하는 관계사절이다. 「A twice as ~ as B」는 'A가 B의 두 배 더 ~하다'의 뜻이다.

어휘 anchor 닻; 닻으로 고정시키다   digit (0에서 9까지의) 숫자   Social Security number (미국의) 사회 보장 번호   auction 경매   bid 값을 부르다, 입찰하다   crushing 참담한, 치명적인   defeat 패배; 패배시키다

41~42 장문 41 ④ 42 ③

해설 41. 진화론적 관점에서 보면 인간은 철학적, 도덕적 영역에 의해 제한을 받지만 그럼에도 불구하고 인간은 한계를 초월하고 충동을 극복하는 등 여러 놀라운 일을 행해왔다는 내용의 글이다. 따라서 제목으로 가장 적절한 것은 ④ '인간의 능력, 즉 진화의 틀 파괴하기'이다.

① 인간의 실수의 진화적 근원
② 우리는 왜 다른 모든 종들보다 더 우수한가
③ 인류의 진화의 길을 추적하기
⑤ 무지는 적응에 대한 우리의 인식을 어떻게 형성하는가

42. 먼 나라의 어린이들보다 자국 어린이들의 행복을 우선시하는 인간의 경향은 도덕적 사고의 공정성이 아니라 편파성을 보여주는 것이다. 따라서 (c)의 impartiality를 partiality로 바꿔 써야 한다.

해석 진화는 우리가 진실한 것들을 목표 그 자체로서 배우도록 형성한 것이 아니라 생존과 번식의 목표에 기여하도록 형성했다. 그래서 우리는 먼 과거와 먼 미래, 혹은 (원자 내 입자 같은) 아주 작은 것과 (은하수 같은) 아주 큰 것처럼 우리의 즉각적인 감각 경험을 넘어서는 진리에 자연스럽게 접근할 수 없다. 우리는 자유 의지, 인과 관계, 혹은 의식의 본질에 관한 특정한 철학적 질문에 대처하기에 (a) 준비되지 않았다. 그러한 지식은 우리 유전자의 관점에서 보면 쓸모없다. 우리는 또한 편향의 지배를 받는다. 진리와 효용이 충돌할 때 진리는 (b) 두 번째로 오는데, 이것이 우리가 흔히 경험적 증거에 근거를 두지 않은 비이성적인 두려움을 갖는 이유이다. 우리는 마찬가지로 도덕의 영역에서 제한된다. 우리의 뇌는 수천 마일 떨어진 곳에 사는 낯선 어린이들의 행복보다 우리 자신의 나라에 사는 어린이들의 행복을 당연히 우선시하는 경향이 있다. 우리의 도덕적 사고에서의 이러한 (c) 공정성(→ 편파성)이 우리 정신이 진화해온 방향이다. 즉 그것에는 적응적 가치가 있다.
그러나 어찌된 일인지 인간들, 그리고 오직 인간만이 놀라운 일을 해왔다. 우리는 우리의 한계를 (d) 초월할 수 있다. 예를 들어, 우리는 과학, 기술, 철학, 문학, 예술, 그리고 법을 발전시켰다. 우리는 세계 인권 선언을 내놓았다. 우리는 달에 가봤다. 우리는 낯선 사람들에게 우리의 자원 중 일부를 주어 우리 가족과 친구들을 편애하려는 생물학적 충동을 극복한다. 우리의 정신은 친족을 동정하도록 진화했는데, 이는 우리가 멀리 떨어진 곳에 있는 사람들을 위한 자선에 참여하도록 (e) 동기를 부여하는 도덕 원칙에 도달할 수 있다.

구문 [1행~3행] Evolution has**n't** built us to learn true things as a goal in itself, **but** to serve the goals of survival and reproduction.

「not A but B」 구문은 'A가 아니라 B'의 뜻이다.

[15행~18행] Our brains are naturally inclined to prioritize the well-being of children in our own country / over **that** of *unfamiliar children* (living thousands of miles away).

that은 the well-being을 지칭한다. ( )는 unfamiliar children을 수식하는 현재분사구이다.

어휘 subatomic 원자 내에서 발견되는, 원자보다 작은   cope with ~에 대처하다   free will 자유 의지   standpoint 관점, 견지   utility 효용, 유용(성)   clash 충돌하다.

차이를 보이다 empirical 경험에 의거한, 실증적인 realm 영역 be inclined to-v ~하는 경향이 있다 prioritize 우선적으로 처리하다 impartiality 공정성, 공명정대 adaptive 적응성의 somehow 어찌된 일인지, 왠지 astonishing 놀라운 come up with ~을 내놓다, 생각해 내다 drive 충동 favor 편애하다 kin 친족

어휘 (A) abrupt 퉁명스러운; 갑작스러운 sour 심술궂은; 퉁한 blunt 무뚝뚝한 resemble 닮다, 비슷하다 slender 가느다란 ensure 확실하게 하다 (B) alternately 교대로, 번갈아 nod (고개를) 끄덕이다 intently 열심히 solder 결합하다; 납땜하다 (C) reminisce 추억하다, 추억[회상]에 잠기다 pack up (짐을) 챙기다[싸다] workshop 작업장 crack 갈라지다 (D) pass away 돌아가시다

43~45 장문   43 ④ 44 ⑤ 45 ⑤

해설 43. 주어진 글은 나이 든 설치 기사가 온수기 설치 작업을 마친 후 확인하기 위해 기다려야 한다고 Adrian에게 말하는 상황이다. 따라서 식탁에 앉아서 시계에 관심을 갖는 노인에게 Adrian이 시계를 건네주는 내용의 (D)가 이어지고, Adrian이 그 시계에 대해 설명하는 (B)가 이어져야 한다. 마지막으로 온수기 설치 점검이 끝나고 노인이 떠나는 (C)가 오는 것이 가장 자연스럽다.

44. (e)를 제외한 나머지는 모두 온수기 설치를 하러 온 노인을 가리킨다. (e)는 Adrian을 나타낸다.

45. Adrian이 커피를 권했지만 노인이 거절했으므로 ⑤가 일치하지 않는다.

해석 (A) Adrian은 새 온수기를 설치해야 했다. 한 나이 든 남자가 설치를 하러 나타났고 Adrian이 묻는 모든 질문에 짧고 퉁명스러운 대답을 했다. Adrian은 (a) 그(= the old man)가 단순히 심술궂고 무뚝뚝한 노인이라고 생각했지만, 그러고 나서 그가 창백하고 좁은 얼굴에 가느다란 팔과 긴 다리를 가진 돌아가신 아버지와 매우 닮았다는 것을 깨달았다. 노인은 작업을 마친 후 모든 것이 제대로 작동하는지 확실히 하기 위해 물이 뜨거워질 때까지 기다려야 한다고 말했다.

(D) Adrian은 그에게 부엌에 앉으라고 권유하며 커피를 좀 권했다. 그는 "아니오"라고 말했고 그저 다리와 팔을 꼰 채로 식탁에 앉았다. Adrian은 실망하지 않을 수 없었지만 식탁에 함께 앉았다. 그들은 조용히 앉아 있었다. 그러고 나서 잠시 후 그 남자는 Adrian의 식탁 위에 있는 번쩍이는 것이 무엇인지 물었다. 그것은 컴퓨터 모양의 탁상시계였다. Adrian은 그가 자세히 볼 수 있도록 그 시계를 건네주었다. 그것은 (e) 그(= Adrian)가 몇 년 전에 돌아가신 그의 아버지와 함께 만든 첫 번째 시계였다.

(B) Adrian은 그것이 어떻게 태양 에너지를 사용하여 시간과 날짜를 교대로 번쩍이게 하는지를 설명했다. 그 남자는 천천히 고개를 끄덕이며 시계를 열심히 살펴보았다. Adrian이 지켜본 바로 (b) 그(= the old man)는 시계 자체에만 관심이 있는 것이 아니라 그 뒤에 숨겨진 기술에도 관심이 있었다. 그는 시계가 어떻게 작동하는지 Adrian에게 질문하기 시작했다. Adrian은 어떻게 그들이 아버지의 지도에 따라 함께 전자 부품을 조심스럽게 결합했는지를 설명하기 시작했다.

(C) 그는 그들이 마침내 프로젝트를 완료했을 때 그가 느꼈던 성취감을 추억했다. 그때 온수기의 소리가 그들의 주의를 끌었고, 그 남자는 "온수기를 점검할 시간입니다."라고 말했다. 수도꼭지에서 온수가 부드럽게 흘러나왔다. (c) 그(= the old man)는 작업을 마치자마자 도구를 챙기기 시작했다. Adrian은 재빨리 자기 작업장으로 가서 손수 만든 시계 하나를 들고 돌아왔다. "이건 제가 최근에 직접 만든 시계입니다. 당신이 이걸 가졌으면 좋겠어요."라고 그가 말했다. 남자는 깜짝 놀란 표정이었다. (d) 그(= the old man)의 감정에 북받친 갈라진 목소리로 "고맙습니다"라고 그가 말했다. 그 남자는 떠났고, Adrian은 자신의 열정과 추억을 공유할 수 있게 해준 뜻밖의 만남에 감사했다.

구문 [7행~10행] When the old man finished the work, // he said / (that) he had to wait for the water to heat up **to ensure** / (that) everything was functioning properly.

동사 said 다음에는 명사절을 이끄는 접속사 that이 생략되었고, that절에서 to ensure 뒤에 마찬가지로 접속사 that이 생략되어 있다. to ensure는 '~하기 위하여'라는 의미의 목적을 나타내는 to-v의 부사적 용법으로 쓰였다.

[31행~33행] The man left, // and Adrian was grateful for *the unexpected encounter* [that had **allowed** *him* **to share** his passion and memories].

[ ]는 앞에 나온 the unexpected encounter를 수식하는 관계사절이다. 관계사절 내에서 「allow + O + to-v (O가 v하는 것을 허락하다[v하게 해주다]」 구문이 사용되었다.

18	③	19	①	20	②	21	③	22	③		23	③	24	③	25	④	26	②	27	⑤
28	④	29	④	30	⑤	31	②	32	④		33	③	34	①	35	④	36	②	37	②
38	⑤	39	④	40	⑤	41	③	42	⑤		43	④	44	②	45	③				

18 글의 목적　　　　③

해설　직원들의 피드백을 받아들여 저녁 식사 시간을 연장하겠다고 공지하고 있으므로 글의 목적으로 가장 적절한 것은 ③이다.

해석　직원 여러분께
오랫동안 저희는 휴가철 동안 초과 근무를 하는 분들의 노고에 대한 감사를 표하는 방법으로 직원 휴게실에 저녁 뷔페를 제공해오고 있습니다. 그러나, 저희는 대부분의 직원이 제대로 된 저녁 식사를 하기에 충분한 시간을 갖지 못한다는 피드백을 저희 직원들 중 몇 분들로부터 받았습니다. 따라서 저희는 다가오는 이번 휴가철에 저녁 식사 시간을 한 시간 연장할 것임을 알려드리게 되어 기쁩니다. 이것이 여러분께서 완전히 재충전하고 식사를 제대로 즐기시게 해주리라 믿습니다. 이것은 이 바쁜 시기에 여러분의 전반적인 행복에 기여하리라는 것이 저희의 희망입니다. 질문이나 용건이 있으신 분들은 저희에게 알려주십시오.
진심을 담아,
인사부장 Patrick Curtis 올림

구문　[6행~8행] However, we have received feedback from several of our employees that most workers do not have enough time to have a proper dinner.
that ~ dinner는 feedback에 대한 동격절이다.
[13행~14행] **It** is our hope **that** this will contribute to your overall well-being in this busy season.
It은 가주어이고 that 이하가 진주어이다.

어휘　appreciation 감사; 감상　　extend 연장하다; 확대[확장]하다　　upcoming 다가오는　　recharge (재)충전하다　　HR 인사부(human resources)

19 심경 변화　　　　①

해설　'I'는 아이들에게 멋진 장난감을 만들어줌으로써 변화를 이뤄낼 거라 믿으며 자부심을 느꼈다. 그러나 한 아이가 이미 고급 장난감을 갖고 있음을 알게 되었고, 결국 스스로가 초라해지는 기분이 들었다고 했으므로 'I'의 심경 변화로 가장 적절한 것은 ① '자부심 있는 → 부끄러운'이다.
② 기쁜 → 지루한　　　　③ 느긋한 → 짜증 난
④ 초조한 → 두려운　　　　⑤ 감사하는 → 슬픈

해석　우리 아들이 너무 커져 자전거가 작아졌지만, 자전거에 달린 바퀴는 여전히 괜찮았다. 그때 나는 어렸을 때 자전거 바퀴로 고카트(지붕·문이 없는 작은 경주용 자동차)를 어떻게 만들었는지를 기억했다. 나는 우리 아파트 건물 앞 운동장에 있는 몇몇 남자아이들에 주목했고, 그 아이들은 고카트를 가지고 놀기에 적당한 나이처럼 보였다. 나는 그 아이들을 위해 내가 변화를 이뤄낼 거라 믿으며 내적으로 기분이 좋았다. 심지어 그 생각으로 흥분하여 심장이 빠르게 뛰었다. 나는 가서 그 아이들에게 그걸 원하는지 막 물어보려던 참이었으나, 그때 아이들 중 한 명이 값비싼 새 고카트를 사용하고 있는 것을 알아차렸다. 손수 만든 내 고카트는 그 고급 장난감에 경쟁 상대가 안 될 것임을 나는 깨달았다. 나는

초라한 기분이 들었고 우리 아파트로 다시 물러갔다.

구문　[6행~7행] I felt good inside, / **believing** // **that** I would make a difference for the boys.
believing 이하는 부대 상황을 나타내는 분사구문이며, that 이하는 현재분사 believing의 목적어로 쓰인 명사절이다.

어휘　outgrow 너무 커져 맞지 않게 되다; ~보다 더 커지다　　to do with ~와 관계가 있는, ~에 관한　　fancy 값비싼, 고급의 (= high-end)　　match 경쟁 상대　　retreat 물러가다; 후퇴[퇴각]하다

20 필자 주장　　　　②

해설　생산성이 높은 작가 헤밍웨이의 기법 중 하나는 글쓰기를 페이지나 단락 끝이 아닌 문장 중간에서 끝내는 것인데, 이 기법은 완성된 일보다 완성되지 않은 일을 더 잘 기억하는 인간의 성향을 이용한 것이라는 내용의 글이다. 따라서 필자의 주장으로 가장 적절한 것은 ②이다.

해석　어니스트 헤밍웨이는 평생 15권의 책을 출간했는데, 그 자체가 작은 성취는 아니다. 그러나 노벨 문학상과 퓰리처상 소설 부문과 함께 생각해보면, 헤밍웨이가 대단히 생산성이 높았음이 훨씬 더 분명해진다. 헤밍웨이의 유명한 생산성 기법 중 하나는 단순한 것이다. 그는 종종 페이지나 단락의 끝이 아닌 문장의 바로 중간에서 글쓰기 활동을 마쳤다. 헤밍웨이는 이러한 의도적인 미완성으로부터 성공했다. 이것이 효과가 있었던 한 가지 이유는 이것이 Zeigarnik 효과, 즉 완성된 일보다 완성되지 않은 일을 더 잘 그리고 더 빈번하게 기억하는 우리 인간의 성향을 이용한다는 것이다. 그 미완성의 감각은 헤밍웨이의 정신을 하루 종일 자극시켰고, 다음에 그가 글을 쓰기 위해 앉을 때를 위하여 그에게 아이디어와 영감을 공급해주었다. 글쓰기 과제를 하던 도중에 막힐 때, 일을 끝내지 않은 상태로 한번 내버려 두어 봐라. 그것은 당신의 정신을 몰두하고 있는 상태로 유지하고 당신이 새로운 아이디어를 생성하는 데 도움을 줄 것이다.

구문　[2행~5행] But **considered** alongside a Nobel prize in Literature and a Pulitzer prize for fiction, / **it** becomes even clearer **that** Hemingway was highly productive.
considered ~ fiction은 수동의 의미를 가지는 분사구문이다. 주절에서 it은 가주어이고 that 이하가 진주어이다.
[10행~13행] *One reason* [(why) this worked] is // **that** it takes advantage of the Zeigarnik effect: / *our human tendency* (to remember unfinished tasks better, and with more frequency than complete ones).
[ ]은 주어 One reason을 수식하는 관계부사절로 앞에 이유를 나타내는 관계부사 why가 생략되었다. that 이하는 명사절로 문장의 보어 역할을 한다. ( )는 to-v의 형용사적 용법으로 our human tendency를 수식한다.

어휘　minor 작은, 중요치 않은　　in itself 그 자체로　　famed 유명한　　session (일정 기간의) 활동; 수업 (시간)　　thrive 성공하다; 번성하다　　intentional 의도적인　　take advantage of ~을 이용하다　　frequency 빈번; 빈도　　stir 자극하다, 마음을 흔들다; "

첫다　fuel 연료를 공급하다; 부채질하다　inspiration 영감　engaged 몰두하고 있는; 바쁜

21 밑줄 의미　③

해설　우리는 스스로를 주변 사람들과 비교하여 자신의 더 큰 그림을 못 보고 현명하지 못한 결정을 내리게 된다는 내용이므로, 밑줄 친 '어떤 바람이라도 우리를 경로 밖으로 몰고 가게 하는 것'은 주체적으로 결정하지 못하고 ③ '개인의 기준보다 비교를 우선시하는 것'을 뜻한다.
① 잠재적인 투자 위험을 무시하는 것
② 다른 사람들의 편향이 우리의 판단을 흐리게 하는 것
④ 우리가 바라는 결과를 뒷받침하는 정보를 찾는 것
⑤ 모든 관점을 고려하지 않고 성급하게 결론짓는 것

해석　비교와 질투는 흔히 구매 결정에서 역할을 한다. 재무 상태 평가이든 자동차 구매 결정이든, 그것은 당신 주변 사람들의 태도에 의해 간섭받을 것이다. 예를 들어, 당신의 이웃이 최근에 새 차를 샀다면, 그것이 새 차를 구입할지 말지에 대한 당신의 결정에 큰 영향을 줄 수 있다. 이 현상을 연구한 한 대표적인 실험에서 대부분의 사람들은 자신의 봉급은 3만 5천 달러지만 다른 모든 사람은 3만 8천 달러를 버는 회사보다는 차라리 자신의 봉급은 3만 3천 달러지만 다른 모든 사람은 3만 달러를 버는 회사에서 일하겠다고 보고했다. 이것은 우리가 스스로를 우리 주변 사람들과 비교하여 측정해 자신의 여정의 더 큰 그림을 못 보게 되고, 이는 현명하지 못한 결정으로 이어질 수 있음을 보여 준다. 파도가 일렁이는 인생의 바다를 헤치고 항해할 때 우리는 <u>어떤 바람이라도 우리를 경로 밖으로 몰고 가게 하는 것</u>을 피하려고 노력해야 한다.

구문　[2행~5행] **Whether** it is an assessment of one's financial standing **or** *a decision* (to buy a car), // it will be interfered by the attitudes of people around you.
「Whether A or B」는 'A이든 B이든'의 뜻이다. ( )는 to-v의 형용사적 용법으로 a decision을 수식한다.
[7행~12행] In a classic experiment investigating this phenomenon, / most people reported // **that** they **would rather** work at *a company* [where their salary was $33,000 but everyone else earned $30,000] **than** at *another company* [where their salary was $35,000 but everyone else earned $38,000].
명사절을 이끄는 접속사 that 이하의 절이 reported의 목적어 역할을 한다. that절의 「would rather A than B」는 'B하기보다는 차라리 A하겠다'의 뜻이다. 두 개의 [ ] 부분은 관계부사절로 각각 앞의 a company와 another company를 수식한다.

어휘　financial standing 재무 상태　interfere 간섭하다, 참견하다; 방해하다　classic 대표적인, 전형적인　phenomenon 현상　lose sight of ~을 못 보게 되다　navigate 항해하다; 길을 찾다　choppy 파도가 일렁이는　steer 몰고 가다; 이끌다

22 글의 요지　③

해설　공감은 인간의 선한 행동의 동기로서 작용할 수 있지만 실제로 인간은 공감의 과정을 거치지 않고도 도덕적 판단을 할 수 있으며, 공감할 대상이 없어도 옳지 못한 행동을 비난한다는 내용의 글이다. 따라서 글의 요지로 가장 적절한 것은 ③이다.

해석　당신이 호숫가를 산책하고 있는데 어린아이가 얕은 물에서 고군분투하고 있는 것을 본다고 상상해보자. 물속을 쉽게 헤치며 걸어가 아이를 구할 수 있다면 당신은 그렇게 해야 한다. 계속 산책하는 것은 잘못된 것이다. 무엇이 이러한 선한 행동에 동기를 부여하는가? 당신은 물에 빠져 죽는다는 것이 어떤 느낌일지 상상하거나, 아이가 익사했다는 말

을 듣는 아이의 어머니 혹은 아버지의 기분을 예상할지도 모를 가능성이 있다. 그러면 그러한 공감의 감정은 당신이 행동하도록 동기를 부여할 수 있을 것이다. 그러나 그것은 거의 필요치 않다. 당신은 아이가 익사하도록 내버려 두는 것이 잘못임을 깨닫는 데에 공감은 필요치 않다. 어떤 평범한 사람이라도 이러한 어떤 공감적 야단법석에 신경 쓰지 않고 그저 물속을 헤치고 걸어가 아이를 재빨리 들어올릴 것이다. 더 일반적으로는, 우리는 공감에 기반을 두지 않는 온갖 종류의 도덕적 판단을 할 수 있다. 우리는 가게 물건을 훔치거나 세금과 관련해 부정을 저지르고, 차창 밖으로 쓰레기를 버리거나, 새치기하는 사람들을 비난한다. 설령 그들의 행동으로 인해 눈에 띄게 고통받는 특정인이 없어도 말이다. 이 예시들에서 공감할 사람은 없다.

구문　[1행~2행] Imagine // **that** you are walking by a lake / and see *a young child* **struggling** in shallow water.
명사절을 이끄는 접속사 that 이하의 절이 Imagine의 목적어 역할을 한다. that절에서 동사 are walking과 see가 and로 연결되어 병렬구조를 이룬다. 지각동사 see가 「see + O + v-ing (O가 v하고 있는 것을 보다)」의 형태로 쓰였다.
[5행~8행] **It** is possible **that** you might imagine **what** it feels like **to be** drowning, / **or** anticipate **what** it would be like **to be** *the child's mother or father* (hearing that she drowned).
It은 가주어이고 that 이하가 진주어이다. that절에서 might 다음의 동사원형 imagine과 anticipate가 or로 연결되어 병렬구조를 이루며, 각각 이어지는 what 이하의 간접의문문에서 it은 가주어이고 to be 이하가 진주어이다.

어휘　shallow 얕은　wade (물·진흙 속을) 헤치며 걷다　drown 물에 빠져 죽다, 익사하다　anticipate 예상하다; 기대하다　empathic 공감할 수 있는, 감정 이입의 *cf.* empathy 공감, 감정 이입 empathize 공감하다　scoop up 재빨리 들어올리다　bother with ~에 신경 쓰다　fuss 야단법석; 호들갑　disapprove of ~을 비난하다; ~에 찬성하지 않다　shoplift 가게 물건을 훔치다　cheat 부정한 짓을 하다; 속이다　cut in line 새치기하다　appreciably 눈에 띄게, 감지할 수 있을 정도로

23 글의 주제　③

해설　시간의 흐름에 대한 우리의 인식은 양적인 계산만이 아닌 만족과 환경에 근거를 두므로 주관적으로 길게 혹은 짧게 느껴진다고 했다. 따라서 글의 주제로 가장 적절한 것은 ③ '우리의 시간 인식의 주관적 본질'이다.
① 시간에 대한 우리의 경험을 형성하는 것에 있어서 신체 활동의 역할
② 예측 불가능한 환경에서 우리의 시간 인식의 차이
④ 기억과 시간 인식 간의 관계
⑤ 극도의 긴장을 요하는 상황에서 시간 인식의 문제들

해석　당신이 개방된 도로에서 시골을 지나 운전하고 있다면, 3시간의 여정은 즉시 흘러가는 것처럼 느껴질지도 모른다. 반면에, 몹시 붐비는 고속도로에서의 3시간의 여정은 거의 확실히 훨씬 더 길게 느껴질 것이다. 시간의 흐름에 대한 우리의 인식은 시계의 일관성을 지니지 않는다. 즉, 우리의 심리적인 시간 단위는 발생 순서대로인 시간 단위와 같지 않다. 이러한 경우, 만족이 인식에 영향을 미친다. 확실히 당신이 목마르고 피곤하고 배고픈 동안 정오의 태양이 절정일 때에 나선 걷기는 당신이 활력이 넘치고 음식을 먹고 수분을 보충한 때에 시원한 환경에서 하는 걷기보다 더 성가시고 더 길게 느껴질 것이다. 우리의 환경 또한 시간 인식에 영향을 미칠 수 있다. 예를 들어, 우리가 새롭거나 자극적인 환경에 있을 때, 우리의 뇌가 더 많은 정보를 받아들이고 처리함에 따라 시간은 느려지는 것처럼 느껴질 수 있다. 전반적으로 우리의 시간에 대한 인식은 오로지 흘러간 시간의 실제 양에만 근거를 두는 것이 아니다.

구문　[9행~12행] Certainly, *a walk* (undertaken at the height of the noonday sun // while you are thirsty, tired, and hungry) **will feel** more onerous and longer / than a walk in cool conditions / when you are rested, fed, and hydrated.

a walk가 주어이고 will feel이 동사이다. ( )은 수동의 의미로 a walk를 수식하는 과거분사구이다.

[14행~16행] For instance, when we are in a novel or stimulating environment, // time can seem to slow down / as our brains take in [and] process more information.

접속사 as는 '~함에 따라'의 의미로 쓰였다. as절에서 동사 take in과 process는 and로 연결되어 병렬구조를 이루며 more information은 공통 목적어로 쓰였다.

어휘 countryside 시골, 지방   in no time at all 즉시, 잠시도 지체하지 않고 jammed 몹시 붐비는, 움직일 수 없는   motorway 고속도로   consistency 일관성, 한결같음   chronological 발생[시간] 순서대로 된, 연대순의   undertake 착수하다; 떠맡다   at the height of ~의 절정에, ~이 한창일 때에   noonday 정오의, 한낮의 hydrate 수분을 공급하다, 수화시키다   stimulating 자극적인, 고무적인

[선택지] unpredictable 예측 불가능한   subjective 주관적인

24 글의 제목   ③

해설 신경가소성 이론에 따르면 새로운 뇌세포는 계속 생산되는데, 세포들의 죽음을 막고 뉴런들을 뇌 구조에 통합하기 위해서는 단순 반복이 아닌 의식적인 노력을 요하는 학습이 필요하다는 내용의 글이다. 따라서 제목으로 가장 적절한 것은 ③ '반복을 넘어선 적극적 참여가 신경가소성을 부채질한다'이다.

① 힘든 학습이 시간 낭비인 이유
② 일관성이 두뇌의 완전한 잠재력을 연다
④ 평생 학습에 있어 무엇이 신경가소성을 중요하게 만드는가
⑤ 고의적 행동이 두뇌 성장을 신장시키는 방법

해석 지난 몇십 년간 연구자들은 '신경가소성'이라는 개념을 대중화해왔는데, 이는 두뇌가 성인기 내내 고정되는 것이 아니라 그보다는 계속해서 새로운 세포를 생산한다고 여긴다. 그러나 더 세밀한 발견은 대부분의 그러한 보충된 세포들이 차례차례 죽는다는 것이다. 이러한 세포의 죽음을 막으며 사실상 뉴런들을 시냅스들로 연결하여 그것들을 뇌의 구조와 잠재력으로 통합하는 것은 노력을 요하는 학습 경험이다. 우리가 그저 기타로 대중가요를 연주하거나 일련의 수학 공식을 실생활 문제에 적용하지 않고 외우는 데만 1만 시간을 쓴다면 우리의 두뇌는 성장하지 않는다. 적극적으로 관여하지 않고 동일한 동작이나 정보를 단순히 반복하는 것은 신경가소성을 증진시키지 않는다. 노력을 요하는 학습은 계속해서 경계를 확장하고 우리의 지식과 경험의 정교화를 증가시키는 의식적인 관여를 의미한다.

구문 [1행~4행] In the past few decades, researchers have popularized the idea of "neuroplasticity", // which holds / that the brain isn't fixed throughout adulthood / but instead continues to produce new cells.

which 이하는 계속적 용법의 관계사절로 "neuroplasticity"에 대한 추가적인 설명을 제시한다. that절에서 「not A but B (A가 아니라 B)」 구문이 쓰였다.

[9행~13행] Our brains don't grow // if we simply **spend** 10,000 hours **playing** popular songs on the guitar [or] **memorizing** a set of mathematical formulas / without **applying** them to real-world problems.

「spend + 시간 + v-ing (v하는 데 시간을 쓰다)」 구문으로 playing과 memorizing이 or로 연결되어 병렬구조를 이룬다. 전치사 without 뒤의 「apply A to B」는 'A를 B에 적용[응용]하다'의 뜻이다.

어휘 popularize 대중화하다   neuroplasticity 신경가소성 ((뇌가 외부 환경의 양상이나 질에 따라 스스로의 구조와 기능을 변화시키는 특성))   subtle 세밀한; 정교한   replenish 보충하다, 다시 채우다   die off 차례차례 죽다   integrate 통합하다   architecture 구조, 구성   effortful 노력을 요하는   formula 공식   engage 관여하다; 관계를 맺다 cf. engagement 관여, 관계함   promote 증진시키다; 승진시키다   sophistication

정교화, 복잡화   [선택지] unlock 열다; 드러내다   purposeful 고의적인; 목적이 있는 boost 신장시키다, 북돋우다

25 도표 이해   ④

해설 정치적 관여에 관해 증가했다고 보고한 응답자는 30%이므로 ④는 도표와 일치하지 않는다.

해석 소셜 미디어가 미국 성인의 생활에 미치는 영향: 사용자 응답 설문 조사 (2021년)
소셜 미디어의 사용이 다음에 나오는 각각의 항목을 _____했다고 말하는 미국 성인 소셜 미디어 사용자들의 백분율
*비고: 어림수 때문에 비율이 정확히 100%가 되지 않을 수 있음.

위 그래프는 2021년 소셜 미디어가 네 가지 영역에 미친 영향에 관한 미국 성인 소셜 미디어 사용자들의 응답을 보여 준다. ① 증가된 영향을 보고한 응답자 중에서 가장 큰 집단은 시사 이해에 관한 것이었으며, 어떤 영향도 없었다고 보고한 사람들과 불과 1퍼센트 차이였다. ② 사용자 중 34퍼센트는 소셜 미디어가 유명 인사들의 삶에 대한 지식을 늘려주었다고 말한 반면, 절반이 넘는 사람들은 어떤 영향도 없었다고 대답했다. ③ 정치적 관여 증가를 보고한 사람들과 비교하여, 그들의 두 배나 되는 응답자들이 자신의 정치 관여에 어떤 영향도 없었다고 보고했다. ④ 정치 관여와 스트레스 수준에 관해 "증가했다"는 양측의 답변은 30퍼센트보다 적었다. ⑤ 자신의 스트레스 수준에 소셜 미디어가 어떤 영향도 미치지 않았다고 보고한 응답자의 비율은 유명 인사의 삶에 대한 지식과 정치적으로 더 관여되었음을 느끼는 것에서 증가를 보고한 사람들의 비율 합보다 더 높았다.

구문 [15행~20행] The percentage of *respondents* [who reported social media having had no impact on their stress levels] **was** higher / than the combined percentage of *those* [who reported an increase in knowledge about the lives of public figures [and] feeling more politically engaged].

The percentage가 주어이고 was가 동사이다. 두 개의 [ ]는 각각 앞의 respondents와 those를 수식하는 관계대명사절이다. 밑줄 친 두 부분은 reported의 목적어로 and로 연결되어 병렬구조를 이룬다.

어휘 rounding 어림수로 하기   regarding ~에 관하여   respondent 응답자 current event 시사 (문제)   public figure 유명 인사, 공인

26 내용 불일치   ②

해설 Benjamin West와 함께 그림 교육을 받은 것이 아니라 그의 문하에서 공부했으므로 정답은 ②이다.

해석 미국의 미술사 및 자연사에서 영향력 있는 인물인 Charles Willson Peale은 1741년에 메릴랜드주에서 태어났다. 젊은 시절에 Peale은 안장 제작자의 견습공이 되었지만 예술에 대한 열정을 발견했다. 1767년에 Peale은 정식 교육을 위해 런던으로 갔고 당대의 유명한 화가 Benjamin West의 문하에서 2년간 공부했다. 곧 Peale은 다작하는 화가가 되어서 George Washington, Alexander Hamilton, 그리고 John Paul Jones와 같은 미국 독립 전쟁 시대의 많은 유명한 인물들의 초상화를 그렸다. 그는 또한 자연사에 적극적으로 종사했고 나아가 1780년대에 필라델피아 자연사 박물관을 설립했다. Peale은 역학과 발명에 전념하여 자신의 직업을 더욱 다양화했고, 혁신적인 다리 설계, 벽난로 개선, 복사기라고 불리는 편지 복사 기계의 특허를 얻었다. Peale은 18세기 후반과 19세기 초반의 미국 예술과 문화 발전에 있어 선두적인 인물이었다.

구문 [5행~7행] In 1767, Peale went to London for formal training / [and] studied under Benjamin West, a renowned painter at the time, / for two years.
동사 went와 studied가 and로 연결되어 병렬구조를 이룬다. a renowned painter

at the time은 Benjamin west와 동격 관계이다.

어휘 apprentice 견습공으로 삼다 saddlemaker 안장 제작자 renowned 유명한 prolific 다작하는; 다산하는 portrait 초상화 prominent 유명한, 중요한 pursue 종사하다; 추구하다 vocation 직업; 천직 devote oneself to ~에 전념[몰두]하다 mechanics 역학 patent 특허를 얻다 fireplace 벽난로 polygraph 복사기, 등사판 leading 선두적인, 이끄는

---

27 안내문 불일치 ⑤

해설 학교 구내에는 주차할 수 없다고 했으므로 ⑤가 내용과 일치하지 않는다.

해석 2023 Troy 고등학교 자선 콘서트
Troy 고등학교 학생들은 자선을 위한 다양한 공연에 참여할 것입니다. 콘서트에서 마련된 모든 기금은 지역 노숙자 보호 시설에 기부될 것입니다.

날짜 및 시간: 9월 14일 목요일 오후 6시
장소: Troy 고등학교 강당
행사:
• 보컬, 악기, 그리고 춤 공연
• 학생 공연자들과의 인터뷰를 포함한 짧은 비디오 프레젠테이션
티켓:
• 어른 10달러 / 학생 5달러
• 온라인(www.troyhigh.org)에서 사전에 구매 가능하며 좌석이 남아 있는 경우에는 입구에서 구매 가능합니다.
주의:
• 콘서트는 짧은 중간 휴식 시간과 함께 약 2시간 동안 진행될 것입니다.
• 대중교통 이용을 권합니다. (학교 구내에 주차는 불가능합니다)

구문 [4행~6행] All the funds (raised from the concert) **will be donated** to the local homeless shelter.
주어는 All the funds이고 동사는 will be donated이다. ( )는 All the funds을 수식하는 과거분사구이다.

어휘 benefit concert 자선 콘서트 performance 공연; 수행 charity 자선; 자선 단체 fund 기금 donate 기부하다 shelter 보호 시설; 피난하다 auditorium 강당 instrumental 기악의, 악기의 feature 특별히 포함하다; 특징으로 삼다 in advance 사전에, 미리 approximately 대략 intermission 중간 휴식 시간 school grounds 학교 구내

---

28 안내문 일치 ④

해설 ① 출품작은 웹사이트에 업로드해야 한다.
② 파란색과 하얀색의 두 가지 색상을 포함해야 한다.
③ 250자 이하의 설명이 함께 제출되어야 한다.
⑤ 한 사람당 여러 출품작을 제출할 수 있다.

해석 Victoria 고등학교 마스코트 디자인 대회
Victoria 고등학교가 모든 학생을 Victoria 고등학교 마스코트 디자인 대회에 참가하도록 초대합니다. 독특하고 역동적인 마스코트로 애교심에 활기를 불어넣는 것이 저희의 목표입니다.

제출 지침:
• 학교 마스코트 디자인 대회 공식 웹사이트에 업로드된 출품작만 받습니다.
• 디자인은 학교 색인 파란색과 하얀색을 포함해야 합니다.
• 디자인에 대한 250자 이하의 설명이 포함되어야 합니다.
• 출품작은 2월 26일까지 제출되어야 합니다.

선발 과정:
1단계: 봄 방학 전에 직원, 졸업생, 그리고 지역 주민들로 이루어진 위원회가 상위 세 명의 결승전 출전자를 결정할 것입니다.
2단계: 봄 방학 후에 1위 디자인을 결정하기 위한 학생들의 온라인 투표가 열릴 예정입니다.

주의:
• 여러 출품작을 제출할 수 있으나, 각 디자인은 각각 따로 제출되어야 합니다.

구문 [5행~6행] Our goal is **to bring** our school spirit **to life** with a unique and dynamic mascot.
to bring 이하는 to-v의 명사적 용법으로 is의 보어 역할을 한다. 「bring A to life」는 'A에 활기[생기]를 불어넣다'의 뜻이다.

어휘 incorporate 포함하다; 합병하다 submission 제출 cf. submit 제출하다 committee 위원회 alumnus ((복수형 alumni)) 졸업생 finalist 결승전 출전자 take place 열리다, 일어나다 individually 각각 따로, 개별적으로

---

29 밑줄 어법 ④

해설 ④ 「make + O + C (O를 C하게 만들다)」의 구문으로, 보어 자리에는 형용사가 와야 한다. 따라서 부사 easily를 형용사 easy로 고쳐야 한다.
① 목적어가 없는 불완전한 절을 이끌며 to visualize의 목적어 역할을 하는 명사절을 이끄는 복합관계대명사 whatever(~한 것이면 무엇이든지)가 올바르게 쓰였다.
② 주어 these learners가 students with other learning styles와 '비교되는' 상황이므로 수동 의미를 나타내는 과거분사 형태가 올바르게 쓰였다.
③ help는 목적어로 동사원형과 to-v 둘 다 쓸 수 있으므로 to reinforce가 올바르게 쓰였다.
⑤ 주격 관계대명사절의 동사는 선행사에 수일치 한다. 선행사가 복수 diagrams이므로, 관계사절의 동사 자리에 contain이 올바르게 쓰였다.

해석 시각적 학습 스타일은 사진, 도표, 그리고 영상과 같은 시각적 보조물을 사용하는 것을 포함한다. 이러한 학습 스타일을 가진 사람들은 일반적으로 자신이 학습하고 있는 것이면 무엇이든지 즉시 시각화하는 능력을 가지고 있다. 다른 학습 스타일을 가진 학생들과 비교하여, 이 학습자들은 정보가 시각적으로 제시될 때 그것을 더 효과적으로 처리하고 기억하는 경향이 있다. 무언가를 당신의 눈으로 보는 것은 그것을 당신의 뇌에서 강화하는 데 도움을 준다. 설령 읽기나 듣기가 당신의 유일한 선택지일지라도 당신은 단어를 그림으로 교체하고, 중요 부분을 강조하기 위해 선명한 색을 사용하고, 당신의 메모와 개요를 시각적으로 이해하기 쉽게 만들 수 있다. 당신이 스페인 역사를 배우려고 노력하고 있다고 가정해보자. 해상 지도, 그래픽, 차트, 영화와 다른 어떤 시각 매체를 공부하는 것이 당신의 학습을 보충하는 데 굉장히 도움이 될 수 있다. 당신의 강의 노트를 많은 정보를 포함하는 도표로 바꿔라. 이렇게 함으로써 당신은 정보를 읽는 데 많은 시간을 쓰지 않고, 한눈에 그 정보를 이해할 수 있다.

구문 [16행~18행] **Turn** your lecture notes **into** *diagrams* [that contain a lot of information].
「turn A into B」는 'A를 B로 바꾸다'의 뜻이다. [ ]는 diagrams를 수식하는 관계사절이다.

어휘 visual 시각의, (눈으로) 보는 *cf.* visualize 시각화하다 visually 시각적으로 aid 보조물; 도움 reinforce 강화하다 replace A with B A를 B로 교체[대체]하다 bold (색·모양이) 선명한, 굵은 highlight 강조하다 comprehend 이해하다 nautical 해상의, 선박의 supplement 보충하다 digest (어떤 내용을) 이해하다, 소화하다 at a single glance 한눈에, 즉시

30 밑줄 어휘 ⑤

해설 약한 미래 언어 사용자들은 미래가 현재와 밀접하게 연결되어 있다고 느껴 미래 지향적인 관점을 가진다고 했으므로, 미래의 장기적인 계획을 '줄이는' 경향이 아닌 '우선시하는' 경향이 있을 것이다. 따라서 ⑤의 diminish를 prioritize 등으로 바꿔 써야 한다.

해석 영어에서 '나는 세미나에 갈 예정이다'라고 말하는 것은 사건을 미래에 일어나는 것으로 나타낸다. 그러나 표준 중국어에서는 어떠한 분명한 미래 시제 표시라도 ① 생략하고 단순히 '나는 세미나를 들으러 간다'라고 말하는 것이 자연스럽다. 언어 간의 ② 시제의 차이는 우리의 시간 인식을 형성하고 우리가 미래에 대해 말하는 방식에 영향을 미칠 수 있다. UCLA의 경제학자 M. Keith Chen은 강한 미래 언어와 약한 미래 언어의 사용자들이 다르게 행동하는지를 조사하기 위해 연구를 수행했고, 수입, 교육, 그리고 연령 같은 요소들은 통제했다. 연구 결과는 약한 미래 언어, 이것은 현재와 미래 간의 ③ 명백한 차이를 나타내지 않는 것인데, 이 언어를 사용하는 사람들은 강한 미래 언어를 사용하는 사람들보다 은퇴를 대비해서 저축할 가능성이 더 높고 흡연할 가능성이 더 낮음을 밝혔다. 약한 미래 언어 사용자들은 미래가 현재와 그들의 현재 자아와 ④ 밀접하게 연결되어 있다고 느낀다. 따라서, 그들은 더 미래 지향적인 관점을 가지고 장기적인 계획을 ⑤ 줄이는(→ 우선시하는) 경향이 있다.

구문 [7행~11행] UCLA economist M. Keith Chen conducted a study / to investigate **whether** speakers of strong-future and weak-future languages behave differently, / **controlling** for factors such as income, education, and age.
밑줄 친 부분은 접속사 whether가 이끄는 명사절로 '~인지 (아닌지)'를 의미하며 to investigate의 목적어 역할을 하고 있다. controlling 이하는 분사구문이다.
[11행~16행] The findings revealed // that *individuals* [who spoke *weak-future languages*], / which do not mark obvious differences between present and future, / **were** more likely to save for retirement and less likely to smoke than *those* [who spoke strong-future languages].
that절에서 주어는 individuals이고 동사는 were이다. 두 개의 [ ] 부분은 주격 관계대명사절로 각각 앞의 선행사 individuals와 those를 수식한다. which ~ and future는 weak-future languages를 보충 설명하는 계속적 용법의 관계사절이다. 밑줄 친 두 부분은 were의 보어로, and로 연결되어 병렬구조를 이룬다.

어휘 mark 나타내다, 표시하다 Mandarin 표준 중국어 omit 생략하다 explicit 분명한, 명백한 tense 시제 reveal 밝히다, 드러내다 retirement 은퇴, 퇴직 -oriented ~을 지향하는 diminish 줄이다, 약화시키다

31 빈칸 추론 ②

해설 도전과 기회에 수반되는 불편한 감정을 느끼지 못하는 사람들은 죽은 사람들밖에 없다고 하면서 그 불편함 때문에 죽은 자들처럼 삶의 기회들을 진정 놓칠 것이냐고 했으므로, 위대함의 적은 ② '회피'라고 할 수 있다.
① 이기적임 ③ 오만 ④ 게으름 ⑤ 예측 불가능

해석 짐 콜린스는 자신의 책 〈Good to Great〉에서 '좋음은 위대함의 적이다'라고 말했다. 나는 완전히 의견을 달리한다. 나는 회피가 위대함의 적이라고 생각한다. 그것은 확실히 번영으로 이어지는 성장과 변화의 적이다. 우리가 '실패하고 싶지 않아', '창피당하고 싶지 않아', '상처받고 싶지 않아'라고 말할 때 우리는 내가 '죽은 자의 목표'라고 일컫는 것을 표현하고 있는 것이다. 이는 오직 스스로를 웃음거리로 만든 것에 대해 불편함을 결코 느끼지 못하는 유일한 사람들은, 당신도 추측했겠지만 죽은 사람들이기 때문이다. 내가 아는 한 상처, 취약함, 광기, 불안, 우울, 스트레스, 혹은 도전에 착수하는 것에 수반되는 다른 어떤 불편한 감정을 결코 느끼지 못하는 유일한 사람들은 더 이상 우리와 함께 있지 않은 사람들이다. 죽은 자는 삶의 도전들과 그것들에 딸려 오는 성장과 발전의 기회들에서 떨어져 있을 수밖에 없다. 죽은 자들의 발자국을 따르면서 삶이 당신에게 던지는 모든 기회를 놓치기를 진정으로 바라는가?

구문 [10행~14행] As far as I know, // *the only people* [who never feel hurt, vulnerable, mad, anxious, depressed, stressed, or *any of the other uncomfortable emotions* [that come with taking on challenges]] / **are** those [who are no longer with us].
주절의 주어는 the only people이고 동사는 are이다. 세 개의 [ ]는 각각 앞의 the only people, any of the other uncomfortable emotions, those를 수식하는 관계사절이다.
[17행~19행] Do you really want to follow in the footsteps of **the dead** / and miss *all the opportunities* [(which[that]) life throws at you]?
want to 다음의 동사원형 follow와 miss가 and로 연결되어 병렬구조를 이룬다. 「the + 형용사」는 '~한 사람들'의 뜻으로 the dead는 '죽은 자들'을 의미한다. [ ]는 앞에 목적격 관계대명사 which[that]가 생략되어 all the opportunities를 수식한다.

어휘 beg to differ 완전히 의견을 달리하다 flourish 번영하다; 잘 자라다 discomfort 불편함 make a fool of ~를 웃음거리로 만들다[놀리다] as far as ~하는 한 vulnerable 취약한, 연약한 anxious 불안해하는 depressed 우울한 take on (힘든 일에) 착수하다, 떠맡다 have no choice but to-v v할 수밖에 없다 stay away from ~에서 떨어져 있다 footstep 발자국 [선택지] selfishness 이기적임 arrogance 오만 idleness 게으름, 나태

32 빈칸 추론 ④

해설 Wintu족은 자신의 위치를 묘사할 때 동서남북의 기본 방위를 사용하는데, 이는 그들이 주변 환경과 관계를 맺음을 의미한다. 그 언어에서 자아는 연결될 세계가 없으면, 황야에서 주변 환경에 대해 알지 못해 길을 잃는 현대인처럼 길을 잃을 것이라고 했으므로, Wintu족에게 있어 자아는 ④ '나머지 세계와 관련하여 존재한다'는 것을 알 수 있다.
① 직면한 장애물들에 의해 결정된다
② 세계의 환경에서 스스로를 분리시킨다
③ 세계와 불안정한 관계를 맺는다
⑤ 문자 언어에서 분리될 수 없다

해석 Wintu족은 현재 북부 캘리포니아인 곳에서 사는 아메리카 원주민이다. 그들은 자신의 몸을 묘사하기 위해 '왼쪽'과 '오른쪽'이라는 단어를 사용하지 않고 대신에 기본 방위, 즉 동서남북을 사용한다. 미국의 인류학자인 Dorothy Lee가 썼듯이 "Wintu족이 강을 따라 올라갈 때 언덕은 서쪽에, 강은 동쪽에 있다. 그리고 모기가 그의 서쪽 팔을 문다. 그가 돌아올 때 언덕은 여전히 서쪽에 있지만, 모기 물린 곳을 긁을 때 그는 자신의 동쪽 팔을 긁는다." 그 언어에서 자아는 황야에서 길을 잃은 너무나 많은 현대인이 방향도 알지 못하고, 오솔길뿐만 아니라 지평선과 빛과 별과의 관계를 추적하지도 않고 길을 잃는 것처럼 결코 길을 잃지는 않지만, 그러한 화자는 연결될 세계가 없으면 길을 잃을 것이며, 현대의 지하철과 백화점의 미로에서 길을 잃을 것이다. Wintu족에게 있어 세계는 안정된 곳이며, 자아는 나머지 세계와 관련하여 존재한다.

구문 [11행~18행] In that language, / the self is never lost *the way* [(that[in which])] *so many contemporary people* [who get lost in the wild] are lost, / without knowing directions, / without tracking their relationship **not just** to the trail **but** to the horizon and the light and the stars], // but such a speaker would be lost without *a world* (to connect to), / **lost** in the modern maze of subways and department stores.

첫 번째 [ ]은 앞에 관계사 that[in which]이 생략되어 the way를 수식한다. 관계사 절 안의 두 번째 [ ]은 so many contemporary people을 수식한다. 「not just A but B (A뿐만 아니라 B도)」 구문이 쓰였다. ( )는 to-v의 형용사적 용법으로 a world를 수식한다. lost 이하는 결과를 나타내는 분사구문이다.

어휘 cardinal direction 기본 방위[방향]   anthropologist 인류학자   contemporary 현대의; 동시대의   track 추적하다   trail 오솔길; 자국   horizon 지평[수평]선   maze 미로   stable 안정된, 안정적인 (↔ unstable 불안정한)

[선택지] detach 분리시키다   separate 분리되다, 나누다   in reference to ~에 관련하여

33 빈칸 추론   ③

해설 존 밀턴의 말을 인용하면서 모든 것은 마음먹기에 달려 있다고 하나, 실제로 긍정적인 사고만으로 우리가 마주하는 모든 문제를 다루기에는 충분하지 않다고 했다. 따라서 문제를 악화시키는 자세로 제시될 수 있는 것은 ③ '우리의 문제에 그저 스마일 스티커를 붙이는 것'이다.
① 우리의 감정을 꼭 맞는 병 속에 쑤셔 넣는 것
② 우리의 문제를 카펫 아래로 더 밀어 넣는 것
④ 확실한 전략 없이 그저 운전석에 앉는 것
⑤ 현실과 허구를 구별하는 우리의 능력에 기대는 것

해석 관련된 감정 때문에, 우리의 생각, 심지어는 우리의 머릿속에 투영된 가장 약한 '인생의 한 단면' 시나리오조차도 높은 불안감, 두려움, 그리고 즉각적인 위협감의 자동 조종 장치 반응을 일으킬 수 있는 계기가 된다. 감정적 일격은 줄거리가 완전한 허구일 때조차도 우리가 우리의 삶을 이해하기 위해 쓰는 정신적 대본에 그토록 거대한 힘을 부여하는 많은 '특수 효과' 중 단지 하나일 뿐이다. 시인 존 밀턴은 17세기에 그것에 대해 기록했다, "마음은 그것만의 장소이고, 그 자체로 지옥에서의 천국, 천국에서의 지옥을 만들 수 있다." 마음이 자신의 우주를 만드는 것은 맞지만, 우리는 확언과 긍정적 사고만으로는 우리가 직면하는 모든 문제를 다루기에 충분하지 않음을 인정해야 한다. 사실 우리의 문제에 그저 스마일 스티커를 붙이는 것은 그것들을 악화시킬 수 있다. 결국 우리는 우리가 우리의 생각에 반응하는 방식을 선택할 수 있으며, 마음 챙김 수련은 우리가 그 생각에 사로잡히는 것을 피하도록 도움을 줄 수 있다. 그러므로 지금 우리를 향한 질문은 '생각하는 사람과 생각 중 누가 책임을 맡고 있는가?'이다.

구문 [5행~8행] An emotional punch is just one of *the many "special effects"* [that give such enormous power to *the mental scripts* [(which[that])] we write to make sense of our lives], // even when the plot is pure fiction].

첫 번째 [ ]은 the many "special effects"를 수식하는 관계사절이다. 관계사절 안의 두 번째 [ ]은 앞에 목적격 관계대명사 which[that]가 생략되어 the mental scripts를 수식한다.

[11행~15행] While **it** is true **that** the mind creates its own universe, // we must acknowledge / **that** affirmations and positive thinking alone are not sufficient to tackle *all the challenges* [(which[that])] we face].

it은 가주어이고 that ~ universe가 진주어이다. 주절의 that은 명사절을 이끄는 접속사로 must acknowledge의 목적어 역할을 하는 명사절을 이끈다. [ ]은 앞에 목적격 관계대명사 which[that]가 생략되어 all the challenges를 수식한다.

어휘 a slice of life (희곡 · 소설에서 묘사한) 인생의 한 단면   project 투영[투사]하다   trigger 계기; 방아쇠   autopilot 자동 조종 장치   dread 두려움   make sense of ~을 이해하다   acknowledge 인정하다   affirmation 확언; 긍정   sufficient 충분한   tackle (문제 등을) 다루다   mindfulness 마음 챙김   [선택지] stuff 쑤셔 넣다; 채우다   tight-fitting 꼭 맞는[끼는]   lean on ~에 기대다[의지하다]   distinguish 구별하다

34 빈칸 추론   ①

해설 인생에서 장시간에 걸쳐 작은 변화를 만들어 나가는 것이 당장에는 성과가 안 보일지라도 결국 성공으로 이어진다는 내용의 글이므로, 빈칸에 들어갈 말로 가장 적절한 것은 ① '혁명이 아닌 진화에 호의를 보이다'이다.
② 우리의 계획과 예상을 무시하다
③ 우리에게 세상에서의 우리의 위치를 상기시키다
④ 우리에게 순간에 존재하라고 가르치다
⑤ 모험을 향한 새로운 가능성을 수용하다

해석 자연은 혁명이 아닌 진화에 호의를 보인다. 다른 많은 분야의 연구들은 장시간에 걸친 작은 변화들이 우리의 번영 능력을 극적으로 향상시킬 수 있음을 입증했다. 따라서 당신의 인생을 변형시켜 줄 가장 효과적인 방법은 일을 그만두고 완전히 새로운 나라로 이주함으로써가 아니라, 시어도어 루스벨트의 말을 달리 표현하면, 당신이 가진 것과 함께 당신이 지금 있는 곳에서 할 수 있는 것을 함으로써 나온다. 각각의 작은 변경은 단독으로는 별것 아닌 것처럼 보일 수 있겠지만, 그것을 영화의 프레임으로 생각해보라. 한 번에 하나씩 각 프레임을 바꾸고 그것들을 전부 하나로 조합한다면, 당신은 결국 완전히 다른 영화, 즉 완전히 다른 이야기를 들려주는 영화를 갖게 될 것이다. 혹은 항해를 해 본 적이 있다면, 설령 단지 작은 조정에 불과할지라도 1도나 2도의 변화가 만 너머에 당신이 이르는 장소를 바꿀 수 있음을 당신은 알고 있다. 마찬가지로 인생에서 장시간에 걸쳐 작은 변화를 만들고 개조하는 것은 상당한 성장과 성공으로 이어질 수 있다. 당신이 대양을 가로질러 항해하고 있다면 그 영향이 얼마나 더 클지 상상해 보라.

구문 [4행~8행] The most effective way (to transform your life), therefore, **is not by quitting** your job and moving to a whole new country, **but**, / to paraphrase Teddy Roosevelt, / **by doing** what you can, with what you have, where you are.

The most ~ your life가 주어이고 is가 동사이다. 「not A but B (A가 아니라 B)」 구문이 사용되었으며, A, B 자리에는 「by v-ing (v함으로써)」 구문이 사용되었다.

[18행~20행] Imagine how much greater the effect **would be** // **if** you **were** sailing across the ocean.

밑줄 친 부분은 Imagine의 목적어로, 가정법 과거 표현인 「S + would + 동사원형 if + S' + 과거동사」가 사용되었다.

어휘 demonstrate 입증[실증]하다   dramatically 극적으로   enhance 향상시키다, 높이다   effective 효과적인; 실직적인   transform 변형시키다   paraphrase 다른 말로 바꾸어 표현하다   tweak 변경[수정]; 비틀기   end up 결국 (어떤 처지에) 처하게 되다   adjustment 조정[수정]   bay 만   adaptation 개조, 각색; 적응   [선택지] mock 무시하다; 조롱하다   embrace 수용하다; 포용하다

35 무관 문장   ④

해설 사람들은 마주보며 대화를 할 때 상대방의 행동을 따라 하고 심지어 다른 사람의 행동을 관찰하는 것만으로도 몸에 전기 반응이 일어날 수 있다는 내용의 글이다. ④는 이러한 대화 형식이 의사소통을 증진시켜 획기적인 아이디어를 만들어 낸

다는 내용이므로 글의 전체 흐름과 무관하다.

해석 사람들은 말을 더듬는 사람과 수다를 떨 때 좀 더 끊어지는 말의 리듬을 무의식적으로 사용하며, 그들이 대화하고 있는 사람의 자세를 반영하여 자신의 자세를 조정한다. ① 마주보는 대화에서 한 사람이 팔짱을 끼면 보통 다른 사람도 그대로 따라 한다. ② 그리고 강연을 듣는 누구든 또는 교향곡 청중이 알고 있듯이 하품, 긁기, 기침도 전염된다. ③ 몇몇 연구는 심지어 다른 사람이 수행하는 행동을 직접 관찰하는 사람의 신체 부위에서 나타난 더 큰 전기 활동을 보여 주었다. ④ 게다가, 마주보는 상호 작용은 보통 더 명확한 의사소통을 증진시키고 사회적 상호 작용을 향상시킴으로써 획기적인 아이디어의 생성을 용이하게 한다. ⑤ 직접 행동을 수행하지 않음에도 불구하고 말을 더듬는 사람을 관찰하는 사람들과 팔씨름 경기를 관찰하는 사람들 모두 그들의 관련된 신체 부위에서 증가된 전기 활동을 보였다.

구문 [1행~4행] People unconsciously <u>use</u> a more halting rhythm of speech // when they're chatting with *someone* [who stutters], / <u>and</u> <u>adjust</u> their posture to mirror the stance of *the person* [(whom[that]) they're talking to].
동사 use와 adjust가 and로 연결되어 병렬구조를 이룬다. 첫 번째 [ ]은 someone을 수식하고 두 번째 [ ]은 앞에 목적격 관계대명사 whom[that]이 생략되어 the person을 수식하는 관계사절이다.

[6행~8행] And **as** anyone in a lecture or symphony audience knows, // yawning, scratching, and coughing are also contagious.
접속사 as는 '~듯이, ~다시피'의 의미로 쓰였다.

어휘 halting 자꾸 끊어지는, 멈칫거리는 | stutter 말을 더듬다 | posture 자세 (= stance) | mirror 반영하다 | follow suit 방금 남이 한 대로 따라 하다 | yawn 하품하다 | cough 기침하다 | contagious 전염되는 | facilitate 용이[가능]하게 하다 | breakthrough 획기적인, 대발견의; 돌파구 | arm-wrestling 팔씨름 | tournament 경기, 시합 | relevant 관련된

----

36 글의 순서 ②

해설 주어진 글은 온라인상의 자가 진단이 실제로 특정 질환을 갖고 있지 않아도 그 질환을 가진 것처럼 생각하도록 초래할 수 있다는 내용이므로, 이에 대한 예시로서 두통을 검색하면 웹사이트에서 이를 뇌종양의 잠재적 원인으로 언급할 수 있다는 내용의 (B)가 이어져야 한다. 이어서 이러한 상황을 (A)에서 This로 받으면서 이는 심각한 질환을 가지고 있다고 가정하도록 유도하며, 과도한 불안을 발달시킬 수 있다고 하고, 마지막으로 (C)에서 '이 고조된 걱정 상태(The heightened state of worry)'는 불안과 고통의 순환을 부채질한다고 마무리 짓는 것이 자연스럽다.

해석 온라인상의 자가 진단이 특정 질환에 대한 전문가를 발견하는 것과 같이 긍정적인 결과로 이어질 수 있지만, 이는 또한 사람들의 증상이 반드시 그들이 어떤 질환을 가지고 있음을 나타내는 것은 아닐 때에도 그렇게 생각하도록 초래할 수 있다. (B) 예를 들어, 온라인에서 '두통'을 검색하면, 많은 웹사이트는 뇌종양을 잠재적 원인으로 언급할 수도 있는데, 비록 그러한 종양이 극히 드물며 인구 중 대략 0.2%에게만 발생할지라도 말이다. (A) 이것은 개인들이 자신이 이런 심각한 질환을 가지고 있다고 가정하도록 유도할 수 있으며, 그 결과 그들은 과도한 불안과 두려움을 발달시킬 수도 있는데, 이는 그들의 건강과 행복에 역효과를 낳을 수 있다. (C) 이 고조된 걱정 상태는 강박적인 확인과 안심 추구 행동으로 이어질 수 있고, 이는 나아가 불안과 고통의 순환을 부채질한다. 정신적 행복을 보호하기 위하여 인터넷의 제한된 정보에만 의지하지 않는 것이 중요하다.

구문 [1행~5행] While self-diagnosing online can lead to positive outcomes, such as finding a specialist for a specific condition, // **it** can also lead to *people* **thinking** (that) they have a condition / when their symptoms do **not**

---

necessarily indicate **so**.
주절의 주어 it은 self-diagnosing online을 지칭한다. 동사 can also lead to의 목적어로 동명사구 thinking they ~ indicate so가 왔으며 people은 동명사구에 대한 의미상 주어이다. they have ~ indicate so 앞에는 명사절 접속사 that이 생략되었다. when절의 not necessarily는 부분부정 표현으로 '반드시 ~은 아니다'의 뜻이고, so는 they have a condition을 지칭한다.

[19행~21행] To safeguard mental well-being, / **it** is important **not to rely solely on limited information from the internet**.
it은 가주어이고 not to rely 이하가 진주어이다.

어휘 self-diagnose 자가 진단하다 | specialist 전문가 | indicate 나타내다 | counterproductive 역효과를 낳는 | tumor 종양 | rare 드문, 희귀한 | heighten 고조시키다; 고조되다 | compulsive 강박적인 | reassurance 안심, 안도 | distress 고통 | safeguard 보호하다

----

37 글의 순서 ②

해설 생물은 아무것도 안 하는 게 아니라 실제 행동을 한다는 주어진 글 다음에는 '행동'이라는 단어를 보다 자세히 설명하는 (B)가 나와야 한다. 동물의 행동에 대해 설명한 (B) 다음에는 However로 시작해 동물만 행동을 보이는 게 아니라 박테리아나 식물 또한 행동을 보인다고 언급하는 (A)가 이어져야 한다. 이어서 (A)에서 언급된 박테리아 및 식물의 자극 반응을 '이러한 광범위한 행동 패턴(The wide range of these behavioral patterns)'으로 받아 추가적으로 설명하는 (C)가 이어지는 것이 자연스럽다.

해석 생물은 아무것도 안 하면서 그저 빈둥거리지 않고 오히려 실제 행동에 참여한다. (B) '행동'이라는 단어는 일반적으로 동물, 특히 곤충과 척추동물 같은 동물과 연관되는데, 이들은 모두 뇌와 신경계를 가지고 있다. 대부분의 동물들은 틀에 박힌 행동을 보이며, 미리 짜여진 방식으로 특정 자극에 일관성 있게 반응한다. (A) 그러나 심지어 그것(뇌와 신경계)이 없는 생물조차도 행동을 보인다. 박테리아는 원천을 향하여 혹은 원천에서 멀리 이동함으로써 빛과 화학 물질 같은 자극에 반응한다. 식물 또한 중력, 화학 물질, 그리고 다른 식물의 존재 같은 자극을 감지하고 그것에 반응한다. (C) 이러한 광범위한 행동 패턴은 생물의 적응성에 대한 증거일 뿐만 아니라 그것들 각자의 환경에서 생존과 번식 가능성을 높이기 위하여 이러한 반응들을 형성해온 진화 과정에 대한 통찰력을 제공한다.

구문 [9행~12행] The word "behavior" is generally associated with *animals*, / especially **those** such as insects and vertebrates, // **all of which have brains and nervous systems**.
those는 animals를 지칭한다. all of which ~ systems는 '대명사 + 전치사 + 관계대명사'가 이끄는 계속적 용법의 관계사절로 animals를 부연 설명하고 있다.

[15행~21행] The wide range of these behavioral patterns is **not only** a testament to the adaptability of living organisms **but also** provides insights into *the evolutionary processes* [that have shaped these responses / in order to enhance their chances of survival and reproduction in their respective environments].
「not only A but also B (A뿐만 아니라 B도)」 구문이 쓰였다. [ ]는 선행사 the evolutionary processes를 수식하는 관계사절이다.

어휘 living being 생물 | sit around 빈둥거리다 | exhibit 보이다; 전시하다 | detect 감지하다, 발견하다 | stimulus ((복수형 stimuli)) 자극 | nervous system 신경계 | stereotypical 틀에 박힌 | consistently 일관성 있게 | testament 증거 | adaptability 적응성 | reproduction 번식 | respective 각자의, 각각의

38 문장 넣기 ⑤

해설 주어진 문장은 '이러한 노력(This endeavor)'이 기후 변화로 인한 기상 현상에 대비할 수 있게 한다고 했다. ⑤ 앞 문장에서 우리는 날씨와 기후의 변동을 연구하고 이해하려고 노력해왔다고 하며 주어진 문장의 '이러한 노력'에 대한 내용이 나오고, ⑤ 뒤에서는 이로 인한 미래의 긍정적인 전망(잠재적 인명 손실과 사회 기반 시설의 손상 완화)을 언급하고 있으므로 주어진 문장은 ⑤에 들어가야 한다.

해석 우리 행성의 대기는 엄청나게 복잡해서 결과적으로 우리가 경험하는 날씨는 장소마다 그리고 연중 다른 시기 동안 매우 다양하다. 폭염부터 폭풍에 눈보라까지, 날씨와 기후는 우리가 사는 방식과 하는 일에 영향을 미친다. 인간의 재간을 통해 우리는 날씨를 받아들이는 것에 적응해왔는데, 그 예로 잘 자랄 작물 기르기, 지역의 환경을 견뎌 내는 집 짓기, 그리고 계절에 근거하여 일과 조정하기가 있다. 그러나 역사를 통틀어 가뭄, 홍수, 허리케인 같은 극한의 기상 현상은 사회의 회복력에 도전해왔고, 우리의 목숨과 생계를 희생시켰다. 그래서 우리가 날씨와 기후의 복잡한 역학, 즉 그것들이 몇 시간, 몇 주, 여러 계절과 여러 해에 걸쳐 변동하고 바뀌도록 하는 것을 연구하고 이해하려고 노력해온 것은 지극히 당연한 일이다. 이러한 노력은 점점 더 정확해지는 일기 예보와 기후예측으로 이어졌으며, 이는 기후 변화로 인한 다가오는 기상 현상의 대비를 가능하게 했다. 극한의 기상 현상으로 제기된 도전에 대한 철저한 준비는 그것이 유발하는 잠재적 인명 손실과 사회 기반 시설 손상을 완화하는 데 결정적이다.

구문 [10행~14행] Through human ingenuity / we have adapted to live with the weather: growing *crops* [that will flourish], building *homes* [that withstand local conditions], and adjusting our daily routines based on the seasons.
밑줄 친 세 동명사구가 and로 연결되어 병렬구조를 이룬다. 두 개의 [ ]는 관계사절로 각각 crops와 homes를 수식한다.
[21행~24행] Thorough readiness for *the challenges* (posed by extreme weather events) **is** critical / in mitigating *the potential loss of life and infrastructure damage* [(which[that]) they cause].
Thorough readiness가 주어이고 is가 동사이다. ( )는 the challenges를 수식하는 과거분사구이다. [ ]은 앞에 목적격 관계대명사 which[that]가 생략되어 the potential loss of life and infrastructure damage를 수식한다.

어휘 endeavor 노력, 시도   prediction 예측, 예견   massively 엄청나게   heatwave 폭염, 혹서 blizzard 눈보라 ingenuity 재간, 기발한 재주 withstand 견뎌 내다   resilience 회복력; 탄성   livelihood 생계   complicated 복잡한   dynamics 역학 fluctuate 변동하다, 오르내리다   thorough 철저한 readiness 준비 mitigate 완화[경감]시키다   infrastructure 사회 기반 시설

39 문장 넣기 ④

해설 ④ 앞에서는 문학은 권력 구조와 사회 규범에 도전하기 때문에 역사적으로 위험한 것으로 간주되어 왔음을 설명하고, ④ 다음에는 당대 베스트 셀러였던 〈톰 아저씨의 오두막〉이 당시 노예 제도에 대한 혐오감을 자아내는 데 도움을 주었다는 예시가 제시되므로 연결이 부자연스럽다. 주어진 문장은 위대한 문학 작품이 사회 변화를 낳았다는 내용으로, 이에 대한 예시가 ④ 이후에 For example로 시작되는 문장에서 제시된다. 따라서 주어진 문장은 ④에 위치해야 한다.

해석 어떤 문학 이론가들은 문학은 세상과 관계를 맺는 방법으로 사색과 숙고를 장려할 뿐이고 따라서 변화를 낳을지도 모르는 사회적 그리고 정치적 활동을 약화시킨다고 주장해왔다. 기껏해야 그것은 세상의 복잡성에 대한 초연한 감상으로 이어지며, 최악의 경우에 그것들이 무엇인지에 대한 수동적인 수용으로 이어진다. 그러나 반면에 문학은 역사적으로 위험한 것으로 간주되어 왔다. 그것은 확립된 권력 구조와 사회 규범에 도전할 수 있다. 플라톤은 자신의 이상 국가에서 시인을 금지했는데, 그는 그들이 해만 끼칠 뿐이며, 시의

감정적 내용은 사람들이 그들의 삶에 만족하지 못하고 새로운 것, 즉 대도시에서의 삶이나 심지어 정치적 혁명을 열망하게 만들지도 모른다고 믿었기 때문이다. 사실 위대한 문학 작품은 사회 변화를 낳은 공로로 인정받는다. 예를 들어, 당대의 베스트 셀러였던 해리엇 비처 스토의 〈톰 아저씨의 오두막〉은 남북 전쟁을 가능하게 만든 노예 제도에 대한 혐오감을 자아내는 데 도움이 되었다. 사회에서의 문학의 역할에 대한 상충되는 견해들에도 불구하고, 문학은 문화적 가치와 믿음을 반영하고 형성하는 잠재력을 갖고 있음이 분명하다.

구문 [3행~7행] Some literary theorists have maintained // **that** literature only encourages contemplation and reflection as *the way* (to engage with the world), / and thus undermines *the social and political activities* [that might produce change].
명사절 접속사 that이 이끄는 명사절이 have maintained의 목적어 역할을 한다. that절에서 동사 encourages와 undermines가 and로 연결되어 병렬구조를 이룬다. ( )는 to-v의 형용사적 용법으로 the way를 수식한다. [ ]은 the social and political activities를 수식하는 관계사절이다.
[20행~23행] Despite the conflicting views on the role of literature in society, / **it** is clear **that** literature has *the potential* (to **both** reflect **and** shape cultural values and beliefs).
it은 가주어이고 that 이하가 진주어이다. ( )는 to-v의 형용사적 용법으로 the potential을 수식하며 「both A and B (A와 B 둘 다)」 구문이 사용되었다.

어휘 indeed 사실   credit (공로·명예를) 돌리다   contemplation 사색, 명상 reflection 숙고; 반영 *cf.* reflect 반영하다, 나타내다   at best 기껏해야 detached 초연한, 무심한 at worst 최악의 경우에 passive 수동적인 societal 사회의 ban 금(지)하다 republic 국가; 공화국 revulsion 혐오감, 역겨움 slavery 노예제도; 노예 conflicting 상충[상반]되는

40 요약문 완성 ⑤

해설 시간과 관련된 사고를 하도록 유도된 사람들은 인간관계를 중시한 반면 돈과 관련된 사고를 하도록 유도된 사람들은 일의 생산성이 향상되었으나 인간관계에 대한 추구는 감소된 결과를 보였다. 따라서 시간과 관련된 문장 순서를 바로 맞추는 것은 대인 관계적(interpersonal) 사고방식을, 반대로 돈과 관련된 문장 순서를 바로 맞추는 것은 금융적(financial) 사고방식을 유발한다고 요약할 수 있다.
① 융통성 있는 – 전략적인   ② 융통성 있는 – 느긋한
③ 이성적인 – 분석적인   ④ 대인 관계적 – 창의적인

해석 2010년 연구에서 300명이 넘는 성인들이 시간이나 돈 중 하나의 개념을 정신적으로 활성화하도록 고안된 간단한 임무를 완수했다. 한 집단은 'sheets the change clock'과 같이 시간과 관련된 문장들의 순서를 바로 맞추었으며, '시트를 바꾸다' 혹은 '시계를 바꾸다'가 가능한 답이었다. 다른 집단은 'sheets the change price'와 같은 돈과 관련된 문장들의 순서를 바로 맞추었다. 그 후, 모든 사람이 앞으로 24시간을 어떻게 쓸 것인지 결정하도록 요청받았다. 시간과 관련된 문장들의 순서를 바로 맞춘 개인들은 다른 사람과 교제하며 관계를 맺을 경향이 더 높았다. 그러나 돈과 관련된 문장의 순서를 바로 맞춘 사람들은 향상된 생산성과 사람들과 교제하는 것에 감소된 관심을 보고했다. 이것은 시간과 돈의 개념이 서로 다른 사고방식을 촉진하기 때문이다. 우리는 시간을 쓰는 방법에 대한 우리의 결정을 우리 주변의 사람들과 깊은 관계를 맺는 것으로 본다. 그에 반해 돈에 관한 우리의 생각은 흔히 우리가 사회적 가치를 수 혹은 금전의 측정 기준으로 전환하게끔 유도한다. 단순한 문장 순서 바로 맞추기 과제조차도 이러한 다른 정신 상태를 유발하기에 충분하다.

↓

시간과 관련된 문장의 순서를 바로 맞추는 것이 (A) 대인 관계적 사고방식을 증진시키는 반면, 돈과 관련된 문장의 순서를 바로 맞추는 것은 (B) 금융적 사고방식을 유발한다.

구문 [10행~12행] *Individuals* [who unscrambled *sentences* (related to time)] **were** more inclined to socialize `and` engage with others.
[ ]은 주어 Individuals를 수식하며 동사는 were이다. ( )는 sentences를 수식하는 과거분사구이다. to 다음의 동사원형 socialize와 engage가 and로 연결되어 병렬구조를 이룬다.

어휘 activate 활성화하다 unscramble 순서를 바로 맞추다, 제대로 정리하다 be inclined to-v v하는 경향이 있다 socialize 교제하다, 사귀다 mindset 사고방식 convert 전환[변환]하다 numeric 수의, 수와 관련된 monetary 금전의; 통화[화폐]의 metrics 측정 기준 induce 유발하다; 설득하다 [선택지] adaptable 융통성 있는; 적응할 수 있는 leisurely 느긋한, 여유로운 rational 이성적인 analytical 분석적인 interpersonal 대인 관계적인, 대인 관계에 관련된

41~42 장문   41 ③ 42 ⑤

해설 41. 지능은 변하지 않는다고 생각하는 고정형 사고방식이 아닌 성장형 사고방식을 가져야만 자신이 변할 수 있음을 믿고 시련에 잘 대처하며 그 결과 발전할 수 있으므로 자녀의 지능보다 노력을 칭찬함으로써 성장형 사고방식을 길러주어야 한다는 내용의 글이다. 따라서 제목으로 가장 적절한 것은 ③ '아이들의 잠재력을 열어주기 위해 성장형 사고방식을 양성하라'이다.
① 칭찬을 효과적으로 주고받는 방법
② 실패를 수용하는 것이 왜 아이들이 성공하는 데 도움이 될까?
④ 작은 걸음과 꾸준한 노력이 큰 결과로 이어진다
⑤ 고정형 사고방식에서 유연한 사고방식으로 전환하기
42. 부모는 자녀가 유연한 사고방식을 갖도록 그들의 노력을 칭찬하는 것에만 그치지 말고 그들이 향상되도록 도와주는 효과적인 방법을 '무시'하는 것이 아니라 '강조'해야 할 것이다. 따라서 (e)의 disregarding을 highlighting 등으로 바꿔 써야 한다.

해석 연구에 따르면 당신이 고정형 사고방식을 가지고 있는지 성장형 사고방식을 가지고 있는지가 당신의 행동에 상당한 영향을 미칠 수 있다. 자신의 지능이 고정되어 있다고 믿는 아이들은 어렵다고 느끼는 과목에서 낮은 성과를 보인다. 열심히 공부함으로써 자신의 실질적인 지능을 향상시킬 수 있다고 믿는 아이들은 더 잘 수행한다. 결국, 자신의 (a) 변화하는 능력을 믿는 사람들은 자신의 수행에 대하여 통제감을 가지고 있으며 시련에 잘 대처한다. 따라서 좌절이나 실패는 그들을 억압하지 않고 그리하여 그들은 좌절할 때조차도 (b) 견딘다. 특히 주목해야 할 점은 사고방식이 개발되고 바뀔 수 있다는 것이다. 아이의 노력을 칭찬하는 것은 성장형 사고방식을 증진시킬 수 있는 반면, 그들의 선천적인 지능을 칭찬하는 것은 고정형 사고방식을 강화할 수 있고, 이는 그들의 장기적 발전에 (c) 해로울 수 있다. 아이가 성공은 선천적 지능에 달려 있고 지능은 고정된 특징이라고 믿게 되면, 힘든 과제로 분투할 때 포기할 가능성이 더 높다. 그러나 성장형 사고방식을 갖는 것이 그저 단순히 더 열심히 하는 것과 혼동되어서는 안 된다. 아이가 (d) 향상을 보지 못한 채 몇 시간을 공부하는 데 쓴다면, 다른 전략을 생각해볼 때다. 부모는 또한 자녀의 노력만을 칭찬하는 것으로 끝나서는 안 된다. 예를 들어, '좋은 시도야'라고 말하는 것은 아이가 시험에서 낙제한 후 기분이 나아지게 할 수 있지만, 그들이 향상하게 도와주지는 못할 것이다. 그들이 다음번에 더 잘하도록 도와주는 효과적인 방법을 (e) 무시함(→ 강조함)으로써 부모는 자녀가 성장형 사고방식을 취하도록 도울 수 있다.

구문 [3행~5행] *Children* [who believe their intelligence is fixed] **underperform** in *courses* [that they find difficult].
주어 Children이고 동사는 underperform이다. 첫 번째 [ ]은 주격 관계대명사절로 Children을 수식하고, 두 번째 [ ]은 목적격 관계대명사절로 courses를 수식한다.
[17행~21행] If a child comes to believe / **that** success is dependent on innate intelligence `and` **that** intelligence is a fixed trait, // they are more likely to give up / when they struggle with a difficult task.
밑줄 친 that이 이끄는 명사절 두 개는 believe의 목적어로서 and로 연결되어 병렬구조를 이룬다.

어휘 rise to the challenge 시련에 잘 대처하다 setback 좌절; 차질 keep A down A를 억압[억제]하다 persevere 견디다, 인내하다 frustrate 좌절시키다 innate 선천적인, 타고난 detrimental 해로운 disregard 무시하다 adopt (태도 등을) 취하다; 채택하다 [선택지] nurture 양성[육성]하다

43~45 장문   43 ④ 44 ② 45 ③

해설 43. Jessica가 좁은 칸막이에 대한 불만을 터뜨리는 (A) 다음에는 그녀의 불평에 대해 동료들이 싫증을 느끼는 (D)가 나와야 한다. 그 뒤로는 동료인 Marge가 이에 대해 Jessica와 이야기를 하는 내용인 (B)가 이어지고, Marge와의 대화 후에 깨달음을 얻은 Jessica가 열심히 일에 집중해서 그 결과 창가 자리를 얻게 되는 (C)가 맨 마지막에 오는 것이 자연스럽다.
44. (b)는 Marge를 지칭하고, 나머지는 모두 Jessica를 가리킨다.
45. Jessica가 Marge의 제안에 처음에는 부정적인 반응을 보였다고 했으므로 ③이 글의 내용과 일치하지 않는다.

해석 (A) 영업부의 일원으로서 Jessica는 창가 자리가 귀한 것을 알고 있었다. 그것들은 장기근속으로 칸막이한 좁은 공간에서 벗어나 실제 전망이 있는 환경으로 이동할 수 있는 자격을 부여받은 프로젝트 매니저에게 주어졌다. 창문을 갖는 것은 최고의 보너스였다. 하지만 Jessica는 큰 방의 중앙에 있는 좁은 공간을 갖는 것에 대한 불만을 숨기지 않았다. (a) 그녀(= Jessica) 자신이 미로 속에 있는 쥐 같은 기분이 든다고 큰 소리로 자주 불평했다.
(D) Jessica의 불평은 동료들에게 들렸지만, 창가 자리는 시간을 들여 회사에 가치를 보여준 사람들을 위해 마련된 것이라고 일반적으로 생각되었다. Marge를 포함한 (e) 그녀(= Jessica)의 동료들은 시간이 지날수록 Jessica의 불평에 싫증을 느끼기 시작했다. Marge는 만약 Jessica가 자신의 시기보다 일찍 창가 자리를 받게 된다면, 그것은 사무실의 질서와 조화를 붕괴시킬 수 있는 선례가 될 것이라는 것을 알고 있었다.
(B) 그녀는 Jessica와 개인적으로 이야기하고 (b) 그녀(= Marge)의 우려를 표현하기로 결심했다. 그녀는 창가 자리에 대한 Jessica의 갈망에 공감하지만, 사무실 계층제와 시행된 규칙을 존중하는 것이 중요하다고 설명했다. Marge는 Jessica가 계속해서 열심히 일하고 회사에 (c) 그녀(= Jessica)의 가치를 보여줄 것을 제안했고, 때가 되면 창가 자리에 고려될 것이라고 제안했다.
(C) Jessica는 처음에 그 제안에 부정적인 반응을 보였지만, 시간이 흐르면서 Marge의 말이 충분히 이해되기 시작했다. Jessica는 그녀의 일에 집중하기 시작했다. 마침내, 그녀의 노력은 성과를 올렸고, (d) 그녀(= Jessica)는 프로젝트 매니저로 승진했다. 그녀의 새로운 직함과 함께 넓은 창가 자리가 딸려 왔다. Jessica는 자신의 공로를 통해 그것을 얻게 된 기회에 감사했다.

구문 [2행~5행] They were awarded to *project managers* [whose longevity entitled them to move out of the cubicles `and` into an environment with an actual view].
[ ]은 소유격 관계대명사 whose가 이끄는 관계사절로 project managers를 수식한다. move 다음의 밑줄 친 두 전치사구가 and로 연결되어 병렬구조를 이룬다.
[12행~15행] She explained / **that** while she sympathized with Jessica's desire for a window seat, // **it** was important **to respect** the office hierarchy and *the rules* [that had been put in place].
that 이하는 동사 explained의 목적어로 쓰인 명사절이다. that절에서 it은 가주어, to respect 이하가 진주어이다. [ ]은 선행사 the rules를 수식하는 관계사절이다.

어휘 (A) at a premium 구하기 힘든 longevity 장기근속; 장수 entitle 자격을 주다 cubicle 칸막이한 좁은 공간 crowning 최고의, 더없는 (B) sympathize 공감하다 hierarchy 계층제, 계급제 put in place 시행[이행]하다 (C) initially 처음에 sink in 충분히 이해되다 pay off 성과를 올리다, 성공하다 spacious 넓은 merit 공로, 공적 (D) reserve 마련해 두다, 따로 떼어두다 grant 주다; 승인하다 precedent 선례, 전례

18 ⑤	19 ③	20 ⑤	21 ⑤	22 ④		23 ①	24 ⑤	25 ④	26 ④	27 ⑤
28 ⑤	29 ⑤	30 ④	31 ①	32 ④		33 ①	34 ①	35 ④	36 ④	37 ④
38 ③	39 ④	40 ②	41 ④	42 ④		43 ④	44 ③	45 ③		

18 글의 목적 ⑤

해설 필자는 노인 돌봄 센터 폐쇄 계획을 듣고 시장에게 이를 재고해 줄 것을 촉구하고 있다. 따라서 글의 목적으로 가장 적절한 것은 ⑤이다.

해석 Olden 시장님께,
지난 4년 동안 저는 매일 아침 85세이신 어머니를 Rolling Meadow 노인 돌봄 센터로 모셔다드렸습니다. 어머니께서는 운전을 못 하시고 혼자 걷는 데 어려움이 있기 때문에, 센터는 저희 가족에게 생명의 은인이었습니다. 그 센터는 어머니께 외출하고 다른 사람들과 하루를 보낼 기회를 제공했고, 저희는 둘 다 그것이 제공해준 서비스를 매우 감사하게 생각하고 있습니다. 그러나 저는 최근에 시 정부가 그 시설을 닫을 계획이라는 말을 들었습니다. 이렇게 재정적으로 어려운 시기에도 불구하고, 시장님께서 이 결정을 재고해 보시라고 촉구합니다. 센터 폐쇄는 저희 가족에게 엄청난 손상을 가할 뿐만 아니라, 지역 사회 전체에도 큰 손실이 될 것입니다. 센터를 지원하기 위하여 저는 어떠한 모금 활동이나 지지 캠페인에도 기꺼이 참여하겠습니다. 시간 내 주셔서 감사드리며, 시장님께서 제 우려를 진지하게 고려해 주시길 바랍니다.
진심을 담아,
Elliot Newman 드림

구문 [12행~15행] **Not only would the closure of the center be** devastating for our family, / **but** it would **also** be a huge loss for the entire community.
「not only A but also B (A뿐만 아니라 B도)」 구문이 쓰였다. 부정 표현 Not only가 문두로 나가면서 「조동사(would) + 주어(the closure of the center) + 동사(be)」 순으로 도치되었다.

어휘 lifesaver 생명의 은인; 인명 구조자   urge 촉구[재촉]하다   devastating 엄청난 손상을 가하는, 대단히 파괴적인; 엄청나게 충격적인   fundraising 모금   effort (모금 따위의) 활동, 운동; 노력   advocacy 지지[옹호]   take A into consideration A를 고려하다

19 심경 변화 ③

해설 아기가 고열이 나서 걱정된 마음에 'I'는 아이를 응급실에 데려갔고 열을 내려주기 위해 차가운 스펀지로 몸을 닦아주었지만, 이것이 오히려 아이의 체온을 올릴 수 있다는 얘기를 간호사에게서 듣고 자신의 행동을 후회하는 상황이므로 'I'의 심경 변화로 가장 적절한 것은 ③ '걱정하는 → 후회하는'이다.
① 초조한 → 무관심한   ② 낙담한 → 자신감 있는
④ 짜증난 → 차분한   ⑤ 무서워하는 → 안심한

해석 어느 날 밤, 나의 아기 Noah는 끊임없이 울고 있었다. 아이는 열이 높았다. 고열이 난다는 것이 매우 위험하다는 것을 알고 있었지만, 무엇을 해야 할지 몰랐다. 그래서 나는 아이를 응급실로 데려갔다. 첫 번째 바늘이 그에게 닿자마자 Noah는 비명을 지르기 시작했다. 10초 만에 전부 끝났지만, 아이는 계속 울어댔다. 나는 아이를 편하게 해주고 싶어서 아이의 열을 내리기 위해 차가운 스펀지를 사용하여 아이의 땀을 부드럽게 닦아 냈다. 그러나 그때 간호사는 그렇게 하는 것이 아이를 떨게 만들어 결국 아이의 체온을 올릴 수 있기 때문에 찬 물을 사용해서는 안 된다고 나에게 말해주었다. 간호사가 말할 때 나는 엄청난 충격을 받았다. 나는 도우려는 바람으로 행동했지만, 그저 상황을 악화시키기만 했던 것 같았다.

구문 [4행~5행] **The moment** the first needle touched him, // Noah started screaming.
The moment는 접속사로 '~ 하자마자'의 뜻이다.
[9행~11행] But then the nurse **told** me // **that** I shouldn't use cold water / because it could **make** *him* **shiver** and eventually raise his temperature.
동사 told 다음의 me는 간접목적어, that 이하는 직접목적어로, 이때 that은 명사절을 이끄는 접속사이다. because절에서 사역동사 make가 「make + O + 동사원형 (O가 ~하게 만들다[하다])」의 형태로 쓰였으며, 조동사 could 다음의 동사원형 make와 raise가 and로 연결되어 병렬구조를 이룬다.

어휘 fever 열, 발열   gently 부드럽게, 다정하게   wipe away ~을 닦아 내다   shiver (몸을) 떨다

20 필자 주장 ⑤

해설 프로젝트 초반과 최종 단계에서는 내재적으로 동기 부여가 잘 되지만 중간 단계에서는 이러한 동기 부여가 부족할 수 있다고 하며, 자신의 목표를 다른 사람 혹은 소셜 미디어에 공유하여 외부 압력을 받음으로써 극복해야 한다는 내용의 글이다. 따라서 필자의 주장으로 가장 적절한 것은 ⑤이다.

해석 프로젝트 초반에 우리의 선천적인 추진력은 우리의 새 시도에 대한 새로움으로 강화된다. 이것은 최종 단계에도 유효한데, 이 단계에서 열정과 흥분이 흔히 경험된다. 그러나 중간 지점에서는 이러한 타고난 동기 부여의 결여가 있을 수 있다. 이 문제를 다루기 위한 한 가지 해결책은 다른 사람들에게 당신의 목표가 무엇인지를 알리는 것이다. 누군가가 당신에게 책임을 묻기 때문에 이것은 당신의 목표를 성취할 가능성을 증가시킨다. 보통 이 사람은 가족이나 친구겠지만, 당신이 선호한다면 소셜 미디어에 당신의 목표를 공유함으로써 당신의 범위를 넓힐 수 있다. 연구는 체중 감량 목표에 공개적으로 전념하는 것이 목표 달성에 긍정적으로 영향을 준다는 것을 보여 주었는데, 이는 이것이 당신이 의욕을 잃지 않고 계속 나아가도록 돕기 위해 외부의 책임과 압력을 더하기 때문이다. 이 외부 압력은 내재적 동기 부여가 약화될 때 적절한 대안의 역할을 하여 당신이 더 많은 장애물도 극복하게 한다.

구문 [12행~15행] Studies have shown // that publicly committing to a weight-loss goal positively **impacts** goal attainment, / as it adds external accountability and pressure to **help** *you* **stay** motivated and on track.
that절에서 동명사구 publicly committing ~ goal positively가 주어이며 동사는 impacts이다. 「help + O + (to-)v (O가 v하도록 돕다)」 구문이 쓰였다.
[15행~18행] This external pressure serves as a suitable alternative // when intrinsic motivation weakens, / **allowing** *you* **to overcome** more obstacles.
allowing 이하는 분사구문이며 「allow + O + to-v(O가 v하도록 하다)」 구문이 쓰였다.

어휘 natural 선천적인, 타고난 (= innate); 자연의; 자연스러운 **drive** 추진력; 충동 novelty 새로움 endeavor 시도, 노력 hold true 유효하다; 진실이다 enthusiasm 열정; 열광 midpoint 중간 지점 lack 결여, 부족; ~이 없다 inform A of B A에게 B를 알리다 hold A accountable A에게 책임을 묻다 broaden 넓히다; 넓어지다 publicly 공개적으로 commit to A A에 전념하다 attainment 달성, 성취 external 외부의 accountability 책임, 책무 stay on track (계획대로) 계속 나아가다 intrinsic 내재하는; 고유한, 본질적인

21 밑줄 의미 ⑤

해설 '공구 상자에 다양한 도구 세트를 갖고 있는 것'은 '소송만이 아닌 다양한 전략을 갖춘 변호사'에, 이와 대비되는 밑줄 친 '모든 것에 못질을 할 하나의 망치만 갖고 있는 것'은 '소송만 해서 쓸 수 있는 전략이 제한된 변호사'에 비유할 수 있다. 따라서 밑줄 친 부분의 의미로 가장 적절한 것은 ⑤ '대안적 접근법을 고려하지 못하는 것'이다.
① 같은 실수를 반복하는 것
② 너무 늦을 때까지 행동을 미루는 것
③ 다른 사람들에 대한 공감의 부족을 보이는 것
④ 다른 사람들이 당신을 이용하게 하는 것

해석 당신이 고용주가 자신을 부당하게 대우했다고 여기는 고객이라고 상상해보자. 당신에게는 두 명의 변호사 간에 택할 선택권이 있다. 한 명은 20년 동안 소송만 해왔다. 다른 한 명은 협상과 중재와 같은 분쟁을 해결하는 다른 방법들뿐만 아니라 소송에도 경험이 있다. 첫 번째 변호사는 사건을 단지 소송을 제기할지 말지의 측면으로만 볼 가능성이 있는데, 왜냐하면 그녀는 모든 것을 그 프레임을 통해 보는 데 20년을 보냈기 때문이다. 반면에, 두 번째 변호사는 더 넓은 관점을 지녔으며 당신의 사건에 가장 적합한 전략을 선택할 수 있을 것이다. 두 번째 변호사가 당신에게 더 나은 선택일 것임은 분명하다. 결국 공구 상자에 다양한 도구 세트를 갖고 있는 것이 모든 것에 못질을 할 하나의 망치만 갖고 있는 것보다 항상 더 낫다.

구문 [4행~6행] The other has experience in litigation **as well as** other methods of resolving disputes, / such as negotiation and mediation.
「A as well as B」는 'B뿐만 아니라 A도'의 뜻이다.
[12행~13행] It's obvious **that** the second lawyer would be the better choice for you.
It은 가주어이고 that 이하가 진주어이다.

어휘 mistreat 부당하게 대우하다, 학대하다 nothing but 오직, 그저[단지] ~일 뿐인 resolve 해결하다 dispute 분쟁; 논쟁, 논의 negotiation 협상, 교섭 mediation 중재, 조정 sue 소송을 제기하다, 고소하다 toolbox 공구 상자, 연장통 nail 못으로 박다; 못 [선택지] empathy 공감, 감정 이입 take advantage of ~을 이용하다

22 글의 요지 ④

해설 문학 비평 이론을 공부하면 더 넓고 더 깊게 생각하는 능력이 발달되어 문학 작품을 더 잘 감상할 수 있다는 내용의 글이므로 글의 요지로 가장 적절한 것은 ④이다.

해석 독자로서의 당신의 중고등학교 시절 경험을 돌이켜 생각해보라. 좋아했거나 싫어했지만 몇 년 후에 다시 읽어 보니, 즉 문학에 대해 배운 후에 당신의 반응이 상당히 바뀐 이야기나 소설 혹은 희곡을 기억할 수 있는가? 당신이 비평 이론을 공부하기 전 문학 해석은 완전히 개인적이거나 자연스러운 것처럼 보일지도 모르지만, 일단 비평 이론을 더 잘 알게 되면 그것이 당신의 문학 감상을 감소시키기보다는 오히려 증가시킨다는 것을 또

한 발견하게 될 것이다. 그러므로 당신이 이론을 이해하고 인간의 경험과 관념의 세계에 대해 더 넓고 더 깊게 생각하는 능력을 발달시킴에 따라 당신은 문학 작품에 존재하는 풍부한 의미와 여러 해석을 더 잘 감상할 수 있을 것이다. 이전에 가장 좋아했던 작품이 밀려날 수도 있지만, 당신은 가장 좋아하는 작품을 새로 가질 것이며, 더 많이 보고 그 결과 당신이 읽는 모든 것에서 더 많은 것을 감상하는 능력을 가질 것이다.

구문 [6행~10행] The interpretations of literature before you study critical theory **may seem** completely personal or natural, // but you will also find, / once you've become better acquainted with critical theory, / **that** it increases **rather than** decreases your appreciation of literature.
주어는 The interpretations of literature이고 동사는 may seem이다. 명사절 접속사 that이 이끄는 명사절이 will find의 목적어 역할을 한다. that절에 「A rather than B (B라기보다는 오히려[차라리] A)」 구문이 쓰였다.

어휘 interpretation 해석 become acquainted with ~을 알게 되다 appreciation 감상; 감사 cf. appreciate 감상하다; 고마워하다 fall by the wayside (중심에서) 밀려나다, 관심이 멀어지다; 중도에 좌절하다

23 글의 주제 ①

해설 우리의 뇌는 수집한 입력 데이터를 이해하기 위해 정신 모형을 개발하는데, 정신 모형은 시간이 지나면서 우리의 경험, 사회적 및 인지적 상호 작용, 문화 등의 영향을 받아 발달한다고 했으므로 글의 주제로 가장 적절한 것은 ① '뇌가 우리의 정신 모형을 형성하는 방법'이다.
② 인간 기억에서 정신 모형의 역할들
③ 우리의 안전지대를 확장하는 것의 중요성
④ 감각 입력 데이터가 지능을 개발하는 데 미치는 영향들
⑤ 우리의 정신 건강에 대한 우리의 경험의 영향

해석 우리의 감각은 우리 주변 세계에서 오는 입력 데이터를 수집한다. 우리의 뇌는 우리의 감각을 통해 이러한 입력 데이터를 기록하고 종합함으로써 그것을 이해하기 위한 정신 모형을 개발한다. 처음에 이러한 모형은 시험적이며 다른 사람들에 대한 우리의 경험 혹은 세계의 본질에 대한 인식에 제한받지 않는다. 유아는 어머니가 계단 맨 아래에 서 있다는 사실에도 불구하고 그녀가 웃고 있는 동안 그녀를 향해 달려갈 것이다. 시간이 지나면서 우리는 우리의 경험과 다른 사람들에게서 받은 피드백에 기반하여 우리의 정신 모형을 재정의하고 업데이트한다. 이러한 과정은 인식, 주의, 기억, 그리고 학습 간의 복잡한 상호 작용을 포함한다. 우리는 위험한 상황을 인식하고 피하는 법을 배우며 그에 따라 우리의 행동을 조정한다. 게다가, 우리의 정신 모형은 우리의 문화, 믿음, 그리고 가치관의 영향을 받는데, 이것들은 세계에 대한 우리의 인식과 해석을 형성한다. 궁극적으로, 우리는 세계를 항해하며 우리의 환경을 이해하는 것을 돕는 정신 모형의 수집품을 쌓아 올린다.

구문 [6행~9행] A toddler will run toward his or her mother // while she is smiling / despite the fact (that) she is standing at the bottom of a flight of stairs.
밑줄 친 she ~ stairs는 앞에 that이 생략된 형태로, the fact와 동격 관계이다.
[17행~19행] Ultimately, / we build up a collection of mental models [that **help** us **navigate** the world and **understand** our surroundings].
[ ]은 a collection of mental models를 수식하는 관계사절로 「help + O + (to-)v (O가 v하는 것을 돕다)」 구문이 쓰였다. 목적격보어로 쓰인 밑줄 친 두 동사구가 and로 연결되어 병렬구조를 이룬다.

어휘 input 입력 (데이터) synthesize 종합[통합]하다; 합성하다 tentative 시험적인, 임시의 unconstrained 제한받지 않는, 속박되지 않은 toddler 유아, 아장아장 걷는 아기 a flight of stairs (층 사이의) 계단, 층계 redefine 재정의하다 interplay

상호 작용 **accordingly** 그에 따라서   **navigate** 항해하다; 길을 찾다, 방향을 읽다; (복잡한 상황을) 다루다

24 글의 제목   ⑤

해설 타인의 부정적인 평가는 두려울 수 있으나 그것들은 우리가 잘 살아가는 데 필요하며, 우리의 자아상과 자존감을 형성한다는 내용의 글이므로 제목으로 가장 적절한 것은 ⑤ '부정적인 평가에 대한 두려움을 다루는 법을 배워라!'이다.
① 어떠한 비판 없이 자존감의 균형을 이루는 방법
② 상대방의 말을 듣는 것이 공감 형성의 열쇠이다
③ 인간의 판단에 대한 욕구에서 벗어나는 것
④ 왜 피드백에서 의미를 발견하는 것이 어려운가?

해석 당신은 다른 사람들이 당신을 판단하는 것을 멈추기를 진정으로 바라는가? 물론 당신은 그렇다. 당신은 자신에 대한 부정적인 평가를 피하고 파괴적인 평가에서 발생하는 수치심과 무능감에서 벗어나기를 원한다. '서로 자기 방식대로 살아가다', '각자의 취향'이라는 더 안전한 언어는 당신이 가혹한 노려보는 눈초리에 노출된 느낌이 들고 정밀 조사에서 벗어나고 싶을 때 향하는 곳이다. 그러나 전혀 평가받지 않은 채로 우리가 어떻게 의미 있게 살 수 있는가? 다른 사람들의 비판조차도 잘 살아가는 데 필요하다. 그것이 없으면, 우리는 네트를 내린 채로 테니스를 칠 것이다. 다른 사람들은 기쁨, 재화, 그리고 정보의 원천이지만, 무엇보다도 그들은 우리의 자아상과 자존감을 형성한다. 우리의 자아감은 진공 상태에서 형성되지 않는다. 더 정확히 말하자면, 그것은 우리와 다른 사람들과의 상호 작용과 그들이 제공하는 피드백을 통해 구축된다. 궁극적으로 유의미한 삶을 사는 것은 우리 자신의 최상의 형태가 되기 위하여 사회적 상호 작용의 복잡함을 다루며 우리가 받는 피드백을 활용하는 것을 포함한다.

구문 [2행~5행] You want to avoid negative appraisals of yourself and escape *the feelings of shame and inadequacy* [that arise from devastating judgments].
to 다음의 동사원형 avoid와 escape가 and로 연결되어 병렬구조를 이룬다. [ ]은 the feelings of shame and inadequacy를 수식하는 관계사절이다.
[16행~19행] Ultimately, living a meaningful life **involves** navigating the complexity of social interactions and utilizing *the feedback* [(which[that]) we receive] / to become the best version of ourselves.
living a meaningful life가 동명사구 주어이고 involves가 동사이다. 밑줄 친 두 부분은 동명사구로서 involves의 목적어를 구성한다. [ ]은 목적격 관계대명사 which[that]가 생략된 관계사절로 선행사 the feedback을 수식한다.

어휘 **genuinely** 진정으로   **appraisal** 평가   **inadequacy** 무능함, 부족함   **arise from** ~에서 발생하다   **harsh** 가혹한, 냉혹한   **glare** 노려보는 눈초리; 눈부신 빛   **scrutiny** 정밀 조사   **self-image** 자아상   **self-esteem** 자존감; 자아 존중감; 자부심   **vacuum** 진공 (상태)   **utilize** 활용[이용]하다

25 도표 이해   ④

해설 2020년에 자녀와 너무 적은 시간을 보낸다고 보고한 어머니의 비율은 28%로, 30%가 넘지 않는다. 그러므로 ④는 도표와 일치하지 않는다.

해석 2017년과 2020년에 자녀와 함께 보낸 시간에 대한 미국 부모의 응답
18세 미만의 자녀를 둔 부모 중에서 요즘 자녀와 _____ 시간을 쓴다고 말한 %
주의: 답을 하지 않은 응답자의 비율은 나타나지 않음.

위 그래프는 자녀와 함께 보낸 시간의 양에 관한 2017년과 2020년의 미국 아버지와 어머니의 답변을 보여 준다. ① 2017년에 63%의 아버지들이 자녀와 함께 너무 적은 시간을 보냈다고 보고한 반면, 오직 35%의 어머니들만이 동일하게 말했다. ② 자녀와 적당한 양의 시간을 보냈다고 말한 18세 미만의 자녀를 둔 부모 중에서, 2020년의 가장 큰 부분은 어머니들 중에 있었으며 58%였다. ③ 2020년에 자녀와 너무 많은 시간을 함께 보낸다고 보고한 아버지들의 비율은 2017년과 비교하여 5배 증가하였다. ④ 두 해 모두 30%가 넘는 어머니들이 자녀와 너무 적은 시간을 보낸다고 보고했다. ⑤ 아버지들과 어머니들은 모두 2017년보다 2020년에 더 많이 자녀와 적당한 양의 시간을 함께 보냈다고 보고했으며, 아버지들의 경우 10퍼센트 포인트 증가, 어머니들의 경우 5퍼센트 포인트 증가했다.

구문 [1행~3행] The graph above displays the responses of U.S. fathers and mothers in 2017 and 2020 / regarding *the amount of time* [(which[that]) they spend with their children].
[ ]는 앞에 목적격 관계대명사 which[that]가 생략되어 the amount of time을 수식한다.

어휘 **display** 보여 주다; 전시하다   **regarding** ~에 관하여   **portion** 부분; 몫

26 내용 불일치

해설 호아친은 성체가 되면 헤엄치지 못한다고 했으므로 ④가 일치하지 않는다.

해석 호아친은 아마존의 늪과 강변의 숲에서 발견되는 열대 조류이다. 그것은 소처럼 식물을 발효시키는 소화계를 가진 유일한 새이며, 이는 그것이 식물 잎을 식단의 주된 부분으로 먹을 수 있게 한다. 커다란 소화계 때문에 그것의 비행 근육은 잘 발달하지 못하여 이는 낮은 비행 능력으로 이어진다. 어린 호아친은 날개 끝에 날개가 충분히 강해질 때까지 그것이 나무를 오르도록 돕는 커다란 발톱을 가지고 있다. 새끼 호아친은 생후 약 6주가 되었을 때 비행하는 법을 배우고, 비행에 숙달했을 때 그것들의 날개 발톱은 떨어진다. 새끼 호아친은 포식자로부터 달아나기 위해 수면 아래로 숨을 수 있지만, 성체가 된 새들은 헤엄치지 못한다. 호아친이 멸종 위기종으로 여겨지지는 않지만, 그것의 서식지의 파괴는 그 개체 수에 대한 증가하는 위협이다.

구문 [2행~5행] It is the only bird with *a digestive system* [that ferments vegetation / as cows do], // which **enables** *it* **to eat** plant leaves as the main part of its diet.
[ ]은 a digestive system을 수식하는 관계사절이다. as cows do에서 접속사 as는 '~하는 것처럼, ~하는 대로'의 뜻이고 대동사 do는 ferment vegetation을 지칭한다. which 이하는 앞 절의 내용을 부연 설명하는 계속적 용법의 관계대명사절로 「enable + O + to-v (O가 v할 수 있게 하다)」 구문이 쓰였다.

어휘 **swamp** 늪, 습지   **digestive system** 소화계   **ferment** 발효시키다   **vegetation** 식물, 초목   **claw** 발톱   **chick** 새끼 새   **master** 숙달[통달]하다; 달인   **endangered** 멸종 위기에 처한   **population** 개체 수, 개체군; 인구

27 안내문 불일치

해설 참가 인원은 30명으로 제한된다고 했으므로 ⑤는 내용과 일치하지 않는다.

해석 방과후 프로그램
2023년 9월 수업
이번 가을부터 시작되는 새로운 방과후 프로그램을 알려드리게 되어 기쁩니다. 셰필드시 초등학교의 모든 학생들이 초대됩니다. 오셔서 매우 다양한 활동을 즐기세요!

날짜 및 시간:
2023년 9월 4일 – 2023년 9월 15일
월요일부터 금요일, 오후 3시 – 오후 5시 30분

활동: 독서, 지도하의 과제 및 교정, 스포츠, 게임, 미술 및 공예, 레크리에이션 활동

세부 사항:
• 수업료는 50달러입니다. (모든 재료비 포함)
• 등록은 9월 1일부터 9월 3일까지 저희 홈페이지(www.sheffield.com)에서만 가능합니다.
• 9월 5일이나 그 전에 취소하시면 납입금은 환불될 것입니다.
• 참가자 수는 30명으로 제한될 것입니다.

구문 [3행~4행] We are excited to announce *our new After-School Program*, // which is starting this fall.
which 이하는 계속적 용법의 관계사절로 our new After-School Program에 대한 추가적인 설명을 제시한다.

어휘 supervise 지도[감독]하다   revision 교정, 수정   craft (수)공예; 공들여 만들다
tuition 수업료   payment 지불(금)

---

28 안내문 일치 ⑤

해설 ① 오전에 2시간 30분 동안 진행된다.
② 쓰레기 봉투는 제공된다.
③ 날씨와 상관없이 열린다.
④ 사전 등록이 요구된다.

해석 Green City 공원 연합의 2023년 지구의 날 대청소
당신이 겨울 동안 쌓인 쓰레기와 마당 쓰레기들을 주워 공원을 깨끗하게 유지하는 것을 돕게 될 지구의 날 대청소 행사를 위해 Green City 공원 연합에 가입하세요.

• **날짜:** 2023년 4월 22일
• **시간:** 오전 8시 30분 ~ 오전 11시
• **장소:** Maple 1000번가에 있는 Green City 공원
• **자원봉사자 점검표**
– 입고 가져올 것들: 편안한 옷, 운동화/부츠, 갈퀴, 정원용 장갑 (쓰레기 및 나뭇잎을 담는 봉투는 제공될 것입니다.)
– 간식과 물은 자원봉사자들에게 제공될 것입니다.
– 행사는 날씨와 상관없이 열릴 것입니다.
– 등록은 저희 웹사이트(www.gcpa.org)에서 사전에 요구됩니다.
– 감사의 표시로, 모든 자원봉사자들은 Green City 공원 동물원 입장료를 할인받는 데 사용될 수 있는 지구의 날 대청소 참여 증명서를 받게 될 것입니다.

행사와 관련하여 질문이 있으시면 저희 웹사이트를 방문해 주시기 바랍니다.

구문 [3행~6행] Join the Green City Park Alliance for *the Earth Day Cleanup event* [where you'll help keep the park clean by picking up *trash and yard debris* [that have accumulated over the winter]].
첫 번째 [ ]은 the Earth Day Cleanup event를 수식하는 관계부사절이다. 관계부사절 내의 두 번째 [ ]은 앞에 나온 명사구 trash and yard debris를 수식하는 관계대명사절이다.

어휘 alliance 연합, 동맹   cleanup 대청소   debris 쓰레기; 잔해   accumulate 쌓이다; 축적하다   rake 갈퀴   in advance 사전에, 미리   token 표시, 상징   certificate 증명서, 증서   admission 입장료; 입장

---

29 밑줄 어법 ⑤

해설 ⑤ 주어 the sign에 상응하는 동사가 나와야 하므로 leading을 led로 바꿔 써야 한다.
① 동명사구 주어 thinking ~ others는 단수 취급하므로 단수동사 is가 올바르게 쓰였다.
② to be 뒤의 보어 자리에 형용사 diligent가 올바르게 쓰였다.
③ an experiment를 수식하는 목적격 관계대명사절에서 관계대명사가 전치사의 목적어인 경우, 전치사는 관계대명사 바로 앞이나 관계대명사절의 끝에 온다. 따라서 「전치사 + 관계대명사」 형태인 in which가 올바르게 쓰였다.
④ 사역동사 had가 「have(had) + O + 동사원형 (O가 v하게 하다)」 구조로 쓰였으므로 동사원형 place는 올바르게 쓰였다.

해석 심리 과학자인 Adam Grant는 그의 연구에서 우리의 행동이 다른 사람들에게 어떻게 영향을 미칠 수 있을지에 대해 생각하는 것이 때때로 강력한 동기 요인임을 발견했다. 그는 먼저 병원들이 일반적으로 환자를 본 후에 손을 자주 씻지 않는 것이 병에 걸릴 가능성을 높인다고 의료진에게 경고함으로써 손 씻기에 부지런하도록 그들을 설득하려고 노력한다는 가설을 세웠다. 그러나 나중에 알고 보니 그것은 가장 효과적인 경고 유형이 아니었다. 그래서 Grant는 두 개의 다른 게시물이 서로 대비되어 테스트되는 실험을 고안했는데, 한 게시물은 '손 위생은 당신이 병에 걸리는 것을 예방합니다'라고 적혀 있었고, 다른 게시물은 '손 위생은 환자들이 병에 걸리는 것을 예방합니다'라고 적혀 있었다. 그는 병원이 그 게시물들을 다양한 장소에 배치하게 했고 의사들과 간호사들이 더 자주 손을 씻는지를 알아내기 위해 관찰했다. 개인의 위험을 강조한 게시물과 비교하여, 환자들에 대한 위험을 강조한 게시물은 손 씻기 빈도의 10퍼센트 증가와 비누 및 손 세정제 사용의 33퍼센트 증가로 이어졌다.

구문 [3행~8행] He first set up a hypothesis that hospitals typically try to **persuade** *medical staff* **to be** diligent about handwashing / by **warning** them // **that** failing to wash their hands frequently after seeing patients increases the likelihood of getting sick.
밑줄 친 that 이하는 a hypothesis에 대한 동격절이다. that절에 「persuade + O + to-v (O가 v하도록 설득하다)」 구문이 사용되었다. warn(warning)은 뒤에 간접목적어와 직접목적어가 오므로 '~에게 …을 경고하다'로 해석되며, that 이하의 명사절이 warning의 직접목적어 역할을 하고 있다.

어휘 hypothesis 가설   diligent 부지런한, 근면한   as it turns out 나중에 알고 보니   emphasize 강조하다   frequency 빈도   hand sanitizer 손 세정제

---

30 밑줄 어휘 ④

해설 우리는 휴가의 긍정적인 측면을 선택적으로 기억하려 하고 지루하거나 좌절감을 일으키는 순간들은 제외한다고 했으므로, '오랫동안 줄을 서고, 언어 장벽에 직면하고, 새로운 시간대에 적응하며 보낸 시간'과 같이 힘든 기억은 강조되는 것이 아니라 간과될 것이다. 따라서 ④의 highlighted는 overlooked 등으로 바꿔 써야 한다.

해석 상황을 유리한 방식으로 해석하는 우리의 경향은 일반적인 현상이며, 그것은 우리의 휴일 기억에 깊이 영향을 미친다. 이러한 ① 선택적인 기억은 흔히 우리가 우리의 소풍을 그것들이 정말로 그랬던 것보다 더 즐거운 것으로 인식하도록 야기한다. 우리 휴가의 긍정적인 측면들은 우리가 포착하고 공유하기로 선택하는 것들인 반면에, 여행 중 일어나기 쉬운 지루하거나 좌절감을 일으키는 순간들은 제외된다. 결과적으로, 우리는 우리 휴가에 대한 ② 왜곡된 인식을 자주 품는다. 많은 여행자들은 가장 의미 있는 행복의 ③ 고조는 휴가 계획을 세우는 것의 결과라고 증언하며, 이 기대로 인해 유도되는 결과로서 일어나는 기쁨의 증가는 8주 동안 지속되는 영향을 미친다. 오랫동안 줄을 서고, 언어 장벽에 직면하고, 새로운 시간대에 적응하는 데 보낸 시간은 우리가 추억에 잠겨 우리의 휴일

경험을 곰곰이 생각할 때 흔히 ④ 강조된다(→ 간과된다). 대신에 우리는 특별하고 굉장히 아름다운 순간들을 기억해 내며, 사진첩을 훑어보며 여행에 대해 얘기하는 동안, 이러한 순간들을 더 자세히 서술하고 그것들에 더 큰 의미를 부여하는 경향이 있다. 우리는 결국 우리의 휴가 기억의 대단히 ⑤ 이상화된 형태를 공들여 만든다.

구문 [3행~6행] This selective memory frequently **causes** *us* **to perceive** our excursions **as** more pleasurable / than **they** genuinely were.
「cause + O + to-v」는 'O가 v하도록 야기하다'의 뜻이다. 「perceive A as B」는 'A를 B로 인식하다'의 뜻이다. than they genuinely were에서 they는 our excursions를 지칭하며 대동사 were 뒤에는 pleasurable이 생략되어 있다.

[6행~9행] The affirmative facets of our vacations are *the ones* [(which[that]) we choose to capture and share], // whereas *the boring or frustrating moments* [that are prone to occur during a journey] **are left out**.
첫 번째 [ ]은 앞에 목적격 관계대명사 which[that]가 생략되어 the ones를 수식한다. whereas절의 주어는 the boring or frustrating moments이고 동사는 are left out이며, 두 번째 [ ]은 주어를 수식하는 관계사절이다.

어휘 favorable 유리한; 호의적인 prevalent 일반적인, 널리 퍼져 있는 profoundly 깊이; 극심하게 selective 선택적인 excursion 소풍, (짧은) 여행 affirmative 긍정적인 facet 측면, 양상 be prone to ~하기 쉽다 leave out ~을 제외하다[생략하다] harbor (생각을) 품다 distort 왜곡하다 attest 증언[증명]하다 surge (감정의) 고조; 파도처럼 밀려오다; 쇄도하다 induce 유도하다 retrospectively 추억에 잠겨, 회고적으로 ponder 곰곰이 생각하다 recollect 기억해 내다 exceptional 특별한, 보통이 아닌; 이례적인 stunning 굉장히 아름다운; 놀라게 하는 browse through ~을 훑어보다 amplify 더 자세히 서술[진술]하다; 증폭시키다

31 빈칸 추론 ①

해설 새롭지 않은 것은 예측이 가능하기 때문에 우리의 관심을 계속 유지하지 못한다고 했으므로, 우리의 관심을 붙들기 위해서는 우리의 경험이 계속되는 어느 정도의 ① '새로움'을 지녀야 함을 추론할 수 있다.
② 대담함 ③ 신뢰성 ④ 익숙함 ⑤ 일관성

해석 아이의 강아지와의 첫 만남을 찍은 비디오를 본 적이 없다면, 그것은 볼 가치가 있다. 이러한 비디오들은 믿을 수 없을 정도로 귀여울 뿐만 아니라, 우리의 정신적 배선에 관한 중요한 점을 입증하는 데 도움이 된다. 처음에 그 아이는 이 동물이 해를 끼칠 수 있을지 확신하지 못하여 호기심으로 가득하다. 그러나 곧 아이는 그 강아지가 위협적인 존재가 아님을 알아낸다. 몇 년 후에, 한때는 그것에 관하여 아주 신났던 것이 아이의 관심을 더는 같은 방식으로 붙들지 못한다. 아이는 강아지의 행동을 예측하는 법을 학습했고 더는 그것이 그 정도로 재밌다고 생각하지 않는다. 이제 아이의 정신은 감각들을 자극하는 새로운 장난감들로 점령되어 있다. 그것들 역시 예측 가능해지기 전까지 말이다. 가변성이 없으면 일단 다음에 무슨 일이 일어날지를 알아내면 그 경험에 의해 덜 신나게 된다는 점에서 우리는 아이들과 비슷하다. 우리의 관심을 붙들기 위해서는, 우리의 경험은 계속되는 어느 정도의 새로움을 지녀야 한다.

구문 [2행~5행] **Not only are these videos** incredibly adorable, **but** they help demonstrate something important about our mental wiring.
「not only A but (also) B (A뿐만 아니라 B도)」 구문이 쓰였다. Not only와 같은 부정어가 문두로 나가면 동사(are) + 주어(these videos)와 같이 어순이 도치된다.
[5행~6행] At first the child is filled with curiosity, / (being) **uncertain** if this creature might cause harm.
uncertain 이하는 앞에 being이 생략된 분사구문이다. 밑줄 친 if ~ harm은 명사절이며 if는 '~인지'의 뜻이다.

어휘 encounter 만남, 접촉; 마주치다 incredibly 믿을 수 없을 정도로, 엄청나게 adorable 귀여운, 사랑스러운 thrilling 아주 신나는 occupy 점령[점거]하다; 차지하다 stimulate 자극하다 variability 가변성, 변성 a degree of 어느 정도의
[선택지] boldness 대담함 reliability 신뢰성 consistency 일관성

32 빈칸 추론 ④

해설 유명한 아동 작가인 닥터 수스는 그의 친구가 1음절로만 구성된 50개의 단어로 된 책을 쓸 수 있을지에 대한 내기를 걸었을 때, 이를 거부하지 않고 각 행을 꼼꼼하게 공들여서 만들어 결국 그의 작품이 역사상 가장 많이 팔린 아동 도서 중 하나라는 자리를 얻게 되었다는 내용의 글이다. 따라서 빈칸에 들어갈 말로 가장 적절한 것은 ④ '그들의 창의성을 형성하는 데 도움이 될 제약을 환영한다'이다.
① 자리를 잡기 위해 다른 사람들과 경쟁하다
② 그들의 창의성을 개선하기 위해 피드백을 구하다
③ 그들의 작품에서 창의성보다 효율성에 우선순위를 매기다
⑤ 그들의 창의적 추진력을 자극하는 수단으로서 비판을 사용하다

해설 몇몇 문학 혁신가들은 적극적으로 그들의 창의성을 형성하는 데 도움이 될 제약을 환영한다. 이것이 닥터 수스로 더 잘 알려진, 가장 유명한 아동 작가 중 한 명인 Theodor Seuss Geisel이 1960년에 그의 거장답고 초현실적인 운이 맞는 이야기인 〈초록 달걀과 햄〉을 썼을 때 한 것이었다. 닥터 수스의 친구이자 출판업자인 Bennett Cerf는 그가 각각 한 음절로 구성된 오직 50개의 다른 단어로 된 책을 쓸 수 없을 거라는 것에 그 작가에게 50달러를 걸었다. 어린아이들이 읽는 법을 배우는 데 도움을 주기 위해 의도된 책에서는 제한된 어휘를 갖는 것이 판매상의 강조점이다. 그러나 이러한 인위적인 제한은 극단적이었다. 그럼에도 불구하고 그의 자존심이 위태로운 상황에서 닥터 수스는 그것이 가능함을 증명하고 싶어 견딜 수가 없었다. 그는 49개의 1음절 단어들과 50번째 단어인 anywhere를 사용함과 동시에 이야기의 각 행을 꼼꼼하게 공들여 만들었다. 〈초록 달걀과 햄〉은 나아가 전례 없는 성공을 이루었고, 역사상 가장 많이 팔린 아동 도서 중 하나로서의 자리를 얻었다.

구문 [2행~6행] This was **what** Theodor Seuss Geisel, / **better known as Dr. Seuss**, / one of the most popular children's authors, / did // when he wrote his masterful and surreal rhyming story *Green Eggs and Ham* in 1960.
what 이하는 관계대명사 what이 이끄는 명사절로 문장의 보어 역할을 한다. better known as Dr. Seuss는 수동의 의미를 나타내는 분사구문이다. Theodor Seuss Geisel과 one of the most popular children's authors는 동격 관계이다.
[9행~11행] In *books* (meant to **help** *young children* **learn** to read), / **it** is a selling point **to have** a limited vocabulary.
( )는 books를 수식하는 과거분사구이다. 「help + O + (to-)v (O가 v하는 것을 돕다)」 구문이 쓰였다. it은 가주어이고 to have 이하가 진주어이다.

어휘 surreal 초현실적인 rhyming 운이 맞는, 운을 가진 bet 돈을 걸다; 내기 syllable 음절 selling point 판매상의 강조점 artificial 인위적인; 인공[인조]의 on the line 위태로운 meticulously 꼼꼼히, 세심하게 unprecedented 전례 없는
[선택지] establish oneself 자리 잡다 refine 개선[개량]하다; 정제하다 constraint 제약; 제한 fuel 자극하다; 연료를 공급하다

33 빈칸 추론 ①

해설 피실험자들이 슬픈 영상이나 중립적인 영상을 시청한 경우에는 시간 인식의 변화가 나타나지 않았으나, 무서운 영상을 본 후에 피실험자들은 시각적 자극의 지속 시간을 실제보다 더 길게 인식했다. 이는 두려움이 시간이 빨리 흘러간 것처럼 느끼게 한다는 것이므로 빈칸에 들어갈 말로 가장 적절한 것은 ① '우리의 내부 시계

를 가속화하다'이다.
② 사건에 대한 우리의 기억을 강화하다
③ 우리의 부정적인 예상을 형성하다
④ 우리의 공간 인지를 왜곡하다
⑤ 우리의 생물학적 반응과 상관관계가 없다

해석 2011년에 발표된 연구에서 발달 및 인지 심리학 교수인 Droit-Volet과 그녀의 동료들은 영화 시청으로 유발된 피실험자들의 정서 상태의 변화가 그들의 시간 감각에 어떻게 영향을 미쳤는지를 조사하기 위해 한 실험을 수행했다. 그들은 대학생들에게 두려움(공포 영화) 혹은 슬픔(가슴 아픈 드라마)을 유발한다고 알려진 비디오의 여러 부분들을 보여 주었다. '중립적' 장면(일기 예보 또는 주식 시장 최신 뉴스)인 세 번째 범주 또한 보여졌다. 예상대로 각 비디오는 의도된 정서를 유발했다. 그들은 그러고 나서 학생들에게 시각적 자극의 지속 시간을 추정하도록 요청했다. Droit-Volet과 그녀의 동료들은 두려움을 유발하는 비디오를 본 후에 자극이 실제보다 더 길게 인식되었던 반면, 슬픈 비디오 클립과 중립적인 비디오 클립 이후에는 시간 인식에 변화가 없었음을 발견했다. 그 결과는 두려움이 <u>우리의 내부 시계를 가속화한다</u>는 것을 시사한다. 이것은 몸이 공격하거나 도망침으로써 행동할 준비를 하는 것처럼 위협적인 상황으로 촉발되는 방어적 기제를 반영한다.

구문 [1행~6행] In a study (published in 2011), / <u>Droit-Volet, a professor in developmental and cognitive psychology</u>, and her colleagues conducted an experiment to investigate // **how** changes in the emotional state of subjects, / **induced by watching films**, / affected their sense of time.
( )는 a study를 수식하는 과거분사구이다. Droit-Volet과 a professor in developmental and cognitive psychology는 동격 관계이다. how 이하는 to investigate의 목적어 역할을 하는 간접의문문이다. induced by watching films는 분사구문이 삽입된 것이다.
[18행~21행] This reflects a defensive mechanism (triggered by a threatening situation), // as the body prepares to act **either** by attacking **or** running away.
( )는 a defensive mechanism을 수식하는 과거분사구이다. as절에서 「either A or B (A나 B 둘 중 하나)」 구문이 쓰였다.

어휘 segment 부분, 조각 heartbreaking 가슴 아픈 neutral 중립적인 footage (영상의 특정한) 장면 duration 지속 (시간) stimulus 자극(제) defensive 방어적인 mechanism 기제, 구조 trigger 촉발시키다 [선택지] internal 내부의 correlation 상관관계

----

34 빈칸 추론 ①

해설 무언가를 문학으로 읽는다는 것은 문학을 어떤 언어적 사건으로 생각한다는 것인지를 추론해야 한다. 상호텍스트성 이론에 따르면 문학 작품은 다른 텍스트와 맺는 관계에서 존재한다고 했다. 셰익스피어의 소네트 중 한 구절은 기존 사랑 시의 관습을 받아들이고 도전하는데, 이는 독자가 전통적 사랑 시의 배경을 잘 알고 있음에 의지하는 것이라고 했다. 따라서 빈칸에 들어갈 말로 가장 적절한 것은 ① '공유된 문학적 배경에 의지하다'이다.
② 주로 그것의 예술적 속성을 위해 존재하다
③ 문화적 맥락과 상상력을 결합하다
④ 특정 시대의 사회적 분위기를 보존하다
⑤ 문자 그대로의 해석의 한계를 초월하다

해석 최근까지 이론가들은 문학 작품은 이전 작품들의 요소들을 포함함으로써 만들어지는데, 그것들은 채택되고 반복되고 도전되며 변경된다고 주장해 왔다. 이러한 관념은 때때로 '상호텍스트성'이라는 화려한 이름으로 통한다. 문학 작품은 다른 텍스트들 사이에서 그것이 그 텍스트들과 맺는 관계를 통해 존재한다. 무언가를 문학으로 읽는 것은 그것을 <u>공유된 문학적 배경에 의지하는</u> 언어적 사건으로 생각하는 것이다. 셰익스피어의 소네

트 130의 행들 중 하나인 '그러나 그녀의 뺨에서 그러한 장미들이 보이지 않네'에서 화자는 (연인을 장미, 백합, 그리고 진주와 같은 일련의 이상화된 이미지에 흔히 비유하는) 사랑 시의 관습을 받아들이고 그의 연인을 현실적이고 이상화되지 않은 말로 묘사함으로써 그것에 도전한다. 이러한 전통적 사랑 시의 파괴는 의미를 만들어 내기 위해 독자가 이전의 사랑 시를 잘 알고 있음에 의지한다.

구문 [9행~15행] In one of the lines of Shakespeare's sonnet 130, 'But no such roses see I in her cheeks,' / the speaker **takes up** the conventions of love poetry (which often **compare** a beloved **to** a series of idealized images, such as roses, lilies, and pearls) / and **challenges** them by describing his beloved in realistic, not idealized terms.
주어는 the speaker이고 동사 takes up과 challenges가 병렬구조를 이룬다. ( )는 the conventions of love poetry을 부연 설명하는 관계대명사절로, 여기서 「compare A to B (A를 B에 비유하다)」 구문이 쓰였다.

어휘 incorporate (일부로) 포함하다 modify 변경[수정]하다 go by the name of ~라는 이름으로 통하다 fancy 화려한, 장식적인 intertextuality 상호텍스트성 convention 관습, 관례 beloved 연인, 사랑하는 사람 subversion 파괴, 전복; 파멸의 원인 count on ~에 의지하다 [선택지] preserve 보존[관리]하다 transcend 초월하다

----

35 무관 문장

해설 보통 수준의 스트레스는 오히려 훌륭한 동기 요인으로서 작용할 수 있다는 내용이므로, 성장과 발달을 위해 건전한 경쟁과 고압적 경쟁 간의 균형을 유지해야 한다는 ④가 글의 흐름에 일치하지 않는다.

해석 장기적인 스트레스는 염증을 일으키는 생화학적 사건의 연쇄 반응으로 이어질 수 있고, 이는 감염과 맞서 싸우는 우리 면역 체계의 능력을 손상시킬 뿐만 아니라 심장병과 암 같은 심각한 질병 발달의 원인이 된다. ① 그럼에도 불구하고, 보통 수준의 스트레스는 훌륭한 동기 요인이 될 수 있다. ② 스트레스가 불편할 수는 있지만 그것은 발전을 위한 촉매로 작용할 수 있다. ③ 경쟁에서 뒤처지는, 다만 지나치게 뒤처지는 것은 아닌 스트레스는 팀이 죽어가는 순간에 짜릿한 역전승을 획득하기 위해 요구되는 에너지와 집중력을 내도록 고무할 수 있다. ④ 승리에 대한 집중은 궁극적으로 발전을 지연시킬 수 있어서 건전한 경쟁과 고압적인 경쟁적 분위기 간에 균형을 유지하는 것은 최적의 성장과 발달에 있어 중대하다. ⑤ 마찬가지로, 마감 시간의 스트레스는 도전적이긴 하지만, 과업을 완료하는 데 필요한 창의성과 결단력을 활성화할 수 있다.

구문 [1행~5행] Prolonged stress can lead to a chain reaction of biochemical events [that produce inflammation], // which contributes to <u>the development of severe diseases</u> (like heart disease and cancer), / **as well as** impairing our immune system's ability (to fight infections).
[ ]는 biochemical events를 수식하는 관계대명사절이다. which 이하는 a chain ~ produce inflammation을 부연 설명하는 계속적 용법의 관계사절이다. 「A as well as B (B뿐만 아니라 A도)」 구문이 쓰였다.
[9행~12행] The stress (of falling behind in a competition, but not too far behind), / **can inspire** a team **to summon** the energy and focus (required to secure a thrilling come-from-behind victory in the dying moments).
문장의 주어는 The stress이고 동사는 can inspire이다. 「inspire + O + to-v (O가 v 하도록 고무[격려]하다)」 구문이 사용되었다. ( )는 the energy and focus를 수식하는 과거분사구이다.

어휘 prolonged 장기적인; 연장하는, 늘리는 chain reaction 연쇄 반응 biochemical 생화학적인 contribute to ~의 원인이 되다 severe 심한, 맹렬한 impair 손상[악화]시키다 moderate 보통의, 중간의 fall behind 뒤처지다, 낙오하다 secure 획득[확보]하다 come-from-behind 역전의 impede 지연시키다, 방해하다 strike a balance 균형을 유지하다 overbearing 고압적인, 위압적인 optimal 최적의 invigorate 활성화하다; 활기를 북돋우다 determination 결단(력), 결심

36 글의 순서 ④

해설 유아의 뇌 크기가 성인에 비해 작다는 내용의 주어진 글 다음에는 유아의 뇌 발달이 출생 이후에 많이 이루어진다는 내용의 (C)가 나와야 한다. (C)에서 언급된 유아의 미숙한 뇌의 불리한 면(The downside) 다음에는 역접의 연결사 However로 이어져, 이와 반대되는 긍정적인 면(the upside)에 대해 언급하는 (A)가 오고, 마지막으로 이러한 긍정적인 면을 (B)에서 This adaptability로 받으면서 이것이 유아기가 두뇌 발달에 있어 중대한 시기인 이유라고 설명하는 (B)가 이어지는 것이 자연스럽다.

해석 성인 인간은 그들의 신체 사이즈에 비해 특히 큰 뇌를 가지고 있다. 그러나 유아의 뇌는 일반적으로 성인 뇌의 겨우 4분의 1 크기이다.
(C) 유아의 뇌는 자궁에서 가능한 한 많이 성숙해지지만, 대부분의 발달 작업은 출생 후에 이루어지도록 여전히 남아 있다. 그러한 미숙한 뇌의 불리한 면은 유아가 돌보는 사람의 도움 없이는 자주적으로 생존하는 능력이 없다는 것이다.
(A) 그러나, 긍정적인 면은 유아의 뇌가 매우 가소성이 좋고 쉽게 적응한다는 점이며, 그것이 빠른 학습과 경험 및 환경에서 오는 자극에 응하여 새로운 신경 연결의 형성을 가능하게 한다.
(B) 이 적응성이 유아기가 뇌 발달에 있어 그토록 중대한 시기인 이유이며 고무적이고 양육하는 환경을 제공하는 것이 최적의 인지적, 정서적, 사회적 성장에 필수적인 이유이다.

구문 [4행~8행] However, the upside is / **that** the infant brain is highly plastic and adaptable, / **making it** capable of rapid learning and forming new neural connections / in response to experiences and stimuli from the environment.
that ~ adaptable은 명사절 접속사 that이 이끄는 주격 보어이다. making 이하는 분사구문이며 it은 the infant brain을 지칭한다. 밑줄 친 두 부분은 전치사 of의 목적어를 구성한다.
[9행~13행] This adaptability is // **why** early childhood is such a critical period for brain development / and **why** providing a stimulating and nurturing environment **is** essential for optimal cognitive, emotional, and social growth.
밑줄 친 두 부분은 의문사 why가 이끄는 의문사절로 and로 연결되어 병렬구조를 이루며 문장의 보어 역할을 한다. 두 번째 의문사절에서 providing ~ environment는 동명사 주어이고 is가 동사이다.

어휘 upside 긍정적인 면(↔ downside 불리한 면) plastic 가소성이 좋은, 형태를 바꾸기가 쉬운 adaptable 쉽게 적응하는 cf. adaptability 적응성 neural 신경의 in response to ~에 응하여, ~에 대한 반응으로 nurture 양육하다, 기르다 mature 성숙해지다; 성숙한 (↔ immature 미숙한) caregiver (아이나 병자를) 돌보는 사람

37 글의 순서 ④

해설 주어진 글은 우정이 인간에게 보편적으로 존재한다는 내용이므로, 이를 (C)에서 This fact로 받으면서 이러한 사실이 진화적 이점을 제공한다는 내용의 (C)가 나와야 한다. 친구들은 우리가 기회에 접근하도록 해주므로 그들을 목적을 위한 수단으로 여기게 된다고 설명한 (C) 다음에는 이를 '이것이 사실이라면(If this is the

case)'으로 받으면서 이 경우 우정의 비용과 이익을 파악하는 것이 당연하다고 언급하는 (A)가 이어져야 한다. 이어서 역접의 연결사 Yet으로 시작해 이와 반대로 더 가까워질수록 이러한 거래적 상호 관계에 맞춰진 초점은 희미해지고 상호 신뢰와 정서적 지지에 초점을 맞추게 된다고 마무리 짓는 것이 자연스럽다.

해석 우정은 극소수의 종에서만 입증되었지만, 그것은 인간 사이에서 거의 보편적이다.
(C) 이러한 사실은 그것이 상당한 진화적 이점을 제공한다는 것을 암시한다. 아마 친구들은 중요한 자원이나 기회에 접근할 기회를 제공할지도 모르며, 그들을 목적을 위한 수단으로 만든다.
(A) 이것이 사실이라면, 우리가 공정한 몫과 바라건대 훨씬 더 많은 몫을 얻고 있음을 확실히 하기 위하여 우리 우정의 비용과 이익을 주의 깊게 파악해야 하는 것이 당연하다.
(B) 그러나 우정이 깊어지고 더 친밀해짐에 따라 거래적 상호 관계에 맞춰진 초점은 희미해지는 경향이 있다. 친구들은 더 가까워질수록 서로에게 누가 더 해줬는지 혹은 덜 해줬는지를 덜 파악하는 경향이 있는데, 이는 관계가 점수 기록보다는 점점 더 상호 신뢰와 정서적 지지에 관한 것이 되기 때문이다.

구문 [3행~6행] If this is the case, // **it** stands to reason **that** we should keep careful track of the costs and benefits of our friendships, / in order to ensure / that we are getting our fair share and hopefully even more.
it은 가주어이고 that 이하가 진주어이다. even more 다음에는 share가 생략되어 있다.
[9행~13행] **The closer** friends become, / **the less** they tend to keep track of who has done more or less for one another, // **as** the relationship becomes more about mutual trust and emotional support / rather than keeping score.
「The 비교급 ~, the 비교급 ....」 구문은 '~하면 할수록 더욱 …하다'의 뜻이다. 밑줄 친 부분은 to keep track of의 목적어인 간접의문문이다. 접속사 as는 '~때문에'의 의미로 쓰였다.

어휘 universal 보편적인; 일반적인 stand to reason 당연하다, 합리적이다 keep track of ~을 파악하고 있다 hopefully 바라건대 intimate 친밀한 transactional 거래의, 업무의 reciprocity 상호 관계; 호혜주의 fade 희미해지다, 바래다 mutual 상호간의, 서로의 keep score 점수를 기록하다 a means to an end 목적을 위한 수단

38 문장 넣기 ③

해설 ③의 앞 문장에서 언급된 좋은 과학적 질문은 대상을 조사하기 위한 단서를 제공하는 질문이라는 내용을 주어진 문장에서 '그러한 기준(that criterion)'으로 받으면서 이 기준에서 보았을 때 '지구에서 생명은 처음에 어떻게 생겨났는가?' 혹은 '두뇌는 어떻게 작동하는가?'와 같은 질문들은 앞서 언급된 단서를 제공해주지 않으므로 좋은 과학적 질문이 아니라는 내용으로 이어지면서 보다 구체적으로 설명된다. 따라서 주어진 문장은 ③에 들어가야 한다.

해석 과학에서 성공의 비결은 알맞은 질문을 하는 것이라고 흔히 언급된다. 그러나 겉보기에 간단한 그 진술은 그것 자체가 즉시 다음과 같은 질문을 촉구한다. 과학적 질문이 '알맞은' 때에 어떻게 아는가? 대략적인 답변은 좋은 과학적 질문은 대상을 조사하기 위한 단서를 제공하는 질문이라는 것이다. 그러한 기준에 의하면, '지구에서 생명은 처음에 어떻게 생겨났는가?' 혹은 '두뇌는 어떻게 작동하는가?'와 같은 질문들은 과학 연구의 출발점을 제공하지 않기 때문에 좋은 과학적 질문이 아니다. 어떠한 과학적 탐구에서도 더욱 구체적인 질문을 제기해야 하는데, 이는 철저한 측정과 관찰을 통해 답변될 수 있다. 무언가를 측정할 수 있으면, 다른 실체나 상황의 관련 있는 측정값을 비교하는 게 가능하고, 이는 결국 새로운 통찰력을 가져온다. 다시 말해서, 더 넓은 과학적 질문을 측정되고 비교될 수 있는 더 좁은 과학적 질문으로 분해함으로써 연구자들은 연구되고 있는 대상에 대한 새로운 통찰력을 얻고 추가적인 연구를 위한 잠재적 방안을 발견할 수 있다.

구문 [15행~18행] If one can measure something, // **it** is then possible **to compare** the relevant measurements of different entities or situations, / which in turn generate new insights.

it은 가주어이고 to compare ~ or situations가 진주어이다. which 이하는 계속적 용법의 관계대명사절로 to compare ~ or situations를 부연 설명한다.

[19행~23행] In other words, by breaking down broader scientific questions into narrower **ones** [that can be measured and compared], / researchers can gain new insights into the subjects (being studied) / and discover potential avenues for further research.

[ ]은 narrower ones를 수식하는 관계대명사절로 ones는 scientific questions를 지칭한다. can 다음의 동사원형 gain과 discover가 and로 연결되어 병렬구조를 이룬다. ( ) 부분은 현재분사구로 the subjects를 수식한다.

- -

어휘 criterion 기준 query 질문, 의문 remark 언급하다 seemingly 겉보기에는 straightforward 간단한 prompt 촉구하다, 부추기다 rough 대략적인, 대강의 inquiry 연구, 탐구 entity 실체; 독립체 in turn 결국; 차례차례 break down A into B A를 B로 분해하다 avenue 방안, (나아갈) 길

39 문장 넣기 ④

해설 주어진 문장은 At the same time으로 시작해 소 먹이를 생산하는 것이 대량의 물을 필요로 한다는 일반적인 생각이 정확하지 않을 수도 있다는 내용이므로 앞 문장에서는 다른 문제점이 먼저 제시되어야 한다. ④ 앞 문장에서 동물에게 줄 먹이 위주로 작물을 수확하는 것이 질소 비료와 물 사용으로 인한 환경적 영향을 가져온다는 문제가 제시되었고, ④ 뒤에서는 구체적인 수치를 언급하면서 먹이 생산에 들어가는 대량의 물이 사실은 비효율적으로 사용되고 있음을 자세히 설명하고 있으므로 주어진 문장이 들어가기에 가장 적절한 곳은 ④이다.

- -

해석 고기는 인간의 성장에 요구되는 식이 단백질의 훌륭한 원천이지만 틀림없이 동물, 특히 소는 그들이 섭취하는 식량을 고기로 전환하는 데 비효율적이다. 육류에 대한 늘어난 수요는 농업의 주요 과제가 사람들을 위해서가 아니라 가축을 위한 먹이로 작물을 재배하는 것이 되었을 정도로 몇몇 국가들이 그들의 육류 생산을 확장하게 했다. 북미와 유럽에서는 총 작물 수확량의 약 60퍼센트가 현재 인간의 섭취에 직접 사용되는 게 아니라 먹이를 주는 것으로 사용된다. 이것은 물론 중대한 환경적 결과를 가져오는데, 특히 질소 비료와 물 사용 때문에 그러하다. 동시에 소 먹이를 생산하는 것이 대량의 물을 필요로 한다는 생각이 전적으로 정확한 것도 아니다. 뼈 없는 소고기의 킬로그램당 최소한의 용수량은 실제로 높아서 약 15,000리터에 달하지만, 그 물의 약 0.5리터만이 실제로 고기 자체를 만드는 데 사용된다. 이는 99퍼센트가 넘는 물이 결국 동물에 의해 섭취되는 것이 아님을 의미한다. 그보다는, 작물을 재배하기 위해 사용되는 물이 증발과 증산 작용을 통해 다시 대기로 방출된다.

- -

구문 [1행~3행] At the same time, the idea that producing feed for cattle requires a large amount of water **is not entirely** accurate.

밑줄 친 that절은 주어 the idea에 대한 동격절이며 동사는 is이다. not entirely는 부분부정 표현으로 '전적으로 ~한 것은 아닌'의 뜻이다.

[4행~7행] Meat is an excellent source of dietary protein (required for human growth), // but inevitably, animals, particularly cattle, are inefficient in converting the food [(which[that]) they consume] into meat.

( )는 dietary protein을 수식하는 과거분사구이다. [ ]은 앞에 목적격 관계대명사 which[that]가 생략되어 the food를 수식한다.

[7행~11행] The increased demand for meat has **led** some countries **to expand** their meat production / **to such an extent that** the principal task of agriculture has become **not** to grow crops for people, **but** as feed for animals.

「lead + O + to-v」는 'O가 v하게 하다, O가 v하도록 유도하다'의 뜻이다. 「to such an extent that ~ (~할 정도로[까지])」 구문이 쓰였다. has become 다음에 쓰인 「not A but B」 구문은 'A가 아니라 B'의 뜻이다.

- -

어휘 feed 먹이; 먹이를 주다 dietary protein 식이 단백질 inevitably 틀림없이; 불가피하게 convert 전환[개조]하다 principal 주요한 consumption 음식 섭취(량); 소비(량) consequence 영향; 결과 nitrogen fertilizer 질소 비료 water requirement 용수량 ((일정한 용도로 쓰는 물의 양)) release 방출하다; 풀어 주다 evaporation 증발 transpiration 증산 (작용)

40 요약문 완성 ②

해설 생활 방식으로서의 문화는 오랜 세월 동안 많은 세대를 거쳐 전해 내려온 전통으로 이루어져 있으나 예술적 의미로서의 문화는 보다 최첨단의 개념으로 시대를 앞설 뿐만 아니라 실험적인 특징을 가진다고 했다. 따라서 생활 방식으로서의 문화는 누적적인(cumulative) 본질을, 반대로 예술적 의미에서의 문화는 시대를 앞서는 혁신(innovation)을 포함한다고 요약할 수 있다.

① 포괄적인 – 혁신
③ 역동적인 – 모방
④ 고정된 – 모방
⑤ 융통성 있는 – 실험

- -

해석 예술로서의 문화와 생활 방식으로서의 문화 간에는 차이가 있다. 당신은 새로운 협주곡을 작곡하거나 새 소설을 출간할 수 있지만, 그 단어의 더 넓은 정의에서의 문화에 관한 한, 새로운 문화적 사건을 만들어 낸다는 생각은 모순되는 것처럼 들린다. 이러한 의미에서 문화는 많은 세대를 거쳐 전해 내려온 전통으로 이루어져 있다. 대조적으로 예술적 의미에서 문화는 최첨단일 수 있으며, 이는 그것이 그 시대를 앞설 뿐만 아니라 실험적이기도 하다는 것을 의미한다. 예술적 문화는 흔히 사회의 소수 집단에 의해 창조되므로 그것은 이 점에 있어서 광범위한 발전 과정으로서의 문화와 다르다. 그러나 현재 교양 없다고 여겨지는 사람들이 나중에는 교양을 갖출 수도 있다. 그것에 전념하는 사람이면 누구라도 그들 자신의 문화 자본을 축적할 수 있다. 당신은 농부가 수년 간 작물을 돌보는 방식과 비슷하게 오랜 시간에 걸쳐 당신 자신의 정신적 발달을 가꿀 수 있다.

↓

생활 방식으로서의 문화는 보통 그 본질상 (A) 누적적인데, 이는 그 단어의 예술적 의미에서의 문화, 즉 (B) 혁신을 포함하는 문화와 다르다.

- -

구문 [7행~9행] By contrast, culture in an artistic sense can be cutting-edge, // which means / it is **not only** ahead of its time **but also** experimental.

which 이하는 앞 절(culture ~ cutting-edge) 전체를 선행사로 하는 계속적 용법의 관계대명사절이다. 「not only A but also B (A뿐만 아니라 B도)」 구문이 쓰였다.

[12행~14행] However, those [who are considered uncultured now] **may become cultured** later.

주어는 those이고 may become이 동사이다. [ ]는 주어 those를 수식하는 관계사절이다. become 뒤에 오는 보어로 과거분사 cultured가 쓰였다.

- -

어휘 concerto 협주곡 contradictory 모순되는 pass down ~을 전해주다[물려주다] cutting-edge 최첨단의 experimental 실험적인 in this respect 이 점에 있어서 uncultured 교양 없는 (↔ cultured 교양 있는) tend 돌보다, 보살피다
[선택지] inclusive 포괄적인 cumulative 누적적인; 누적되는

41~42 장문

41 ④ 42 ④

해설 41. 집단은 합의를 촉진하기 위해 다양한 가능성을 탐색하기보다는 처음의 제안을 수렴하여 합의를 도출하는 경향이 있는데, 이는 관점의 다양성을 제한하고 결국 좋지 않은 결정을 내리는 원인이 될 수 있다는 내용의 글이다. 따라서 제목으로 가장 적절한 것은 ④ '합의의 환상, 즉 집단이 실패할 때'이다.
① 집단 사고 대 독립적 사고
② 더 강력한 관계를 위해 다양성을 수용하라
③ 설득의 기술, 즉 집단을 이기는 방법
⑤ 도전은 왜 우리를 사회에서 더 가까워지게 하는가

42. 집단이 일반적인 합의를 통해 결정을 내리면 그들의 의견은 더욱 동일해지고 이는 결국 그들이 결함 있는 결정을 내릴 것을 더 쉽게 할 것이다. 따라서 (d)의 less를 more로 바꿔 써야 한다.

해석 합의를 촉진하려는 우리의 욕구는 오로지 특정 지도자의 지시나 개인적 동기로만 추진되는 것은 아니다. 사실 이러한 욕구는 흔히 일상생활에서 널리 퍼져 있는 보통의 집단 과정의 영향을 받는다. 이러한 집단 과정은 한 집단이 그들에게 제시된 (a) 초기의 아이디어에 찬성하고 성급히 결정을 내리도록 할 수 있다. 예를 들어 새 프로젝트를 논의할 때 한 집단이 다른 잠재적으로 더 나은 대안적 선택을 고려하기보다는 처음의 제안에 더 많은 주목과 지지를 보낼지도 모른다.

불행히도 집단 과정은 또한 관점의 다양성을 (b) 억누를 음모를 꾸밀 수 있고, 이는 집단에 의해 고려되는 정보의 범위를 제한한다. 다른 사람들과 상호작용할 때 우리는 문제에 대해 공유된 견해를 발전시키기 시작하고, 우리의 차이는 (c) 감소한다. 문제는 단지 다수의 의견에 따르거나 동의하는 것만이 아니다. 그것은 또한 사람들이 집단 내에서 상호작용하는 방식에 관한 것이다. 이러한 종류의 상호작용은 집단 내 관점의 다양성을 제한함으로써 좋지 않은 결정을 내리는 원인이 될 수 있다. 다시 말해서 집단은 일반적인 동의 혹은 합의를 향해 움직이며 그들의 의견이 더 똑같아지는 경향이 있고, 이는 그들이 결함 있는 결정을 내리기 (d) 덜(→ 더) 쉽게 만든다. 이것은 모든 집단이 상대적으로 비슷한 의견을 가지고 시작하거나 공유된 의견을 만들기 때문이며, 합의는 입장의 정확함에 대한 믿음을 (e) 강화한다. 이러한 자연스러운 과정은 정보 교환과 통합을 통해 발생하고, 이는 개인적인 의견들의 정렬로 이어진다.

구문 [5행~7행] These group processes can **cause** *a group* **to favor** the *initial idea* (presented to them) and **to be** in a rush to make a decision.
「cause + O + to-v (O가 v하도록 유발하다)」 구문이 사용되었으며 목적격보어로 쓰인 밑줄 친 두 개의 to-v가 and로 연결되어 병렬구조를 이룬다. ( )는 the initial idea를 수식하는 과거분사구이다.
[25행~29행] This is // because all groups start with **either** a relatively similar opinion **or** create a shared **one**, / and the consensus intensifies the belief in the correctness of the position.
because절에서 「either A or B (A나 B 둘 중 하나)」 구문이 쓰였다. one은 앞에 나온 명사 opinion을 지칭한다.

어휘 proposal 제안, 제의 conspire 음모를 꾸미다, 공모하다 suppress 억누르다; 진압하다 viewpoint 관점[시각] conform 따르다, 순응하다 consensus 합의, 의견 일치 uniform 똑같은; 균일한 intensify 강화하다, 심화시키다 pooling 통합 alignment 정렬, 일직선으로 하기 [선택지] embrace 수용하다, 받아들이다

43~45 장문

43 ④ 44 ③ 45 ③

해설 43. 주어진 글은 매일 버스를 타고 출퇴근 하는 Amelia가 앉아서 가는 것과 서서 가는 것의 차이를 느낀 상황이다. 따라서 자리를 잡기 위해 전략을 개발하고 이후 서서 가는 나이 든 여성을 마주치는 내용의 (D)가 이어지고, 그런 그녀의 모습을 보고 Amelia가 죄책감을 느끼는 (B)가 이어져야 한다. 마지막으로 Amelia가 메스꺼움을 느낀 순간 누군가의 도움의 손길을 느낀 내용 다음으로는 그녀를 도와준 사람이 아침 버스에서 마주쳤던 그 나이 든 여성임을 알게 되는 (C)가 오는 것이 가장 자연스럽다.

44. (c)는 나이 든 여성을 지칭하고, 나머지는 모두 Amelia를 가리킨다.

45. Amelia가 일을 마치고 돌아오던 중 메스꺼움을 느꼈다고 했으므로 ③이 글의 내용과 일치하지 않는다.

해석 (A) Amelia는 매일 버스를 타고 출퇴근했다. 그것은 약 35분간의 이동이었다. 대부분의 통근자들과 마찬가지로, Amelia는 끔벅끔벅 졸거나 책을 읽으며 휴식을 취할 수 있는 앉아서 타는 것과 이리저리 계속 던져지는 중에 다른 서 있는 사람들과 부딪치지 않도록 하면서 사람들이 타고 내릴 수 있도록 계속 길을 비켜주어야 하는 서서 타는 것의 차이를 실감하고 있었다.

(D) 이것은 그녀가 자리를 잡기 위한 예리한 전략을 개발하도록 만들었다. Amelia는 버스 노선에서 더 일찍 버스를 잡아타기 위해 언덕을 가로질러 간다면 (d) 그녀(= Amelia)가 자리를 잡을 확률이 크게 증가한다는 것을 발견했다. Amelia의 전략은 마법처럼 통했고 (e) 그녀(= Amelia)는 거의 항상 빈자리를 발견했지만, 그녀가 이전 버스 정류장에서 자주 마주치는 나이 든 여성은 계속 서 있었다.

(B) Amelia는 특히 버스를 타는 동안 균형을 유지하기 위해 애쓰는 나이 든 여성을 볼 때면 죄책감의 아픔에 시달렸다. 그럼에도 불구하고 Amelia는 (a) 그녀(= Amelia)의 자리를 양보하지 않았다. 어느 날 일을 마치고 돌아오던 중 Amelia는 버스에 서 있었고 그때 그녀는 갑자기 메스꺼움에 휩싸였다. 그녀는 버스 손잡이를 단단히 붙잡고 안정된 상태를 유지하기 위해 최선을 다했다. 기절할 것 같은 바로 그 순간에, 그녀는 그녀의 팔에 부드러운 손길을 느꼈다.

(C) 그 사람은 아침 버스에 탔던 나이 든 여성이었다. 그녀는 친절하게도 자신의 자리를 Amelia에게 양보하여 (b) 그녀(= Amelia)가 쉬고 회복할 수 있도록 했다. Amelia는 안도와 죄책감이 뒤섞인 채 자리를 받아들였다. 버스가 그녀의 정류장에 멈춰 섰을 때, Amelia는 그녀의 친절함에 감사했다. 그 여자는 그저 미소를 지으며 고개를 끄덕였고, 이것은 Amelia를 (c) 그녀(= the elderly woman)의 인정 많은 정신에 대해 감사와 감탄으로 채웠다.

구문 [2행~9행] Like most commuters, Amelia had a real appreciation for the difference **between** *sitting down*, // which allowed her to **either** doze off **or** read and just relax, **and** *standing up*, / **during which** she was constantly being tossed to one side or another, / trying not to smash into other standees and constantly moving out of the way so people could get on or off.
「between A and B」는 'A와 B 사이[간]의'의 뜻이다. which ~ relax는 sitting down을 부연 설명하는 계속적 용법의 관계사절로 「either A or B (A나 B 둘 중 하나)」 구문이 쓰였다. during which 이하는 '전치사 + 관계대명사'가 이끄는 계속적 용법의 관계사절로 standing up을 보충 설명하며, 여기서 분사 being tossed, trying, moving이 병렬구조를 이룬다.
[24행~26행] The woman simply smiled and nodded, / **filling** Amelia **with** gratitude and admiration for her compassionate spirit.
filling 이하는 앞선 일로 인한 결과를 의미하는 분사구문으로 「fill A with B (A를 B로 채우다)」 구문이 쓰였다.

어휘 (A) commuter 통근자 doze off 끔벅끔벅 졸다 toss 던지다; 흔들리다 smash into ~와 부딪치다, 충돌하다 standee 서 있는 사람 (B) twinge 마음의 아픔, (양심의) 가책 guilt 죄책감 nausea 메스꺼움 firmly 단단히, 굳게 pass out 기절하다, 의식을 잃다 (C) pull up to 차를 ~에 세우다 nod 고개를 끄덕이다 gratitude 감사 admiration 감탄 compassionate 인정 많은 (D) keen 예리한; 열정적인 cut across ~를 가로질러가다 odds 확률, 가능성 charm 마법; 매력

18. ⑤	19. ⑤	20. ②	21. ③	22. ③		23. ①	24. ④	25. ④	26. ⑤	27. ⑤
28. ④	29. ⑤	30. ④	31. ⑤	32. ⑤		33. ④	34. ③	35. ④	36. ⑤	37. ④
38. ③	39. ④	40. ③	41. ⑤	42. ④		43. ⑤	44. ③	45. ③		

18 글의 목적　　　　　⑤

해설 자원봉사 클럽에서 다양한 활동을 소개하고 가입 방법을 알려주면서 가입을 권유하고 있으므로 글의 목적으로 가장 적절한 것은 ⑤이다.

해석 Simon 씨께

Oak Hill 자원봉사 클럽은 여기 샌프란시스코에서의 삶을 더 낫게 만들 방법을 계획하기 위해 매달 함께 모이며 저희는 항상 저희의 열정을 공유하는 열렬한 사람들을 찾고 있습니다. 저희 클럽의 회원으로서 귀하는 푸드 뱅크에서 자원봉사 하기, 지역 행사 조직하기, 그리고 도움이 필요한 사람들에게 추가적인 지원 제공하기와 같은 다양한 자원봉사 활동에 참여할 기회를 갖게 될 겁니다. 저희는 매년 각 회원에게서 100달러를 모으고 지역 사업체들로부터 기부금을 얻음으로써 저희가 하는 모든 일에 대금을 지불합니다. 저희 클럽에 가입하시는 데 관심이 있으시다면, 첨부된 회원 양식을 작성하시고 회비 100달러와 함께 그것을 돌려보내 주세요. 질문이 있으시거나 더 많은 정보를 원하신다면 저희에게 연락하기를 주저하지 말아 주세요. 귀하께서 곧 답장 주시기를 고대합니다.
진심을 담아,
Don Roberts 올림

구문 [10행~13행] We pay for *everything* [(which[that]) we do] / **by collecting** $100 from each member every year ⌐and⌐ **by obtaining** donations from local businesses.
[ ]은 앞에 목적격 관계대명사 which[that]가 생략되어 everything을 수식한다. 밑줄 친 두 부분의 「by v-ing」는 'v함으로써'의 의미로 and로 연결되어 병렬구조를 이룬다.

어휘 enthusiastic 열렬한, 열광적인　food bank 푸드 뱅크 ((빈민 구제용 식량 저장 배급소))　donation 기부(금)　attached 첨부된, 부착된　membership fee 회비　hesitate to-v v하기를 주저하다[망설이다]

19 심경 변화　　　　　⑤

해설 자녀들의 미래를 위해 돈을 저축하고 있는 Cynthia는 자신과 생각이 다른 남편에게 화가 나서 그와 말다툼을 벌였지만, 이내 남편의 우스꽝스러운 모습을 보고 웃기 시작했고 둘 사이의 긴장감은 해소되었으므로 정답은 ⑤ '불만스러워 하는 → 누그러진'이다.

① 감사하는 → 슬픈　　　　② 차분한 → 신난
③ 우울한 → 희망에 찬　　　④ 고무된 → 화난

해석 Cynthia는 적지 않은 희생을 치르며 그녀의 아이들의 대학을 위한 자금을 마련하기 위해 몇 달 동안 돈을 저축해왔다. 그녀는 심지어 외식과 새 옷을 사는 것도 포기했다. 그녀의 헌신에도 불구하고 그녀의 남편 Dave는 돈이 많이 드는 가족 여행을 가고 싶어 했다. 그는 Cynthia에게 "아이들은 우리가 알아차리기 전에 자랄 거예요. 지금이 아니면 언제겠어요?"라고 말했다. 논의는 왔다갔다 이어졌다. Cynthia는 말다툼이 한창일 때 소리를 질렀다. "나만 우리 아이들의 미래를 걱정하는 거예요?" 긴장은 훨씬 더 높아졌다. 그때 Cynthia는 흘깃 내려다보았다. "당신 양말이 왜 그래요?" 그녀는 물었다. Dave는 약간

경계를 풀고 내려다보았고 마치 처음인 것처럼 그의 까매진 발을 살펴봤다. 그는 잠시 후에 "정원에서 너구리를 쫓아내야 했어요."라고 말했다. "신발을 신을 시간이 없었어요." 그들은 서로를 바라보고 나서 둘 다 갑자기 웃기 시작했고, 그들 간의 긴장은 물가의 파도처럼 부서졌다.

구문 [16행~18행] They looked at each other, and then they both began laughing suddenly, / *the tension between them* **breaking** like a wave on the shore.
the tension 이하는 분사구문이며 the tension between them은 현재분사 breaking에 대한 의미상 주어이다.

어휘 sacrifice 희생; 희생하다　dedication 헌신, 전념　yearn to-v v하고 싶어 하다, v하기를 열망하다　back and forth 왔다갔다; 앞뒤로　yell 소리 지르다, 외치다　in the heat of ~이 한창일 때　tension 긴장 (상태)　glance down 흘깃 내려다보다　off guard 경계를 푼; 방심하여　chase 쫓아내다; 뒤쫓다　shore 물가, 해안
[선택지] frustrated 불만스러워 하는, 좌절감을 느끼는　relieved (기분이) 누그러진; 안도한

20 필자 주장　　　　　②

해설 긍정적 사고만을 권유하고 부정적인 생각은 무시하라는 것은 잘못된 충고이며, 사실 부정적인 감정은 우리 삶의 정상적이고 필요한 측면이므로 이를 억누르지 말고 다루려고 노력해야 한다는 내용의 글이다. 따라서 필자의 주장으로 가장 적절한 것은 ②이다.

해석 많은 사람들이 자신의 감정을 다루기 위하여 자립 안내서나 강좌에 의지하지만, 이러한 프로그램들 중 많은 것들이 자립을 완전히 오해하고 있다. 긍정적 사고를 권유하는 것들이 특히 완전히 틀렸다. 행복한 생각을 강요하려고 노력하는 것이 불가능한 것은 아닐지라도 극도로 어려운데, 부정적인 생각에 그저 신경을 끄고 그것들을 더 즐거운 생각으로 바꿀 수 있는 사람은 거의 없기 때문이다. 또한 이러한 충고는 본질적인 진실, 즉 당신의 소위 '부정적인' 감정이 종종 실제로 당신에게 유리하게 작용하고 있다는 진실을 생각하지 못한다. 사실 부정성은 정상적인 것이다. 이것이 근본적인 사실이다. 우리는 살아남기 위해서뿐만 아니라 번영하기 위하여 때로는 '부정적인' 감정을 느끼도록 프로그램되어 있다. 이는 그저 인간 상태의 일부이다. 우리는 우리의 부정적인 감정을 우리 삶의 정상적이고 필요한 측면으로 인정할 필요가 있다. 그것들을 억누르려고 애쓰기보다 건전한 방식으로 그것들을 다루려고 노력하라.

구문 [4행~8행] Trying to impose happy thoughts **is** extremely difficult, / (**if** not impossible), // because few people can just turn off negative thoughts and **replace them with** more pleasant **ones**.
Trying ~ thoughts가 동명사구 주어이며 is가 동사이다. 삽입절인 if not impossible에서 if는 양보(비록 ~일지라도)의 뜻을 가지며 if 다음에는 it is가 생략되어 있다. 「replace A with B」는 'A를 B로 바꾸다[교체하다]'의 뜻이며 them은 negative thoughts를, ones는 thoughts를 지칭한다.
[11행~13행] We are programmed to feel 'negative' at times / **not only** to

survive, **but** to flourish.
「not only A but (also) B (A뿐만 아니라 B도)」 구문이 쓰였으며 A, B자리에는 to부정사가 위치했다.

어휘 turn to ~에 의지하다 self-help 자립하기 위한; 자립 get A wrong A를 오해하다 off base 완전히 틀린 impose 강요하다; 부과하다 favour 유리, 이익 fundamental 근본[본질]적인 at times 때로는, 가끔은 flourish 번영하다 acknowledge 인정하다 suppress 억누르다, 참다 manage 다루다; 관리하다

21 밑줄 의미 ③

해설 우리는 비만을 비만인 사람으로부터 사회 전반에 퍼져나가는 일종의 전염병으로 생각했으나, 연구 결과 사회적 접촉만이 아닌 과식, 운동 부족, 음주 등 또 다른 변화들로부터 비만이 확산됨을 알게 되었다는 내용이다. 이에 대한 적절한 비유로 언급된 밑줄 친 '넓은 웅덩이 위로 던져진 한 줌의 돌멩이들'은 ③ '예측 불가능한 패턴으로 상호 작용하는 다양한 요소들'을 뜻한다.
① 불안을 불러일으키는 강렬한 감정들
② 극복되어야 하는 많은 장애들
④ 새로운 관계를 형성하는 것의 잠재적인 위험 요소들
⑤ 주의 산만을 유발하는 무한한 호기심

해석 우리는 오랫동안 체중 증가와 사회관계망 관계의 진화를 추적해왔다. 이 연구를 시작했을 때 우리는 한 사람이 체중이 증가하는 것을 본 다음에 비만의 물결이 영향을 받은 (체중이 증가한) 사람으로부터 시간과 사회적 공간의 전반에 걸쳐 더 널리 퍼져나가는 것을 볼 것이라고 생각했다. 우리 머릿속의 비만 전염병이라는 이미지는 물리학 실험에 기반을 둔 것이었다. 조약돌이 고요한 물웅덩이에 떨어지고, 동심원의 물결이 그것으로부터 멀어진다. 그러나 우리가 우리의 연구 결과를 봤을 때, 상황은 훨씬 더 복잡했다. 물론 비만은 퍼질 수 있지만, 단지 한 지점에서 퍼지는 것은 아니며 사회적 접촉이 체중 증가의 유일한 자극물은 아니다. 사람들은 계속해서 먹고, 괴로워하고, 운동을 그만두거나 음주를 시작하는데, 이러한 변화들은 각각 또 다른 아주 작은 비만 전염병의 발생지를 형성할 수 있다. 그리고 나서 우리는 적절한 비유가 넓은 웅덩이 위로 던져진 한 줌의 돌멩이들임을 깨달았다.

구문 [2행~6행] When we began this work, / we thought // **that** we would **see** *one person* **gain** weight 〔and〕 then **watch** *a wave of obesity* **spreading** out from the affected person, / over time and across social space.
명사절을 이끄는 접속사 that 이하의 절이 thought의 목적어 역할을 한다. would 뒤에 동사원형 see와 watch가 and로 연결되어 병렬구조를 이룬다. 여기서 지각동사 see와 watch가 각각 목적어로 one person과 a wave of obesity를, 목적격보어로 동사원형 gain과 현재분사 spreading을 취하고 있다.
[14행~17행] People take up eating, get distressed, stop exercising, 〔or〕 start drinking, // and each one of these changes can form the epicenter of another tiny obesity epidemic.
동사 take up, get, stop, start가 or로 연결되어 병렬구조를 이룬다.

어휘 obesity 비만 spread out 더 널리 퍼지다 epidemic 전염병 physics 물리학 pebble 조약돌, 자갈 concentric 동심원의, (원·구체가) 중심이 같은 complicated 복잡한 stimulus 자극(물) take up (이미 끝난 데서 시작하여) 계속하다 distressed 괴로워[고통스러워]하는 analogy 비유; 유추 a handful of 한 줌의, 소수의 [선택지] intense 강렬한, 극심한 stir up (감정을) 불러일으키다 anxiety 불안(감) overcome 극복하다 unpredictable 예측 불가능한 boundless 무한한 distraction 주의 산만

22 글의 요지 ③

해설 브레인스토밍 과정에서 비판은 새로운 아이디어의 생성을 방해할 것이라는 주장과 달리 오히려 이득이 될 수 있다는 내용이므로 글의 요지로 가장 적절한 것은 ③이다.

해석 브레인스토밍은 창의적인 아이디어와 해결책을 만들어 내기 위해 흔히 사용되는 방법이다. 유명한 광고업 임원이자 저자인 Alex Osborn은 브레인스토밍을 하는 동안의 비판은 사람들의 창의성과 새로운 아이디어의 생성을 방해할 것이라고 주장했다. 이러한 개념은 직관적으로는 그럴듯하지만, 미국과 프랑스의 연구가 결론 내린 것처럼 비판할 자유는 아이디어의 생성을 방해하기보다는 돕는다. '비판하지 마라' 같은 규칙은 우리가 너무 취약해서 어떤 피드백을 처리하거나 우리 자신의 것이 아닌 아이디어를 받아들일 수 없음을 암시한다는 점은 주목할 만하다. 그러한 규칙은 또한 가까이에 있는 쟁점으로부터 주의를 딴 데로 돌리는 것처럼 보이는데, 이러한 쟁점은 문제를 해결하는 아이디어를 만들어 낼 것이다. 당신이 무엇을 말하고 그것을 어떻게 말하는지에 대해 걱정할 때 자신감을 유지하기는 어렵지만, 연구는 토론과 비판조차 브레인스토밍에 이득이 될 수 있다는 것을 보여 준다.

구문 [9행~11행] **It is worth noting that** *rules* (like "do not criticize") suggest // that we are **too** *fragile* **to handle** any feedback 〔or〕 **accept** *ideas* [that aren't our own].
It은 가주어이고 that 이하가 진주어이다. 「be worth v-ing」는 'v할 만하다[가치가 있다]'의 뜻이다. 「too ~ to-v (너무 ~해서 v할 수 없다)」 구문이 사용되었다. to 다음의 동사원형 handle과 accept가 or로 연결되어 병렬구조를 이룬다. [ ]은 관계사절로 ideas를 수식한다.
[11행~13행] Such rules also seem to detract from *the issue at hand*, // which is to generate *ideas* [that solve a problem]).
which 이하는 앞의 the issue at hand를 부연 설명하는 계속적 용법의 관계대명사절이다. [ ]은 관계사절로 ideas를 수식한다.

어휘 prominent 유명한; 중요한 executive 임원, 관리직 hinder 방해하다 (= impede) intuitively 직관적으로 plausible 그럴듯한, 정말 같은 aid 돕다; 도움 fragile 취약한; 부서지기 쉬운 detract (주의를) 딴 데로 돌리다 at hand 가까이에 있는

23 글의 주제 ①

해설 박테리아와 항생제 간의 공진화 과정에서 박테리아는 항생제에 대한 내성을 발달시키며 빠르게 진화하는데, 이렇게 박테리아의 생존 기제를 진화론적 관점에서 보면 이에 맞서기 위한 새로운 항생제의 개발이 계속해서 이루어져야 한다는 내용의 글이다. 따라서 주제로 가장 적절한 것은 ① '항생제와 박테리아의 생존 간의 진화론적 관계'이다.
② 박테리아 개체군 내의 유전적 다양성의 이점들
③ 항생제 남용의 의도하지 않은 결과들
④ 박테리아의 생존 기제를 이해하는 것의 어려움
⑤ 저항력 있는 박테리아의 발달을 예방하는 것의 중요성

해석 박테리아는 그것들의 유전자에서 희귀한 돌연변이를 획득함으로써 항생제에 대한 내성을 발달시킬 수 있다. 이러한 생존 기제는 자연 선택으로 작동되며, 이는 항생제의 영향을 견뎌낼 수 있는 박테리아에 유리하다. 이러한 항생제와 박테리아의 생존 간의 공진화 과정은 계속되는 군비 경쟁으로 이어지는데, 이 경쟁에서 박테리아는 항생제의 영향과 싸우기 위해 더 빠르게 진화한다. 결과적으로, 증가하는 항생제 내성의 출현은 이 과정의 불가피하고도 자연스러운 결과이다. 항생제가 내성에 뒤지지 않기 위해 계속해서 개발되지만, 내성을 끌어내지 않는 완벽한 항생제를 발견하는 것은 있음직하지 않다. 그것은 트

레드밀에서 달리는 것과 같다. 같은 장소에 머무르기 위해서는 가능한 한 빨리 달려야 한다. 박테리아의 생존 기제를 진화론적 관점으로 본다면 현재의 항생제가 효과가 없어지기 전에 새로운 항생제를 사전에 찾는 것이 중대하다.

구문 [10행~13행] While antibiotics continue to be developed to keep up with resistances, // finding *a perfect antibiotic* [that does not elicit resistance] **is** unlikely.
주절의 finding ~ resistance는 동명사구 주어이고 is가 동사이다. [ ]는 a perfect antibiotic을 수식하는 관계사절이다.

[15행~18행] **Taking** an evolutionary perspective on bacterial survival mechanisms, / it is crucial **to proactively search** for new antibiotics // before the current **ones** become ineffective.
Taking ~ mechanisms는 조건(~한다면)을 나타내는 분사구문이다. it은 가주어이고 to proactively search 이하가 진주어이다. before절에서 ones는 antibiotics를 지칭한다.

어휘 resistance 내성; 저항 *cf.* resistant 저항력 있는 antibiotic 항생제, 항생물질 rare 희귀한, 드문 mutation 돌연변이 mechanism 기제 favor ~에 유리하다 withstand 견뎌 내다 coevolutionary 공진화의 arms race 군비 경쟁 emergence 출현, 발생 inevitable 불가피한 keep up with ~에 뒤지지 않다 elicit 끌어내다 unlikely 있음직하지[있을 것 같지] 않은 treadmill 트레드밀 ((걷기나 달리기용 운동 기구)) proactively 사전에 [선택지] diversity 다양성 population 개체군; 인구 unintended 의도하지 않은 prevent 예방하다, 막다

---

24 글의 제목 ④

해설 연구에 따르면 대부분의 사람들이 자신의 능력을 평균 이상으로 인식했으며, 특히 가장 실력이 없는 사람들이 자신의 능력을 극적으로 과장한 것으로 나타났다. 따라서 글의 제목으로 가장 적절한 것은 ④ '인식과 현실 사이, 능력을 과대평가하는 것'이다.
① 당신의 약점은 무시하고 강점에 집중하라
② 우리가 우리의 능력에 대한 진실을 발견할 수 있는 방법
③ 당신의 능력을 과대평가하는 것이 성공으로 이어지는 게 당연하다
⑤ 과장된 자아는 자만심의 위험

해석 대표적인 설문 조사에서 College Board는 고등학교 수험자들에게 다수의 기준에서 스스로를 평가하도록 요청했다. 85퍼센트는 자신이 다른 사람들과 잘 지내는 것에서 중앙값보다 높다고 생각했고, 70퍼센트는 다른 사람들을 이끄는 능력에서 중앙값보다 높다고 생각했으며, 60퍼센트는 스포츠에서 중앙값보다 높다고 생각했다. 또한 80퍼센트가 넘는 사람들이 자신이 모든 운전자들의 절반보다 더 능숙하다고 믿었다. 신기하게도, 가장 능력이 없는 사람들이 대개 자신이 할 수 있다고 생각하는 것과 실제로 성취하는 것 사이의 가장 큰 차이를 보인다. 다른 연구에서 연구자들은 피실험자들에게 문법 시험에서 그들의 인지된 능력과 가능할 듯한 성공을 평가하도록 요청했다. 그 결과는 가장 실력이 없는 수행자들이 자신의 능력을 극적으로 과장했으며, 그들은 자신이 4분위수에서 두 번째로 높은 곳에 있을 것이라고 생각했음을 보여 준다. 그러나 그들은 4분위수에서 최하위의 결과를 거두었다. 그들의 실제 결과에 직면했을 때조차, 이들 중 많은 사람들이 자신의 능력을 정확히 평가하려고 여전히 고군분투했으며, 흔히 자신의 기술에 대한 과장된 인식을 유지했다.

구문 [8행~11행] Remarkably, the least capable people often have the largest gaps **between what** (they think) they can do **and what** they actually achieve.
「between A and B (A와 B 사이에)」 구문이 사용되었으며 A, B 자리의 what은 선행사를 포함한 관계대명사로 the thing which로 바꾸어 쓸 수 있다. A 자리에 쓰인 they think는 관계대명사절의 삽입절이다.

[17행~20행] Even when (they were) confronted with their actual results, // many of these individuals still struggled to accurately assess their own abilities, / **often maintaining** an inflated perception of their skills.
when과 confronted 사이에 they(many of these individuals) were가 생략되어 있다. often maintaining 이하는 분사구문이다.

어휘 classic 대표적인 a host of 다수의 median 중앙값 get along with ~와 잘 지내다 skillful 능숙한, 숙련된 remarkably 신기하게도, 이상하게도 subject 피실험자; ~될 수 있는 dramatically 극적으로 overstate 과장하다 (= inflate) turn in (성적·기록 등을) 거두다, 획득하다 confront 직면하다 accurately 정확히 assess 평가하다 maintain 유지하다; 주장하다
[선택지] (it's) no wonder ~하는 게 당연하다 overestimate 과대평가하다 peril 위험(성) overconfidence 자만심, 과신

---

25 도표 이해 ④

해설 2018년과 2019년에 미국 인구가 페이스북에 사용한 평균 시간은 인스타그램의 평균 시간의 두 배가 넘었으나, 2020년에는 정확히 두 배였고 2021년과 2022년에는 두 배를 넘지 못했으므로 ④는 도표와 일치하지 않는다.

해석 소셜 네트워크: 2018~2022년 플랫폼 별 미국에서 사용된 평균 시간
인구 간 하루에 (플랫폼에 사용된 평균) 분
위 그래프는 2018년부터 2022년까지 다양한 소셜 네트워크 플랫폼에서 미국 인구 간 하루에 사용된 평균 시간을 보여 준다. ① 2018년부터 2020년까지 미국 성인들이 소셜 네트워크에 쓰는 평균 시간에서 상승 추세가 있었다. ② 2018년에서 2022년까지 모든 기간 동안 페이스북이 미국 인구 중에서 가장 인기 있는 소셜 네트워크 플랫폼이었고, 사용된 평균 시간은 하루에 20분이 넘었다. ③ 틱톡은 미국 인구 중에서 사용 시간의 가장 놀라운 성장을 경험했고, 2018년의 하루 당 평균 1분에서 2020년부터 2022년까지 하루 당 7분으로 7배 증가했다. ④ 2018년과 2022년 사이에 미국 인구가 페이스북에 사용한 평균 시간은 매년 인스타그램의 평균 시간의 두 배가 넘는 상태로 일관되게 남아 있었다. ⑤ 미국 인구에 의한 스냅챗, 틱톡, 그리고 트위터 사용 시간은 2020년부터 2022년까지 유의미한 변화를 보이지 않았다.

구문 [9행~13행] TikTok experienced the most remarkable growth in usage time among the U.S. population, / **increasing** seven times **from** an average of 1 minute per day in 2018 **to** 7 minutes per day from 2020 to 2022.
increasing 이하는 분사구문으로, 「from A to B (A에서 B까지)」 구문이 쓰였다.

어휘 upward trend 상승 추세[경향] remarkable 놀라운, 주목할 만한 usage 사용(량) consistently 일관되게

---

26 내용 불일치 ⑤

해설 J. D. Salinger가 사망한 해는 2010년인데, 그는 1965년에 출간을 완전히 그만두었다고 했으므로 정답은 ⑤이다.

해석 J. D. Salinger는 1919년 뉴욕 맨해튼에서 태어났는데, 중등학교에 다니던 동안 단편 소설을 쓰기 시작했다. Salinger의 초기 소설은 1940년대에 출간되었다. 제2차 세계 대전 동안 미국 육군에 복무하는 동안 그는 유명 작가인 Ernest Hemingway를 만났는데, 그는 그 당시 파리에서 종군 기자로 일하고 있었다. 전쟁 후에 Salinger는 몇 주 동안 입원했고 전투 피로증이라는 진단을 받았다. 그의 첫 번째 소설 〈호밀밭의 파수꾼〉은 1951년에 출간되었으며 즉각적인 대중적 성공작이 되었다. 소설 출간 이후에 Salinger는 은둔했고, 인터뷰나 공개적인 출연에 좀처럼 응하지 않았다. 결국 그는 1965년에 출간을 완전히 그

만두었다. Salinger는 2010년에 사망했으며, 출간되지 않은 작품의 방대한 보관소를 남겼다.

구문 [11행~13행] **Following** the novel's publication, / Salinger became reclusive, / **rarely agreeing** to interviews or public appearances.
Following ~ publication과 rarely agreeing 이하는 각각 문장의 앞뒤에 위치한 분사구문이다.

어휘 secondary 중등 교육[학교]의 serve 복무하다 celebrated 유명한 war correspondent 종군 기자 hospitalize 입원시키다 diagnose 진단하다 combat stress reaction 전투 피로증 reclusive 은둔한, 속세를 떠나 사는 appearance 출연, 등장 altogether 완전히 vast 방대한, 막대한 archive (기록·공문서) 보관소

27 안내문 불일치 ⑤

해설 모든 지불금은 최종이며 환불이 안 된다고 했으므로 ⑤가 내용과 일치하지 않는다.

해석 Young Flyers의 항공 프로그램
항공기 조종사가 되고 싶으신가요? 그렇다면 저희 Young Flyers의 항공 프로그램과 함께 하늘에서 여러분의 미래를 시작하십시오. 지금 공인된 비행 교관과 함께 매일 비행할 기회를 와서 얻으십시오!

자격 요건:
– 10세 – 15세
– 경험은 요구되지 않음

날짜:
6월 12일부터 15일, 오전 9시 – 오후 4시

프로그램 활동들:
– 항공기 비행
– 관제탑 견학
– 공항 견학
– 비행 시뮬레이터

참가비:
1인당 689달러

주의:
– 활동은 공지 없이 변경될 수 있습니다.
– 모든 지불금은 최종이며 환불이 안 됩니다.

더 자세한 내용을 알고 싶으시면 저희 웹사이트 www.youngflyers.com을 방문하십시오.

구문 [4행~5행] Come 〔and〕 get the opportunity (to fly every day / with a certified flight instructor now)!
명령문으로 동사원형 Come과 get이 and로 연결되어 병렬구조를 이룬다. ( )는 to-v의 형용사적 용법으로 the opportunity를 수식한다.

어휘 aviation 항공, 비행 certified 공인된, 면허증[증명서]을 가진 instructor 교관, 강사 control tower (항공) 관제탑 non-refundable 환불이 안 되는

28 안내문 일치 ④

해설 ① 매월 둘째 주, 넷째 주 토요일에 진행된다.
② 오전에 시작된다.
③ 초급자 수준이다.
⑤ 수강 학생 수는 수업당 8명으로 제한된다.

해석 Sunny의 요리 교실
매일 같은 것을 먹는 데 싫증이 나십니까? 달인 요리사가 되는 기분을 느끼고 싶으신가요? 그렇다면 이 좋은 기회를 놓치지 마세요!

• 날짜: 매월 둘째 주, 넷째 주 토요일 (3월~8월)
• 시간: 오전 11시 – 오후 1시
• 장소: Curtis 문화 센터
• 수업료: 50달러 (수업당)
• 수준: 초보자
• 다뤄질 주제들:
– 기본 요리 기술 (굽기, 볶기, 튀기기 등)
– 식품 안전 및 위생
– 건강한 식습관 및 영양
– 소스 및 드레싱 맨 처음부터 만들기
• 등록은 수업당 8명의 학생들로 제한되어 있으니, 일찍 예약하세요!

등록하려면 저희 웹사이트 www.sunnyckclass.com을 방문하세요.

구문 [2행] **Are** you **tired of eating** the same thing every day?
「be tired of v-ing」는 'v하는 데 싫증이 나다'의 뜻이다.

어휘 master 달인; 대가 cover 다루다; 덮다 grill 석쇠에 굽다 roast 볶다, 굽다 hygiene 위생 nutrition 영양 from scratch 맨 처음부터; 무에서부터, 아무것도 없이

29 밑줄 어법 ⑤

해설 ⑤ 세 개의 주어(the absence of war, the lack of major wealth and power inequalities, and the emphasis on cooperation rather than competition)가 and로 연결되어 병렬구조를 이루고 있으므로 동사 is를 이에 상응하는 are로 바꿔 써야 한다.
① 복수명사 large societies를 가리키는 those를 적절히 사용했다.
② 주어가 The material goods이며 consist는 자동사이므로 동사 consist가 올바르게 쓰였다.
③ 뒤에 이어지는 ways of life no longer hold any value는 완전한 절이며 '원시적인 종족들의' 삶의 방식이 더 이상 가치를 지니지 못하는 것이 아니므로 소유격 관계대명사 whose는 올바르다.
④ 목적격 관계대명사절에서 관계대명사가 전치사의 목적어인 경우, 전치사는 관계대명사 바로 앞이나 관계대명사절의 끝에 온다. 따라서 the extent를 수식하는 관계사절에서 「전치사 + 관계대명사」 형태인 to which가 올바르게 쓰였다.

해석 현대 산업 문명의 대규모 사회, 특히 선진국의 그것과 비교하여, 대부분의 수렵 채집인 집단에서는 불평등이 거의 발견되지 않는다. 수렵 채집인들은 음식, 집, 그리고 의류 같은 생존을 위한 그들의 기본적 욕구를 만족시키는 데 필요한 것을 넘어서는 물질적 부를 축적하지 않는다. 그들이 필요로 하는 물질적 재화들은 오직 동물을 사냥하기 위한 무기, 채굴과 건축을 위한 도구, 덫, 그리고 조리 기구로만 구성되어 있다. 그러나 수렵 채집인들은 단지 그들의 삶의 방식이 더 이상 가치를 지니지 못하는 '원시적인' 종족들인 것은 아니다. 그들의 문화를 연구하는 것은 현대의 제도가 인간 사회의 '자연 발생적인' 특징이 아니라, 오히려 시간이 지나면서 생겨난 사회적 구성체인 정도를 우리가 더 분명하게 볼

수 있게 한다. 물론 우리는 수렵 채집인들이 살아왔던 환경을 이상화해서는 안 되지만, 전쟁의 부재, 보다 많은 부와 권력 불평등의 결여, 그리고 경쟁보다는 협동에 대한 강조는 현대 산업 문명이 더 진보적이거나 더 나은 삶의 방식과 같지 않다는 모든 유익한 조언들이다.

구문 [12행~15행] Studying their cultures **allows** us to see more clearly *the extent* [to which modern institutions are **not** "natural" features of human societies, **but** rather *social constructs* [that have emerged over time]].
Studying their cultures는 동명사구 주어이고 동사는 allows이다. to which 이하는 the extent를 수식한다. to which 이하의 관계대명사절에서 「not A but B (A가 아니라 B)」 구문이 사용되었다. 관계대명사절 내의 [ ]은 social constructs를 수식한다.

어휘 civilization 문명 (사회) inequality 불평등, 불균등 accumulate 축적하다, 모으다 fulfill (필요·요건을) 만족시키다; 성취시키다 digging 채굴, 채광 cooking utensil 조리 기구 primitive 원시적인 institution 제도; 기관 construct 구성체 idealize 이상화하다 absence 부재; 결석 major 보다 많은; 주요한 emphasis 강조 instructive 유익한 reminder 조언; 생각나게 하는 것 equate to ~와 같다. ~에 해당하다 advanced 진보적인

30 밑줄 어휘 ④

해설 우리가 스트레스를 받았다고 생각하도록 만드는 탈진은 스스로가 너무 많은 책임을 버렸기 때문이 아닌 오히려 맡았기 때문에 오는 감정일 것이다. 따라서 ④의 abandoned는 assumed 등으로 바꿔 써야 한다.

해석 스트레스를 피하는 것은 불가능하지만, 우리가 할 수 있는 일은 스트레스와의 우리의 관계를 조정하는 것이다. 그것이 우리를 소유할 필요는 없다. 우리가 그것을 소유할 수 있다. 첫 단계는 그것이 존재함을 그저 받아들이는 것, 즉 그것이 곧 없어지지 않으리라는 것을 ① 인정함으로써 그것에 모습을 나타내는 것이다. 두 번째 지극히 중요한 단계는 '스트레스 받음'이 당신 자신이 아님을 이해하는 것이다. '나는 스트레스 받는다'라고 말하는 것은 당신의 정체성을 그 감정에 혼합하여, 그 경험을 ② 압도적으로 만들 수 있다. 어떤 감정이나 생각을 그것의 본질로 인지하는 것은 그것으로부터 멀어지는 효율적인 방법이다. '나는 내가 스트레스를 받고 있다는 걸 인지하고 있어'라고 말하는 것은 당신과 그 감정 간의 ③ 거리감을 즉시 만들어 낸다. 당신의 감정을 효과적으로 다루기 위하여 당신이 경험하고 있는 것을 의식할 필요가 있다. 당신은 자신이 스트레스를 받았다고 생각할지 모르지만, 그것은 탈진일 수도 있는데, 왜냐하면 당신이 너무 많은 책임을 ④ 버렸(→ 맡았)기 때문이다. 당신이 진정으로 무엇을 느끼며 왜 느끼는지에 대한 분명한 이해를 얻을 때, 그것은 당신이 당신의 업무량을 조절하도록 ⑤ 이끌 수도 있다.

구문 [1행~2행] Avoiding stress is impossible, // but **what** we can do **is (to) adjust** our relationship to stress.
두 번째 절에 밑줄 친 부분은 주어로 관계대명사 what이 이끄는 명사절이 왔으므로 동사는 단수동사 is를 쓴다. adjust 이하는 is의 보어로 앞에 to-v의 to가 생략된 형태이다.
[10행~11행] Recognizing a feeling or thought **for** what it truly is **is** *an effective method* (of stepping away from it).
Recognizing ~ truly is는 동명사구 주어이고 동사는 두 번째 is이다. what it truly is는 의문사 what이 이끄는 의문사절로 전치사 for의 목적어 역할을 하며, 첫 번째 is는 의문사절 내의 동사이다.

어휘 show up 모습을 나타내다, 나타나다 vitally 지극히, 극도로 merge 혼합하다; 합병[병합]하다 overwhelming 압도적인 exhaustion 탈진, 기진맥진 abandon 버리다, 유기하다 workload 업무량, 작업량

31 빈칸 추론 ⑤

해설 '직소 교실'이라는 학습 기법은 먼저 공통 과제를 다섯 부분으로 나누어 이를 다섯 학생이 각각 한 부분씩 맡게 한 후, 같은 과제를 공유받은 학생들끼리 모여 이를 조사하게 한다. 그다음 각자 자신의 원래 그룹으로 돌아가 나머지 네 명의 친구들을 가르치는 형식으로 이루어진다고 했다. 따라서 이러한 학습 전략을 나타내는 빈칸에 들어갈 말로 가장 적절한 것은 ⑤ '구조화된 상호 의존'이다.
① 문화적 이해 ② 바람직한 의견 일치
③ 익숙지 않은 관계 ④ 계속되는 변화

해석 텍사스 대학의 사회 심리학자 Elliot Aronson과 그의 대학원생들은 '직소 교실'이라는 이름의 학습 기법을 고안했다. 교사는 학생들을 5인으로 구성된 '직소 그룹'으로 나눈다. 그리고 나서 교사는 그날 수업을 다섯 부분으로 나눈다. 예를 들어, 학급이 에이브러햄 링컨의 생애를 공부하고 있다면, 그 부분들은 링컨의 유년기, 그의 초기 정치 경력, 그가 미국 남북 전쟁 시초에 대통령이 된 것, 그가 노예 해방령에 서명한 것, 그리고 그의 암살이 될 것이다. 각각의 학생들은 이러한 부분들 중 하나를 조사할 책임을 맡는다. 학생들은 그러고 나서 자신이 맡은 부분을 조사하러 자리를 뜨며, 이는 같은 과제를 공유하는 학급의 다른 5인 그룹에서 온 학생들과 함께 '전문가 집단'을 형성한다. 연구가 끝나면 각각의 학생들은 자신의 원래 직소 그룹으로 돌아가고 다른 네 명의 반 친구들을 가르친다. 구조화된 상호 의존을 촉진함으로써, 이 학습 전략은 학생들 간의 장벽을 허물어뜨리고 협력적인 학습 환경을 만드는 데 도움을 준다.

구문 [6행~11행] For instance, if the class is studying the life of Abraham Lincoln, // those sections might be Lincoln's childhood, his early political career, his **becoming** president at the dawn of the U.S. Civil War, his **signing** of the Emancipation Proclamation, and his assassination.
밑줄 친 다섯 개의 명사구가 콤마(,)와 and로 연결되어 병렬구조를 이룬다. his becoming과 his signing의 his는 각각 동명사 becoming과 signing에 대한 의미상 주어이다.
[13행~15행] The students then go off to study their piece, / **forming** "expert groups" with *students from the class's other five-person groups* [who share the same assignment].
forming 이하는 분사구문이다. [ ]은 students ~ groups를 수식하는 관계사절이다.

어휘 graduate student 대학원생 segment 부분 dawn 시초; 새벽 the U.S. Civil War 미국 남북전쟁 the Emancipation Proclamation 노예 해방령 assassination 암살 go off (무언을 하러) 자리를 뜨다 assignment 과제; 배정 promote 촉진[고취]하다 break down ~을 허물어뜨리다 barrier 장벽; 장애물 supportive 협력적인; 지원하는 [선택지] desirable 바람직한, 가치 있는 consensus 의견 일치, 합의 interdependence 상호 의존

32 빈칸 추론 ⑤

해설 아무 생각 없이 군집 본능을 따라 결정을 내리면 자신이 동의하지 않는 가치관에 맞춰 조정된 타인의 삶을 사는 것처럼 느껴질 수 있다. 따라서 다음번에 너무 비싼 기내 간식을 구매하려 손을 뻗는 모습을 발견할 때 자신의 행동을 잠시 생각해 보고 ⑤ '내가 여기에 어떻게 왔는가?'와 같은 후회하는 질문을 피하도록 해야 할 것임을 추론할 수 있다.
① 나는 정말 최선을 다했나?
② 잃어버린 시간을 어떻게 보충할 수 있을까?
③ 나는 언제 저 사람을 믿을 수 있을까?
④ 도움을 청하기 위해 누구에게 의지할 수 있을까?

해석 스탠퍼드 대학의 한 마케팅 교수는 25만 명이 넘는 항공 승객들을 추적하여 당신의 옆자리 승객이 기내 구매를 하면 당신도 그렇게 할 가능성이 무려 30퍼센트 더 높음을 증명했다. 당신이 자주 여행을 한다면, 그 30퍼센트는 없어도 그저 쉽게 살 수 있었던 많은 형편없는 영화와 간식이 된다. 이러한 종류의 선택은 아무 생각이 없는 의사 결정에 기반을 두는데, 이는 충동과 행동, 생각하는 사람과 생각 사이에 공간이 없거나, 군집 본능이 작동하는 접근법이다. 가끔은 이런 행동은 괜찮다. 그러나 당신이 너무 많은 아무 생각이 없는 자동 조종 장치 모드의 결정을 내린다면, 당신은 장기간에 걸쳐 결국 자신이 다른 사람의 삶, 즉 당신이 반드시 동의하는 것은 아닌 가치관에 맞춰 조정된 삶처럼 느껴지는 것을 살고 있음을 발견하게 될 것이다. (당신이 사실 원하지도 않았던 기내 간식의 몇몇 추가 킬로그램을 지니고 다닐지도 모른다는 것은 말할 것도 없고) 그러므로 다음번에 당신이 너무 비싼 기내 간식 믹스 봉지에 손을 뻗는 모습을 발견할 때, "내가 여기에 어떻게 왔는가?"와 같은 후회하는 질문을 피하기 위하여 당신의 행동을 생각해볼 시간을 잠깐 가져라.

구문 [5행~7행] If you travel regularly, // that 30 percent can add up to *a lot of bad films and snacks* [(which[that]) you **could** just as easily **have done** without].

[ ]은 앞에 목적격 관계대명사 which[that]가 생략되어 a lot of bad films and snacks를 수식한다. could have p.p.는 '~할 수 있었다'의 뜻이다.

[7행~11행] These kinds of choices are based on <u>mindless decision-making</u>, *an approach* [in which there is no space between impulse and action, thinker and thought], or [where the herd instinct comes into play].

mindless decision-making과 an approach ~ into play는 동격 관계이다. 두 개의 [ ]은 an approach를 수식하는 관계사절이다.

어휘 **in-flight** 기내의 **seatmate** 옆자리 사람 **add up to** (합계·결과가) ~가 되다 **mindless** 아무 생각이 없는 **impulse** 충동 **herd instinct** 군집[군거] 본능 **come into play** 작동하다, 발생하기 시작하다 **autopilot** 자동 조종 장치 **over the long haul** 장기간에 걸쳐 **align** (~에 맞춰) 조정하다; 나란히 하다 **subscribe** 동의[찬성]하다; 구독하다 **not to mention** ~은 말할 것도 없고 **reach for** ~에 손을 뻗다 **overpriced** 너무 비싼 **regretful** 후회하는 [선택지] **make up for** ~을 보충[벌충]하다

---

33 빈칸 추론 ④

해설 문학 작품에 있어 아리스토텔레스는 사건과 견고한 줄거리의 중요성을 강조했지만, 버지니아 울프를 포함한 20세기의 위대한 문학 작품들은 이러한 전통적인 줄거리와 서사 구조보다 등장인물의 내면과 주관적 경험을 강조한다. 따라서 우리는 ④ '개인의 경험의 렌즈를 통해 탐색하는' 작품에 끌린다고 추론할 수 있다.

① 우리를 다른 세계와 시대로 이동시키다
② 감정적 해방의 기회를 제공하다
③ 우리의 전통적인 도덕적 경계에 도전하다
⑤ 자신에 대한 우리의 인식과 이해에 의문을 갖다

해석 아마 문학 작품을 매우 뛰어나게 만들어주는 것은 그것의 사건과 서술 기법일 것이다. 확실히 아리스토텔레스는 탄탄하고 공들여 제작된 사건이 적어도 문학적 글쓰기의 한 종류인 비극에 있어 가장 중요하다고 생각했다. 비극에 대한 그의 분석에서 아리스토텔레스는 줄거리의 중요성을 강조했다. 그는 좋은 줄거리는 시작, 중간, 그리고 끝을 가져야 한다고 주장했다. 그러나 20세기의 가장 위대한 희곡 중 하나인 〈고도를 기다리며〉, 가장 훌륭한 소설 중 하나인 〈율리시스〉, 그리고 가장 훌륭한 시 중 하나인 〈황무지〉에서는 그다지 중요한 일이 일어나지 않는다. 견고한 줄거리와 강력한 서술 기법이 문학적 지위에 필수적이라면, 영국 작가 버지니아 울프는 성적표에서 쓸쓸하게 낮은 위치로 가라앉을 것이다. 울프의 문체는 보통 전통적인 줄거리와 서사 구조보다 그녀의 등장인물들의 내면의 삶과 주관적인 경험들에 우선순위를 매긴다. 우리는 더 이상 견고한 줄거리를 아리스토텔레스만큼 높이 평가하지 않는다. 우리는 <u>개인의 경험의 렌즈를 통해 탐색하는</u> 작품에 끌린다.

구문 [11행~14행] **If** a sturdy plot and a strong narrative **were** vital to literary status, // British author Virginia Woolf **would sink** to a dismally low place in the league tables.

「If + S' + 과거동사 ~, S + would + 동사원형 ... (~한다면 …할 것이다)」의 가정법 과거 구문이 쓰였다.

[17행~18행] We no longer rate a substantial plot **as highly as** Aristotle **did**.

「A as 형용사/부사 as B」는 'A는 B만큼 ~한[하게]'란 의미의 원급 구문으로 동사 rate를 수식하는 부사 highly가 쓰였다. did는 대동사로 rated a substantial plot을 의미한다.

어휘 **exceptional** 매우 뛰어난; 특별한 **narrative** 서술 (기법); 묘사 **solid** 탄탄한; 고체의 **well-wrought** 공들여[주의 깊게] 제작된 **emphasize** 강조하다 **masterly** 훌륭한; 거장다운 **sturdy** 견고한, 튼튼한 **vital** 필수적인 **dismally** 쓸쓸하게; 음침하게 **league table** (리그전의) 성적표; 실적 일람표 **prioritize** 우선순위를 매기다 **subjective** 주관적인 **substantial** 견고한; 상당한 [선택지] **transport** 이동시키다 **release** 해방; 풀어 주다

---

34 빈칸 추론 ③

해설 우리는 좋은 의도와 명확한 계획을 가지고 시작해도 곁길로 새거나 의욕을 잃게 되기 쉬운데, Jerry Seinfeld는 글쓰기를 마칠 때마다 달력에 X표를 쳐서 X로 이어진 띠를 끊지 않기 위해 글쓰기를 습관으로 들였다고 했다. 따라서 동기 부여의 문제보다 중대한 것은 ③ '당신의 연속물이 부서진 것을 보는 좌절감'이다.

① 다른 환경에서 글을 쓰는 것의 불편함
② 매일 일에 집중하는 것의 어려움
④ 당신의 생각을 독창적으로 표현하는 것의 기쁨
⑤ 휴식을 취할 수 있다는 보상

해석 우리 중 많은 사람은 직장에서든 개인의 목표를 추구할 때든 생산성으로 고군분투한다. 우리는 좋은 의도와 명확한 계획을 가지고 출발하지만, 우리 자신이 곁길로 새거나 정신이 산만해지거나 그저 의욕을 잃게 되는 것을 자주 발견한다. 그러나 이러한 문제를 극복하는 데 도움이 될 수 있는 심리적 전략이 있다. 스탠드업 코미디로 가장 잘 알려진 Jerry Seinfeld는 매일 글을 쓰는 것을 습관으로 들인다. 영감을 받았다고 느끼든 아니든, Seinfeld는 설령 단 몇 줄일지라도 앉아서 무언가를 쓴다. 그래서 그가 정확히 어떻게 그러한 위업을 이루었는가? Seinfeld에 따르면 다음과 같다. "그것은 달력과 큰 빨간색 매직펜을 가져오는 것으로 시작돼요. 매일 제 글쓰기 업무를 마치고 저는 날짜에 큰 빨간색 X를 쳐요. 며칠 후에는 띠처럼 이어진 X를 갖게 되죠. 그냥 계속해서 하면 띠가 매일 더 길어지는 걸 볼 거예요. 이제 당신이 할 유일한 일은 그 띠를 끊지 않는 것뿐이죠." 여기서 심리적 원리는 다소 단순하다. 당신의 연속물이 부서진 것을 보는 좌절감이 일에 동기를 불러일으키는 문제보다 중대하다. 결과는 생산성의 급증이다.

구문 [2행~5행] We set out with good intentions and a clear plan, / but often **find** *ourselves* **getting** sidetracked, distracted, or simply unmotivated.

동사 find는 목적격보어 자리에 동사원형, 현재분사, 또는 과거분사가 올 수 있다. 목적어가 행동하는 능동 의미의 경우 동사원형 또는 현재분사를, 목적어가 행동을 당하는 수동 의미의 경우 과거분사를 목적격보어 자리에 쓴다. find의 목적어는 주어 we와 같은 대상이므로 재귀대명사 ourselves가 쓰였다. 밑줄 친 세 부분이 or로 연결되어 병렬구조를 이루며 getting의 보어 역할을 하고 있다.

[15행~16행] Just keep at it // and you'll **see** *the chain* **grow** longer every day.

지각동사 see가 「see + O + 동사원형 (O가 v하는 것을 보다)」의 형태로 사용되었다.

어휘 **set out** 출발하다; 착수하다 **sidetrack** 곁길로 새게 하다 **hack** (효율적인) 전략; 해킹하다 **make a habit of** ~하는 습관을 들이다 **feat** 위업, 공적 **chain** 띠(처럼 이어진 것), 일련; 사슬 **keep at** (일을) 계속해서 하다 **rationale** 원리, 근본적 이유

outweigh ~보다 중대하다[크다]　summon 불러일으키다; 소환하다
[선택지] sequence 연속(물)　fragmented 부서진, 산산조각이 된; 분열한

35 무관 문장　④

해설 인간 역사의 중대한 시대에 비롯된 문학 작품은 그것 자체의 본질로 인해 시간과 장소를 초월하고 따라서 다른 시간과 장소에 있는 독자들의 관심 또한 끌 수 있다는 내용이므로, 문학 작품이 인간 상태의 특징을 다룬다는 사실이 그 작품의 지위를 보장해주지는 않는다는 ④가 글의 흐름에 일치하지 않는다.

해석 문학 작품이 그것의 역사적 맥락을 넘어서 얼마나 멀리 이야기하는지는 그 상황에 달려 있을지도 모른다. ① 예를 들어, 그것이 인간 역사의 중대한 시대, 즉 남녀가 세계를 뒤흔드는 변화를 겪으며 살아가고 있는 시대에서 비롯된다면, 그것은 이 사실로 인해 그것이 매우 다른 시간과 장소에 있는 독자들의 관심도 끄는 지점까지 생명이 불어넣어질지도 모른다. ② 윌리엄 셰익스피어의 희곡과 존 키츠의 시와 같은 르네상스와 낭만주의 시대의 작품들이 분명한 예이다. ③ 이 작품들은 그것들이 속한 특정 방식뿐만 아니라 그 순간의 본질 때문에 그것들의 역사적 순간을 초월한다. ④ 문학 작품이 죽음, 고통, 혹은 사랑과 같은 인간 상태의 영구적인 특징을 다룬다는 사실이 그것에 주요 지위를 보장해주지는 않는다. ⑤ 셰익스피어, 밀턴, 블레이크, 그리고 키츠의 글은 그것들의 시간과 장소로부터 너무나 깊게 반향을 불러일으켜서 수 세기를 거쳐 전 세계적으로 울려 퍼질 수 있다.

구문 [10행~13행] These works transcend their historical moment / because of the nature of that moment, **as well as** of *the specific way* [they belong to it].
「A as well as B」는 'B뿐만 아니라 A도'의 뜻이다. [　]은 the specific way를 수식하는 관계부사절이다. 관계부사 how와 the way는 함께 쓸 수 없으므로 둘 중 하나반드시 생략되어야 하며 how 대신 that을 쓸 수 있다.
[16행~19행] The writings of Shakespeare, Milton, Blake and Keats resonate **so** deeply of their own times and places // **that** they can echo across the centuries and around the globe.
「so ~ that ...」 구문은 '너무 ~해서 …하다'의 뜻이다.

어휘 spring from ~에서 비롯[야기]되다　momentous 중대한　live through ~을 겪으며 살다　transition 변화, 변천　animate 생명을 불어넣다, 살리다　appeal 관심[흥미]을 끌다　transcend 초월하다　permanent 영구적인　resonate 반향을 불러일으키다; 울려 퍼지다 (= echo)

36 글의 순서　⑤

해설 과거 대다수의 노동자들은 서로 지역적으로만 경쟁했다는 주어진 글 다음에는 however로 시작해 이와 반대로 오늘날 노동자들은 세계적으로 경쟁한다는 (C)가 나와야 한다. 이어 (C)에서 언급된 일의 증가하는 비율이 정보 기반이며 물리적인 것을 포함하지 않는다는 내용에 대한 세 가지 사례를 제시하는 (B)가 이어져야 한다. 마지막으로 다른 나라의 노동자들에게 외주 제작을 맡김으로써 노동의 비용 효율이 높아진다는 (B)의 마지막 문장에 대한 예시로 한 회계 법인을 언급하는 (A)가 이어지는 것이 자연스럽다.

해석 대다수의 노동자들은 그들의 분야에서 다른 노동자들과 일자리를 두고 다퉜고, 더 광범위하게 경쟁할 때 그것은 대개 그 나라의 다른 지역의 노동자들과의 경쟁이었다. (C) 그러나 오늘날 선진 경제국의 수백만의 노동자들은 전 세계의 노동자들과 일자리를 다툰다. 그 이유는 일의 증가하는 부분이 정보 기반이며 물리적인 것을 이동시키거나 처리하는 일은 전혀 포함하지 않기 때문이다. (B) 우리는 모두 그 결과 중 일부, 즉 다른 나라에 있는 노동자들이 우리의 고객 서비스 전화를 받고, 우리의 엑스레이 사진을 해석하고, 우리의 소프트웨어를 작성하는 것을 잘 알

고 있다. 게다가 다른 발전들이 다른 나라의 노동자들에게 외주 제작함으로써 비용 효율이 높은 노동으로부터 이익을 얻는다. (A) 최근에 한 주요 회계 법인이 인도에서 한 팀의 회계사들을 데려와서 그들을 3주 동안 호텔에 숙박시키고 그들을 비행기로 다시 돌려보냄으로써 런던에 있는 고객사의 회계를 감사했다. 그것은 영국 회계사를 쓰는 것보다 훨씬 더 저렴했다.

구문 [5행~8행] Recently, a major accounting firm audited a client company in London / **by** bringing in a team of accountants from India, putting them up in a hotel for three weeks, and flying them back; ~.
콤마(,)와 and로 연결된 밑줄 친 세 부분은 동명사구로서 전치사 by의 목적어를 구성한다.
[10행~13행] We're all familiar with some of the results: *workers in other countries* **answering** our customer service calls, **reading** our X-rays, and **writing** our software.
밑줄 친 세 부분은 동명사구로서 콤마(,)와 and로 연결되어 병렬구조를 이루며 workers in other countries는 이에 대한 의미상 주어이다.

어휘 accounting firm 회계 법인, 회계 사무소　audit 회계를 감사하다; 회계 감사　bring in ~을 데려오다; 들이다　put up ~을 숙박시키다　cost-effective 비용 효율[효과]이 높은　outsource 외주 제작하다　proportion 부분, 비율　physical 물리적인

37 글의 순서　④

해설 같은 언어를 쓰지 않더라도 함께 음악을 즐길 수 있다는 내용의 주어진 글 다음에는 역접의 연결사 However로 이어져 이러한 진술이 완전히 참인 것은 아니라는 내용의 (C)가 나와야 한다. 우리가 소리를 감지하고 해석하는 데는 개인의 문화가 영향을 미친다는 (C) 다음에는 이에 대한 구체적 사례를 제시한 (A)가 나와야 한다. 마지막으로 이러한 '다른 문화권의 음악을 서로 이해하지 못하는 현상'을 (B)에서 This로 받으면서 이것이 다른 음악 전통에 대한 문화적 익숙함이 음악 감상에 상당한 영향을 미친다는 것을 나타낸다고 설명하는 (B)가 이어지는 것이 자연스럽다.

해석 우리는 모두 '음악은 세계 공통어이다'라는 말을 들어봤다. 이 관념은 두 개인이 설령 같은 언어를 쓰지 않는다 할지라도 음악을 즐길 수 있음을 나타낸다. (C) 그러나 이러한 진술은 오직 부분적으로만 참일 뿐이다. 비록 모든 인간들이 청각에 대한 동일한 생리적 기제를 지니고 있긴 하지만, 그가 실제로 어떻게 소리를 감지하고 해석하는지에 영향을 미치는 것은 바로 개인의 문화이다. (A) 서양인들은 흔히 노출 부족으로 인해 인도의 고전 음악이나 중국의 전통 연극의 복잡한 세부 사항과 뉘앙스를 감상하는 데 고군분투한다. 마찬가지로, 비서구권 문화 출신의 사람들은 서양의 고전 음악이나 재즈를 완전히 이해하지 못할지도 모른다. (B) 이것은 다른 음악 전통에 대한 문화적 익숙함이 우리의 음악 감상에 상당히 영향을 미치는 방식을 나타낸다. 우리는 우리의 문화적으로 규정된 음악 범주의 틀을 통해 다른 문화의 음악을 처리하기 때문에 여러 문화가 섞인 음악 감상이 항상 보장되는 것은 아니다.

구문 [8행~10행] Similarly, people from non-Western cultures may **not fully** understand Western classical music or jazz.
「not fully ~」는 '완전히 ~한 것은 아니다'라는 의미의 부분부정 표현이다.
[19행~22행] Although all humans possess the same physiological mechanisms for hearing, // **it is** an individual's culture **that** influences how he or she actually perceives and interprets sounds.
「it is ~ that ... (~한 것은 바로 …이다)」 강조구문이 쓰였다. 밑줄 친 부분은 influences의 목적어인 간접의문문이다.

어휘 universal language 세계 공통어 nuance 뉘앙스, 미묘한 차이 framework 틀; 뼈대 cross-cultural 여러 문화가 섞인 possess 지니다; 소유하다 physiological 생리적인 interpret 해석[이해]하다

38 문장 넣기 ③

해설 ③의 앞 문장은 침묵, 즉 반대를 표현할 수 없는 분위기가 논의가 필요한 문제를 다룰 때 해를 끼칠 수 있다는 내용이고, 이를 ③의 다음 문장에서 '그러한 환경(Such an environment)'으로 받으면 연결이 부자연스럽다. 주어진 문장은 반대를 표현할 수 있는 익명의 경로를 시행함으로써 조직은 열린 의사소통을 장려하는 환경을 만들 수 있다고 했는데, 이를 다음 문장에서 '그러한 환경(Such an environment)'으로 받으면서 지배적 규범에 도전하는 구성원들을 처벌하지 않고 보상하는 문화를 조성한다고 이어서 설명하므로 주어진 문장이 들어가기에 가장 적절한 곳은 ③이다.

해석 때때로 사람들은 친구와 자기편을 짜증 나게 하거나 그들의 집단의 유효성과 명성을 약화시킬 수 있는 가능성 때문에 반대하기를 주저한다. 이러한 꺼림은 심지어 전쟁 시기 동안 혹은 국가 안보가 위험에 처한 때에도 분명히 나타난다. 침묵이 더 쉬운 선택처럼 보일 수는 있지만, 그것은 실제로 이로움보다 해를 야기할 수 있으며, 특히 대화와 논의가 필요한 문제를 다룰 때 그러하다. 반대가 표현될 수 있는 익명의 경로를 시행함으로써 조직은 반대를 가치 있게 여기고 열린 의사소통을 장려하는 환경을 만들 수 있다. 그러한 환경은 다음에는 지배적인 규범에 도전하는 구성원들을 처벌하지 않고 보상하는 문화를 조성한다. 이러한 열린 의사소통과 건설적인 반대의 문화는 조직의 전반적인 성공과 지속 가능성에 기여하는데, 이는 그것(조직)이 복잡한 상황을 다루며 예측하지 못한 상황에 적응할 수 있도록 더 잘 갖추어지기 때문이다. 게다가, 그것은 구성원들 간에 신뢰감과 화합감을 조성하는데, 이는 그들이 보복의 두려움 없이 그들의 생각을 공유하는 데 편안함을 느끼기 때문이다.

구문 [1행~4행] By implementing *anonymous channels* [through which dissent can be expressed], / organizations can create *an environment* [that values dissent and encourages open communication].
첫 번째 [ ]은 '전치사+관계대명사' 형태의 through which가 이끄는 관계사절로 anonymous channels를 수식한다. 두 번째 [ ]은 an environment를 수식하는 관계사절로 동사 values와 encourages가 and로 연결되어 병렬구조를 이룬다.
[5행~8행] Sometimes, people are hesitant to dissent / due to *the potential* (to irritate their friends and allies) or (to undermine the effectiveness and reputation of their group).
밑줄 친 두 부분은 to-v의 형용사적 용법으로 the potential을 수식하며 or로 연결되어 병렬구조를 이룬다.

어휘 implement 시행[실시]하다 anonymous 익명의 channel 경로[수단] dissent 반대; 반대하다 hesitant 주저하는, 망설이는 irritate 짜증나게 하다 ally 자기편; 동맹국 undermine 약화시키다 effectiveness 유효성, 효과성 reputation 명성, 평판 reluctance 꺼림, 마음 내키지 않음 evident 분명히 나타난; 분명한 security 안보, 보안 foster 조성하다 prevailing 지배적인, 우세한 penalize 처벌하다 constructive 건설적인; 구조적인 sustainability 지속 가능성 equip 갖추어 주다 navigate 다루다[처리하다]; 항해하다 unforeseen 예측하지 못한 cohesion 화합, 결합 retribution 보복, 앙갚음; 징벌

39 문장 넣기 ④

해설 주어진 글의 '그 움직임(The motion)'은 ④의 앞 문장에서 성층권 극 소용돌이의 발생 원인으로 제시된 '온도 차이를 유발하는 공기의 오르내림'을 지칭하며, 이러한 공기의 오르내림으로 인해 극 소용돌이 주변에 공기 순환이 발생한다고 했다. 또

한 주어진 문장에서 언급된 '지구 기후를 조절하는 핵심적 역할'은 To be specific으로 시작되는 ④ 다음 문장에서 지구에서의 온도 균형 유지로 연결되면서 보다 구체적으로 설명된다. 따라서 주어진 문장은 ④에 위치해야 한다.

해석 성층권 안에는 거의 시속 220km의 속도에 도달할 수 있는 강력한 바람이 있다. 이 바람은 대기의 높은 곳인 고도 10km와 50km 사이에서 발견된다. 겨울 동안 그것은 극 주위를 도는 '성층권 극 소용돌이'라고 불리는 거대한 사이클론을 형성한다. 이것은 지표면을 향해 가라앉는 극지방의 더 차가운 공기와 더 낮은 위도에서 상승하는 더 따뜻한 공기 간의 온도 차로 유발된다. 그 움직임은 극 소용돌이가 주변에서 강력한 공기 순환을 발생시키는데, 이는 지구 기후를 조절하는 데 핵심적인 역할을 한다. 더 구체적으로 말하자면, 이러한 역동적인 기상 현상은 우리 행성에서 중대한 온도 균형을 유지하는 데 도움을 주는데, 그것이 몹시 찬 극지방의 공기를 소용돌이 안에 효과적으로 고립시키고 가두기 때문이다. 극 소용돌이가 붕괴되면, 그것은 전 세계에서 일어나는 극단적인 기상 현상과 예측할 수 없는 기온 변동으로 이어질 수 있다.

구문 [1행~3행] The motion creates a strong circulation of air around the polar vortex, // which **plays a key role in** regulating the Earth's climate.
which 이하는 계속적 용법의 관계대명사절로 앞 절의 내용을 부연 설명한다. 「play a (형용사) role in ~」은 '~에서 (…한) 역할을 하다'의 뜻이다.
[10행~13행] It is caused by the temperature differences / **between** *the colder air at the poles* (sinking towards the surface) **and** *the warmer air* (rising at lower latitudes).
「between A and B (A와 B 사이에)」 구문이 사용되었다. 두 개의 ( )는 각각 the colder air at the poles와 the warmer air를 수식하는 현재분사구이다.

어휘 circulation 순환 regulate 조절[조정]하다 altitude 고도 massive 거대한, 육중한 revolve 돌다, 회전하다 latitude 위도 isolate 고립시키다, 격리하다 confine 가두다, 감금하다 frigid 몹시 찬 disrupt 붕괴시키다

40 요약문 완성 ③

해설 한 분야에서 높이 평가되는 전문가들은 자만에 사로잡혀 고정된(fixed) 사고를 갖게 되고 그로 인해 상황의 맥락에 둔감해져(insensitive) 사전에 형성된 자신의 가정에 따라서 행동한다.
① 융통성 없는 – 주의를 기울이는
② 유연한 – 주의를 기울이는
④ 상상력이 풍부한 – 둔감한
⑤ 공정한 – 적응할 수 있는

해석 일반적으로, 전문가들 혹은 어떤 분야에서든 높이 평가되는 사람들은 흔히 자신들의 자만에 사로잡힌다. 그러나 때때로 한 영역의 지위나 업적은 다른 영역과 아무런 관련이 없다. 내가 이전에 한 회의에서 만난 한 무리의 증권 중개인들은 외과 의사들이 다른 외과 의사로부터만 투자 조언을 들을 것이므로 형편없기로 악명 높다는 점에 모두 동의했다. 역설적인 점은 외과 의사들의 형편없는 투자 능력에 대해 의견이 일치하는 증권 중개인들도 매우 무딘 경험 법칙을 사용하고 있다는 점인데, 이것은 그다지 정확하거나 믿을 만하지 않다. 그리고 회사의 야외 팀 형성 워크숍에서 CEO들은 흔히 그들이 책임을 맡아야 한다고 가정하여, 젊은 우편물실 직원이 암벽 등반과 밧줄 매달리기를 포함한 활동을 이끄는 능력이 더 잘 갖춰져 있을지도 모른다는 생각을 하지 못한다. 전문가들이 특정한 종류의 문제에 대해 더 잘 알수록 그들은 가까이 있는 특정 경우에 대응하는 대신에 사전에 형성된 해결책을 적용할 가능성이 더 크다.

사고가 (A) 고정된 전문가들은 상황의 맥락에 (B) 둔감해지고 오로지 그들의 가정에 따라 행동할 수도 있다.

구문 [5행~8행] *A group of stockbrokers* [(whom[that]) I once met at a conference] all **agreed** // (that) surgeons were notoriously bad investors / because they would only listen to investment advice from another surgeon.

[ ]은 앞에 목적격 관계대명사 whom[that]이 생략되어 주어 A group of stockbrokers를 수식하며 동사는 agreed이다. agreed 뒤에는 명사절을 이끄는 접속사 that이 생략되어 있다.

[17행~20행] **The more familiar** experts are with a particular kind of problem, / **the more likely** they are to apply a preconceived solution / instead of responding to the specific case at hand.

「The 비교급 ~, the 비교급 ...」 구문은 '~하면 할수록 더욱 …하다'의 뜻이다.

어휘 regard 평가하다, 여기다 hook 사로잡다; 갈고리로 걸다 self-importance 자만, 자존 accomplishment 업적; 성취 realm 영역; 왕국 relevance 관련(성); 적절 stockbroker 증권 중개인 surgeon 외과 의사 notoriously 악명 높게 irony 역설적인 점, 아이러니 blunt 무딘, 뭉툭한 rule of thumb 경험 법칙, 어림 감정 reliable 믿을 만한 dangle 매달리다 preconceived 사전에 형성된 [선택지] rigid 융통성 없는, 엄격한 attentive 주의를 기울이는 flexible 유연한; 융통성 있는 insensitive 둔감한 impartial 공정한 adaptable 적응할 수 있는

41~42 장문
41 ⑤ 42 ④

해설 41. 끊임없이 변하는 세상에서 우리는 정서적 유연성을 가져야 하는데, 이는 우리 자신을 이미 규정된 편협한 정체성에만 제한하지 않고 우리도 바뀔 수 있음을 확실히 하기 위한 융통성이 필요함을 의미한다는 내용의 글이다. 따라서 제목으로 가장 적절한 것은 ⑤ '변화를 받아들이는 것은 정서적 유연성의 힘'이다.
① 어려운 감정에서 배우고 분명히 반응하라
② 정서적 엄격함은 변화하는 세상에서 사는 방법
③ 자기 발견을 통하여 당신의 잠재력을 극대화하라
④ 오래된 정체성을 버리고 전진하는 방법

42. 우리가 특정 역할에 우리 자신을 해방시키는 것이 아니라 국한시킬 때 특정 정체성에 갇혀 우리 자신의 다른 면을 놓치게 될 것이므로 (d)의 liberate을 confine 등으로 바꿔 써야 한다.

해석 고대 그리스의 역설의 대가인 헤라클레이토스는 같은 강에 결코 두 번 들어갈 수 없다고 말했다. 이는 세상이 끊임없이 변하고 있고 따라서 항상 우리에게 새로운 기회와 상황을 제시하고 있음을 의미한다. 그것을 최대한으로 활용하기 위하여 우리는 오래된 범주는 계속해서 허물어뜨리고 새로운 범주를 (a) 만들어 내야 한다. 가장 독창적이고 흥미로운 해결책은 보통 우리가 '초심자의 마음'을 받아들여 (b) 신선한 시각으로 새로운 경험에 접근할 때 나온다. 이것이 정서적 유연성의 토대이다.

우리 중 일부는 우리 자신을 편협하고 이미 규정된 범주 혹은 정체성에 제한하는 경향이 있어서, 하나의 개체로서의 우리 자신의 가치를 인식하지 못하고 자신을 (c) 오로지 부자로, 혹은 뚱뚱한 사람으로 여긴다. 우리가 'CEO', '올림픽 선수', 혹은 '반에서 제일 똑똑한 아이'와 같은 특정 정체성에 근거를 두어 자신을 분류한다면, 우리는 그 정체성에 갇혀서 우리 자신의 다른 면을 놓치게 될 수 있다. 이는 또한 우리가 가족 내에서 '책임 있는 사람' 혹은 친구들 무리에서 '재미있는 사람'과 같은 특정 역할에 우리 자신을 (d) 해방시킬 (→ 국한시킬) 때 일어날 수 있다.

우리도 바뀔 수 있음을 확실히 하기 위해 융통성이 필요하다. 사실 정서적 유연성은 조건화되거나 아무 생각이 없는 정서적 반응의 지배를 받기보다는 오히려 당신의 감정을 조절하고 변화하는 상황에 순응적으로 반응하는 능력을 의미한다. 그것을 실천함으로써 당신은 현 상황에 더 효과적으로 반응하고 당신의 가치와 목표에 (e) 부합되게 행동할 수 있으며, 이는 당신이 좀 더 성취감을 주는 진정한 삶을 살도록 돕는다.

구문 [25행~28행] In fact, emotional flexibility means *the ability* (to regulate your emotions [and] respond adaptively to changing situations), / **rather than** being controlled by conditioned or mindless emotional reactions.

「A rather than B」는 'B라기보다는 오히려[차라리] A'의 뜻이다. A 자리에서 ( )는 to-v의 형용사적 용법으로 the ability를 수식하며 to 다음에 이어지는 동사원형 regulate와 respond가 and로 연결되어 병렬구조를 이룬다.

어휘 paradox 역설 make the most of ~을 최대한으로 활용하다 formulate 만들어 내다 embrace 받아들이다; 포옹하다 cornerstone 토대; 주춧돌 exclusively 오로지 lose sight of ~을 놓치다 liberate 해방시키다; 자유롭게 만들다 adaptability 융통성; 적응성 cf. adaptively 순응적으로, 적응하여 in accordance with ~에 부합되게 authentic 진정한, 진짜의

43~45 장문
43 ⑤ 44 ③ 45 ③

해설 43. Liam이 밤늦게 왔다 끊어진 전화가 오랫동안 서로 연락하지 않았던 형제인 Pete가 한 것임을 알게 된 (A) 다음에는 그에게 다시 전화를 거는 (D)가 나와야 한다. 공원 옆을 지나가던 중 전화를 걸었다는 Pete에게 Liam이 공원에서 만나자고 제안하는 내용인 (C)가 이어지고, 마지막으로 둘이 만나 이야기를 나누며 추억을 회상하는 (B)가 오는 것이 가장 자연스럽다.

44. (c)는 Pete를 지칭하고, 나머지는 모두 Liam을 가리킨다.

45. Pete는 공원에 도착해서 그네 옆에 서 있었으므로 ③이 글의 내용과 일치하지 않는다.

해석 (A) 전화벨이 크게 울리는 소리에 깜짝 놀라 Liam은 갑자기 잠에서 깼다. 자정이었다. 그는 이 시간에 누가 그에게 전화를 한 건지 궁금했다. 그는 전화기를 잡으려고 손을 뻗었다. "여보세요?" 그가 물었다. 하지만 전화를 건 사람은 이미 전화를 끊은 상태였다. 궁금하여 Liam은 (a) 그(= Liam)의 주소록을 확인했고 그 번호가 그의 형제 Pete의 것임을 알게 되었다. 그들은 다른 생활방식 때문에 거의 1년 동안 서로 이야기하지 않았다.

(D) Pete는 이리저리 옮겨 다니며 새로운 장소를 탐구하는 것을 좋아했다. 지금 그는 장거리 트럭 운전사로 북동부 전역을 이동했다. 하지만 Liam은 집에 있기를 좋아하는 사람에 가까웠고 여전히 (e) 그(= Liam)의 고향에 살고 있었다. 잠시 머뭇거리던 Liam이 마침내 그에게 다시 전화를 걸었다. Pete는 늦은 전화에 대해 사과하며 전화를 받았다. "나는 우리의 어린 시절 공원 옆을 지나가고 있었고 향수를 느꼈어."라고 말했다.

(C) Liam은 그들이 그 공원에서 축구를 하고 단순히 서로가 함께 있음을 즐기면서 보낸 수많은 시간들을 생각했다. Liam은 "지금 당장 거기에서 만나는 게 어때? 내가 축구공을 가져갈게."라고 제안했다. Pete는 동의했고, 그들은 20분 후에 그 공원에서 만나기로 했다. Liam은 그의 축구공을 붙잡고 공원에서 (d) 그(= Liam)의 형제를 만나기 위해 서둘러 문 밖으로 향했다.

(B) 도착하자마자 Liam은 Pete가 그네 옆에 서 있는 것을 보았다. Pete가 걸어와서 미소로 (b) 그(= Liam)를 맞이했다. 그들은 지치고 숨이 찰 때까지 축구를 했고, 그러고 나서 잔디 위에 앉아서 서로의 삶을 알고자 이야기했다. Liam은 Pete에게 장거리 트럭 운전사로서의 삶에 대해 물었고, Pete는 (c) 그(= Pete)의 여행에 대한 이야기를 공유했다. 그들은 또한 어렸을 때 공원에서 놀면서 보낸 수많은 시간을 추억했다.

구문 [12행~14행] They <u>played</u> soccer // **until** they were both tired and out of breath, / [and] then <u>sat</u> down on the grass, / **catching** up on each other's lives}.

두 개의 동사 played와 sat이 and로 연결되어 병렬구조를 이룬다. until은 '~때까지'라는 의미의 부사절을 이끄는 접속사이다. catching 이하는 분사구문이다.

어휘 (A) startle 깜짝 놀라게 하다 abruptly 갑자기 hang up 전화를 끊다 address book 주소록 (B) swing 그네 greet 맞이하다; 인사하다 out of breath 숨이 차는 catch up on (소식·정보를) 알아내다 long-haul 장거리의 reminisce 추억하다, 추억에 잠기다 (C) company 함께 있음 hurriedly 서둘러서, 황급히 head out ~으로 향하다 (D) on the road 이리저리 옮겨 다니는 homebody 집에 있기를 좋아하는 사람 nostalgic 향수(鄕愁)의, 향수를 불러 일으키는

ANSWERS

제 1 회

18 ②	19 ④	20 ①	21 ②	22 ③	23 ②	24 ⑤	25 ⑤	26 ④	27 ⑤
28 ⑤	29 ④	30 ③	31 ④	32 ①	33 ③	34 ①	35 ④	36 ③	37 ④
38 ④	39 ③	40 ④	41 ③	42 ④	43 ③	44 ⑤	45 ④		

제 2 회

18 ①	19 ④	20 ③	21 ⑤	22 ②	23 ④	24 ④	25 ④	26 ⑤	27 ②
28 ④	29 ②	30 ③	31 ②	32 ②	33 ⑤	34 ①	35 ④	36 ④	37 ②
38 ④	39 ④	40 ④	41 ②	42 ④	43 ②	44 ⑤	45 ⑤		

제 3 회

18 ⑤	19 ④	20 ⑤	21 ⑤	22 ⑤	23 ①	24 ⑤	25 ④	26 ④	27 ④
28 ④	29 ④	30 ④	31 ①	32 ②	33 ④	34 ②	35 ③	36 ⑤	37 ③
38 ⑤	39 ②	40 ④	41 ④	42 ③	43 ④	44 ⑤	45 ⑤		

제 4 회

18 ③	19 ①	20 ②	21 ③	22 ③	23 ③	24 ③	25 ④	26 ②	27 ⑤
28 ④	29 ④	30 ⑤	31 ②	32 ④	33 ③	34 ①	35 ④	36 ②	37 ②
38 ⑤	39 ④	40 ⑤	41 ③	42 ⑤	43 ④	44 ②	45 ③		

제 5 회

18 ⑤	19 ③	20 ⑤	21 ⑤	22 ④	23 ①	24 ⑤	25 ④	26 ④	27 ⑤
28 ⑤	29 ⑤	30 ④	31 ①	32 ④	33 ①	34 ①	35 ④	36 ④	37 ④
38 ③	39 ④	40 ②	41 ④	42 ④	43 ④	44 ③	45 ③		

제 6 회

18 ⑤	19 ⑤	20 ②	21 ③	22 ③	23 ①	24 ④	25 ④	26 ⑤	27 ⑤
28 ④	29 ⑤	30 ④	31 ⑤	32 ⑤	33 ④	34 ③	35 ④	36 ⑤	37 ④
38 ③	39 ④	40 ③	41 ⑤	42 ④	43 ⑤	44 ③	45 ③		

어법의 시작과 끝은 쎄듀다!

파워업 어법어휘 모의고사의
최신 개정판

어법끝
실전 모의고사

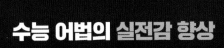

수능 어법의 실전감 향상

1 완벽한 기출 분석 및 대처법 소개
2 TOP 5 빈출 어법 및 24개 기출 어법 정리
3 최신 경향에 꼭 맞춘 총 288문항
4 [파워업 어법어휘 모의고사]의 어휘 부분을 제외하고
  어법을 보강하여 개정!

기출편 ────────────────────── 실전편

| 기출의 맥 | 기출 꿰뚫기 | 핵심 예상문제 20회 | 실전 모의고사 33회 | 고난도 모의고사 5회 |

| 수능·내신 어법의 개념 적용 | 고등 실전 어법의 완성 | 수능 어법의 실전 감각 향상 |

어법끝 START 실력다지기

| 어법끝 START 실력다지기의 최신 개정판 |

· 어법끝 START의 복습과 적용
· 문장형, 지문형 문제 등 다양한 문제 유형 수록
· 실전모의 15회 60문제 제공

어법끝 ESSENTIAL

| 어법끝 5.0의 최신 개정판 |

· 역대 기출의 출제 의도와 해결전략 제시
· 출제진의 함정 및 해결책 정리
· 누적 테스트, 실전모의고사로 실전 적용력 강화

어법끝 실전 모의고사

| 파워업 어법어휘 모의고사의 최신 개정판 |

· 완벽한 기출 분석 및 대처법 소개
· TOP 5 빈출 어법 및 24개 기출 어법 정리
· 최신 경향에 꼭 맞춘 총 288문항

쎄듀북닷컴(www.cedubook.com)에서 부가 자료를 무료로 다운로드할 수 있습니다.

쎄듀

쎄듀 초등 커리큘럼

	예비초	초1	초2	초3	초4	초5	초6
구문		신간 천일문 365 일력 | 초1-3 교육부 지정 초등 필수 영어 문장		초등코치 천일문 SENTENCE 1001개 통문장 암기로 완성하는 초등 영어의 기초			
문법				초등코치 천일문 GRAMMAR 1001개 예문으로 배우는 초등 영문법			
			신간 왓츠 Grammar Start 시리즈 초등 기초 영문법 입문				
					신간 왓츠 Grammar Plus 시리즈 초등 필수 영문법 마무리		
독해					신간 왓츠 리딩 70 / 80 / 90 / 100 A / B 쉽고 재미있게 완성되는 영어 독해력		
어휘				초등코치 천일문 VOCA & STORY 1001개의 초등 필수 어휘와 짧은 스토리			
			패턴으로 말하는 초등 필수 영단어 1 / 2 문장 패턴으로 완성하는 초등 필수 영단어				
ELT	Oh! My PHONICS 1 / 2 / 3 / 4 유·초등학생을 위한 첫 영어 파닉스						
		Oh! My SPEAKING 1 / 2 / 3 / 4 / 5 / 6 핵심 문장 패턴으로 더욱 쉬운 영어 말하기					
		Oh! My GRAMMAR 1 / 2 / 3 쓰기로 완성하는 첫 초등 영문법					

쎄듀 중등 커리큘럼

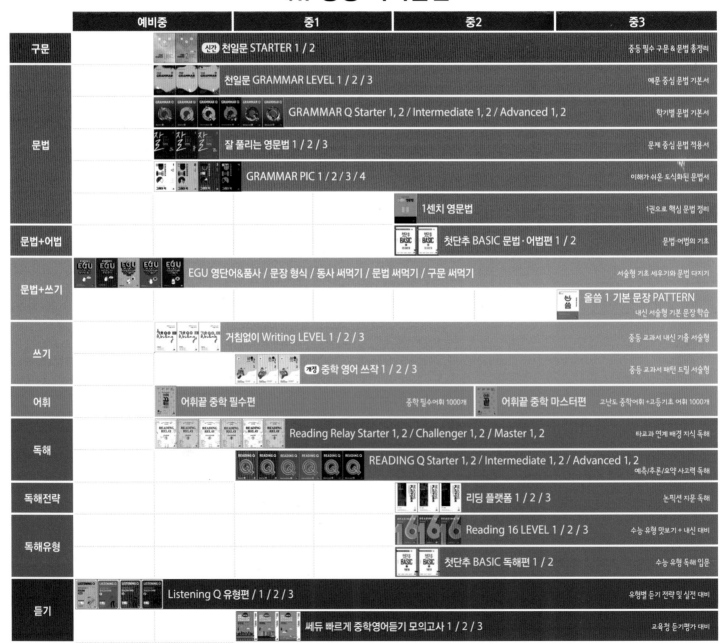

	예비중	중1	중2	중3
구문		신간 천일문 STARTER 1 / 2		중등 필수 구문 & 문법 총정리
문법		천일문 GRAMMAR LEVEL 1 / 2 / 3		예문 중심 문법 기본서
		GRAMMAR Q Starter 1, 2 / Intermediate 1, 2 / Advanced 1, 2		학기별 문법 기본서
		잘 풀리는 영문법 1 / 2 / 3		문제 중심 문법 적용서
		GRAMMAR PIC 1 / 2 / 3 / 4		이해가 쉬운 도식화된 문법서
			1센치 영문법	1권으로 핵심 문법 정리
문법+어법			첫단추 BASIC 문법·어법편 1 / 2	문법·어법의 기초
문법+쓰기	EGU 영단어&품사 / 문장 형식 / 동사 써먹기 / 문법 써먹기 / 구문 써먹기			서술형 기초 세우기와 문법 다지기
				올씀 1 기본 문장 PATTERN 내신 서술형 기본 문장학습
쓰기		거침없이 Writing LEVEL 1 / 2 / 3		중등 교과서 내신 기출 서술형
		개정 중학 영어 쓰작 1 / 2 / 3		중등 교과서 패턴 드릴 서술형
어휘		어휘끝 중학 필수편 중학 필수어휘 1000개	어휘끝 중학 마스터편 고난도 중학어휘 +고등기초 어휘 1000개	
독해		Reading Relay Starter 1, 2 / Challenger 1, 2 / Master 1, 2		타교과 연계 배경 지식 독해
		READING Q Starter 1, 2 / Intermediate 1, 2 / Advanced 1, 2		예측/추론/요약 사고력 독해
독해전략			리딩 플랫폼 1 / 2 / 3	논픽션 지문 독해
독해유형			Reading 16 LEVEL 1 / 2 / 3	수능 유형 맛보기 + 내신 대비
			첫단추 BASIC 독해편 1 / 2	수능 유형 독해 입문
듣기	Listening Q 유형편 / 1 / 2 / 3			유형별 듣기 전략 및 실전 대비
		쎄듀 빠르게 중학영어듣기 모의고사 1 / 2 / 3		교육청 듣기평가 대비